EAT & RUN

100マイルを走る僕の旅

MY UNLIKELY JOURNEY TO ULTRAMARATHON GREATNESS

スコット・ジュレク／スティーヴ・フリードマン ［訳］小原久典／北村ポーリン

NHK出版

深く掘り下げるよう、
最初に教えてくれた両親に、
そしてもっと深く掘るように教えてくれた
みんなに捧ぐ。

Published by special arrangement with
Houghton Mifflin Harcourt Publishing Company, Massachusetts
through Tuttle-Mori Agency, Inc., Tokyo

装幀　トサカデザイン（戸倉 巌、小酒保子）
写真　©Justin Bastien

EAT & RUN　目次

※読者への注意事項：本書は、僕自身の調査やアイデアに基づいている。これらが読者への刺激になって、何か人生に得るものがあればと願っているけれど、断っておくと僕は医者ではない。読者には本書をぜひ活用してもらいたいけれど、医師や医療専門家が提供するアドバイスに代わるものじゃない。本書に含まれている情報に起因する直接的間接的な悪影響に対して、本書の出版社が責任を負うこともできない。つまりこういうことだ。もしあなたがデスヴァレーを135マイル走るつもりなら、僕のアドバイスに従おうが従うまいが、けっきょくそれは自己責任でやるしかない。でもあなたの一歩一歩を僕は心から応援する。

※本文中、（　）は原注、〔　〕は訳注を表す。また［　］内の単位換算は概算。本文中の書名については、邦訳があるものは邦題のみを、ないものは逐語訳に原題を初出のみ並記した。

計り知れないほどの疲労や苦悩を乗り越えると、
自分でも想像していなかったような心の安らぎや力を
自分が持っていることに気づくかもしれない。
それは、障害を克服しなければ決して得られなかった強さの源泉だ。

——ウィリアム・ジェームズ〔アメリカの哲学者、心理学者〕

プロローグ

僕は高血圧の内気な子供だった。痩せっぽちの少年時代は、周りの子から「弱虫《ピーウィー》」とからかわれていた。学校で駆けっこが一番速かったわけでもないし、強くもなかったし、頭がずば抜けていいわけでもなかった。自分でも名づけようのない何かを強く追い求める、ごく普通の子供だった。他の子たちと変わらなかった。それから、僕は見つけた。

ひらめきや信念についての薄っぺらい喩え話をするつもりはない。「信じれば必ず夢を実現できる」と約束するわけでもない。そうじゃない。僕は自分がどうやって自分の殻を破ったか、そしてどうすればあなたも同じことができるか、それを具体的にあなたに話したい。あなたがマラソン選手であれ週末ランナーであれ、スイマーであれ自転車乗りであれ、若くても年を取っていても、健康的でも太っていても、誰にだってできることだ。僕だってできたのだから。これから語る僕の話は、どこにでもある話だ。細かいところはそうではないかもしれないけれど（でも、もしあなたがデスヴァレーで突っ伏していたら、それはまさに僕と同じだ）、やろうとしていることは変わらないはずだ。行き詰まりを感じている人、殻を破ってもっと大きなことをやりたいと思っている人、もっと成長したいと思っている人、そんな人なら誰にでも当てはまる話だ。

僕も数年前、この地球上で最も高度が低く、最も暑い場所の一つで、そんな状況を経験していた。僕の物語はそこから始まる。つまり、あなたの物語もそこから始まる。

僕に料理を教えてくれた母のリンと、狩猟と釣りを教えてくれた父のゴーディ。当時の二人は分かっていなかったと思うけれど、二人はその言動によって僕に耐えることを教えてくれた。

JUREK PERSONAL COLLECTION

当時４歳の僕が父さんと一緒にポテトを掘り終えたところ。世界で一番の食べ物は自分で育てたものだということをその頃から僕は分かっていた。

JUREK PERSONAL COLLECTION

1984年、スペリオール湖の周りを走るパークポイント・キッズ・マイルのゴール（1番ではなかった）。この時ふたつのことを発見した。僕は特に速いわけではないこと、それでもレースが長距離になればなるほど強くなること。

JUREK PERSONAL COLLECTION

JUREK PERSONAL COLLECTION/AARDVARD STUDIOS

高校３年の18歳の頃には、スキーの大会で上位に食い込むようになっていた。僕はスキーに情熱を傾けていて、ランニングはそのために体を鍛える手段でしかなかった。

JENNY UEHISA

1992年に会った時点で地元プロクターのランニング界の生ける伝説だった"ヒッピー・ダン"は、シンプルに生きることや、生活に気を配って生きることの喜びを僕に教えてくれた。2010年にダルースに戻り、彼のソーラーパワーの家を訪れたときも、彼はほとんど変わっていなかった。

僕の親友でありランニングのメンターでもあるダスティ・オルソンに初めて勝ったのは1994年のミネソタ・ヴォイアジャー50だった。ゴールすると地面に倒れこみ、こんなキツいことは他にないと思った。まだ何も知らなかったのだ。

JUREK PERSONAL COLLECTION

BRYAN BAX

僕がウエスタンステーツ100について聞いたときはまだ、まるでリトルリーグの選手がベーブ・ルースについて聞いたようなものだった。1999年に初めてこのレースを走ったときに心に決めたことは、もし勝てなかったとしても、自分の持てるもののすべてを出し切ったと思えるように走ろうということだった。

PATITUCCIPHOTO

愛犬トントはランニングについて僕に多くのことを教えてくれた。ウエスタンステーツ100の練習のためにワシントン州や北カリフォルニアの山のトレイルを僕らは4年間一緒に走った。

PATITUCCIPHOTO

何度もレースに出ていると、自分の「本当の」レースが始まる地点が分かるようになる。僕にとってウエスタンステーツ100でのそれは、78マイル［126キロ］地点のラッキーチャッキー川を渡るところだ。ここが最後の20マイルを走る前にクールダウンできる最後のチャンスとなる。

PATITUCCIPHOTO

毎年夏になると、流れ者の王であるダスティと一緒に流れ者のような生活を楽しんだ。ウエスタンステーツのトレイルのすぐ外れにあるロビンソン・フラットでキャンプをして、僕のフォルクスワーゲン・ウェストファリアの中で料理に腕をふるった。

走りながら食事をするのはウルトラマラソン・ランナーにとって必須のスキルだ。この写真は2003年のウエスタンステーツの50マイル［80キロ］地点で手作りのブリトーを食べているところ。

PATITUCCIPHOTO

JASON LEE

ランニングはときとして孤独だし、ウルトラランニングはさらに孤独だ。だから人とつながれるときにはそうしよう。ウエスタンステーツのコースレコードでゴールに向かうあいだ、僕はカリフォルニア州オーバーンの観衆の拍手をエネルギーに変えていった。

PATITUCCIPHOTO

100マイルを完走するのは最高だ。優勝するのはさらに最高だ。そしてコースレコードを更新するのは何よりも素晴らしい。2004年のウエスタンステーツ100で、僕はこの3つを成し遂げた。空の色を見てほしい。日のあるうちにこのレースをゴールしたのは初めてだった。

LUIS ESCOBAR

2005年、ウエスタンステーツ100で7連覇を達成した2週間後に、今度はバッドウォーター・ウルトラマラソン制覇に向かった。デスヴァレーにそって135マイル［217キロ］を走る耐久レースだ。19キロ地点、気温48℃、僕はリードを保っていた。順調じゃないか。

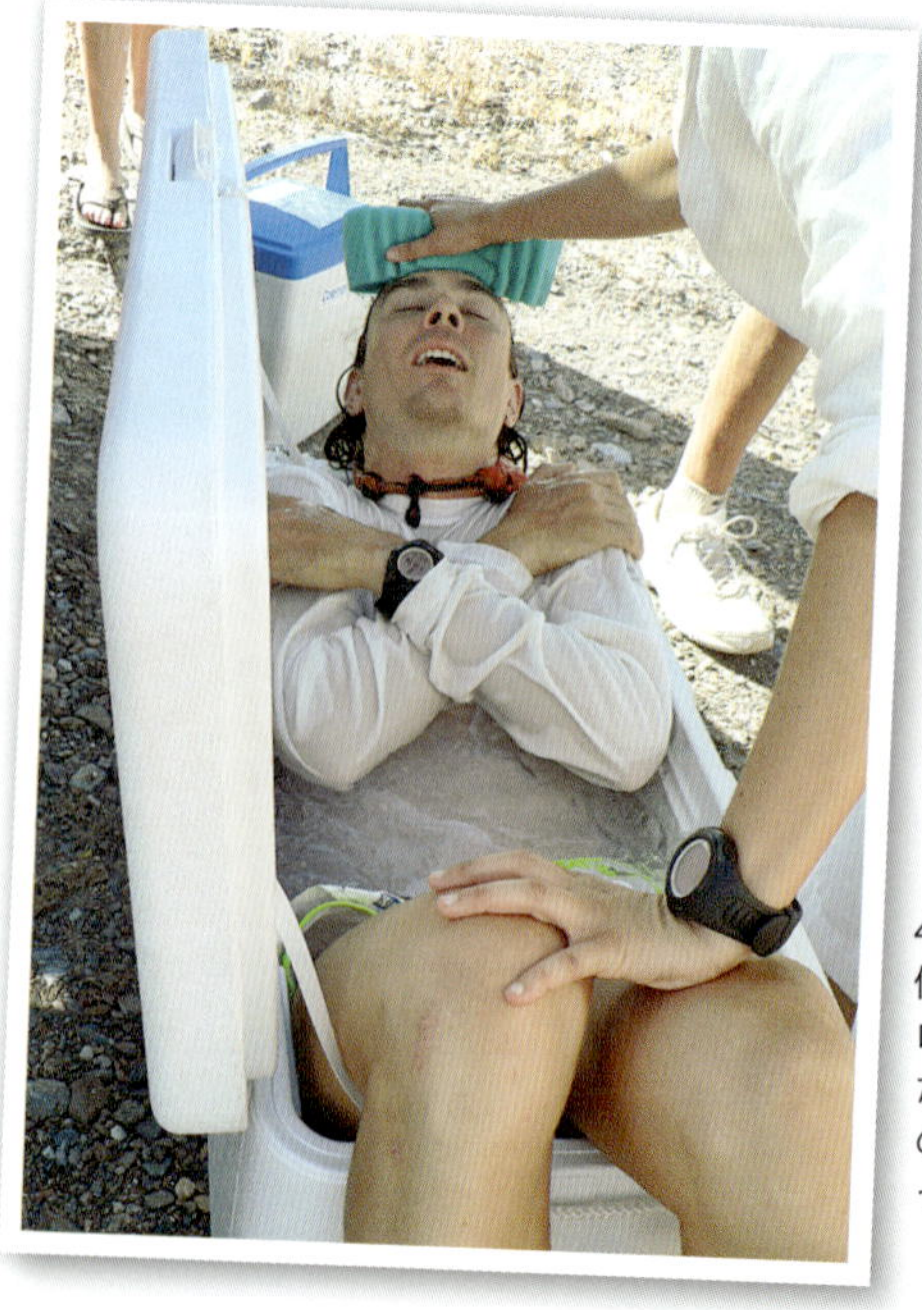

GLENN TACHIYAMA

48マイル地点［77キロ］、僕は先頭から5マイル［8キロ］遅れ、リタイア寸前だった。バッドウォーターが狂気のレースだというのは正しかった。

2006年に走った2回目のバッドウォーター・ウルトラマラソンで、僕はランニング人生で最悪のゴールを経験した。ダスティが一緒で本当によかった。まだまだ行けると僕に発破をかけてくれた。

"走る民族"として知られる先住民とのレースのために、2006年にコッパーキャニオンの奥地へと向かう前、僕は謎めいたレース・オーガナイザー、カバーヨ・ブランコ（白馬）に出会った。この写真ではピノーレにいかに素晴らしい効用があるかを二人で話しているところ。

LUIS ESCOBAR

タラウマラの人々はその優美なスタイルとスピードで知られている。その中でもいちばん速く、もっとも美しい走りをするのがアルヌルフォ・キマーレだ。いまだに僕は、彼をもっとも崇高なライバルの一人だと思っている。

LUIS ESCOBAR

レースを走り終えた後も僕がゴールラインに留まるのは、仲間のランナーへの敬意を表すためだ。それにとても楽しい経験だ。2006年のコッパーキャニオン・ウルトラマラソンを走り終えて、(左から右に)アルヌルフォ、マヌエル・ルナ、シルヴィーノ、エルバリスト、それに地元の子供と一緒に。

LUIS ESCOBAR

ハードロック100は累積標高が1万メートルにもなり11の山々を越えていく。2007年にはレースの2日前の夜に足首の靭帯を痛めた。ハードロックは突如としてより困難（ハード）なものとなった。

GLENN TACHIYAMA

ハードロック100でランナーたちは雪や氷原や雨やみぞれ、それに雷にも見舞われる。こんなに自分がちっぽけで、取るに足らない存在だと思い知らされる経験はそうそうない。ウルトラランナーは、自然と闘うこともできるし自然を抱きしめることもできる。僕だったら後者をお勧めする。

GLENN TACHIYAMA

２度目の勝利を飾った2007年のスパルタスロンでコリントの遺跡を通り過ぎるとき、僕は隣りにフェイディピデスの存在を感じた。ランニングは僕をいろいろな場所に連れて行ってくれる。

CHRISTOPHE VATINEL

イタリア・アルプスに昇る朝日はいつだって僕を励ましてくれる。でも2008年の８月、僕はウルトラ・トレイル・ドゥ・モンブランで３位につけていて、怪我で血が流れる膝をかばいながら走っていた。

JENNY UEHISA

2010年にニューヨーク・タイムズのコラムニスト、マーク・ビットマンのインタビューを受けた。彼は開口一番、自分の家の冷蔵庫を開けて何か食事を作ってくれないかと頼んできた。僕は野菜と豆腐の炒め物に自家製のインドネシア風アーモンドソースとキノアを添えた一皿を手早く作った。

母さんは大人になってからの人生の大半を多発性硬化症との闘いに費やし、晩年の数年間は常に痛みとの闘いだった。僕が心配するといつも同じ言葉を返してくれた。「私は強いのよ。心配しないで」。その言葉が今でも僕の励みになっている。

JUREK PERSONAL COLLECTION

DANIEL LENGAIGNE

山や砂漠や峡谷を走るのは身の毛のよだつ挑戦かもしれないけれど、単調さと精神的苦痛においては２４時間走に匹敵するものはない。2010年に僕はフランスのブリーヴ・ラ・ガイヤルド村で、アメリカ記録の更新を狙った。

©JUSTIN BASTIEN

僕がジェニー・ウエヒサに出会ったのは2010年、シアトルのランナー・コミュニティを通じてだ。僕は彼女のやさしさ、冒険的な精神、それに誰をも魅了するその笑顔に惹かれた。今ではもっとも頼れる存在だ。

DAVID P. REARDON PHOTOGRAPHY

2010年9月、米国慰問協会のツアーでクエートに赴き、911追悼イベントの一環として1400人の兵士たちと一緒に走り、サインをして、お互いの話をした。この旅は人生で最大の栄誉の一つだったと思っている。

DAVID RAVANEL

僕は健康的な料理を食べるのが大好きだけれど、祖母と同じように、誰か他の人のために料理をするのも同じぐらい大好きだ。2010年のウルトラ・トレイル・ドゥ・モンブランの数日前、フランスのシャモニーで僕は50人分のタイカレーを調理した。

Chapter 1

いっぱしの男

バッドウォーター・ウルトラマラソン
2005年

脱出するには駆け抜けろ
――ロバート・フロスト〔アメリカの詩人〕

脳から火が噴いた。体が燃えている。死の谷《デスヴァレー》が僕をぺちゃんこに叩きのめし、今や火にかけて料理しようとしている。檄を飛ばすクルーの声援もほとんど聞こえず、僕はただ、口から溢れた嘔吐物がヘッドランプに照らされながら地面に落ち、その途端に蒸発するのを見つめながら、また嘔吐を繰り返すばかりだった。午後一一時、外は灼熱の四〇℃。僕の独壇場になっているはずだった。ここでいつものように持ち前のパワーを発揮し、圧倒的な持久力とスピードでライバルを引き離すレース展開になるはずだった。でも、今夜は意識朦朧としながら地べたで丸焼きにされ、子供の頃に見たテレビコマーシャルが頭に浮かぶばかりだ。卵を手にした人物が、「これはあなたの脳です」と言うと、卵を熱い鉄板の上に割り落とす。ジュージューと焼ける音がして、「これが麻薬をやる人の脳です」と言う声がかぶさる。焼けるように熱い夜の空を見上げながら、その映像を思い出した。今度は自分自身の声がどこからか聞こえてきた。「これはバッドウォーターを走っている僕の脳みそだ」

普通の人なら歩いていても死んでしまうようなところで、僕は七〇マイル〔一一三キロ〕も走ってきたけれど、まだ六五マイル〔一〇四キロ〕も残っている。当初の作戦では、食らいついてくるライバルをこの前半で圧倒しているはずだった。スタート時には優勝どころか新記録達成を狙っていたのに、今は完走すらおぼつかない。

答えは一つしかない。立ち上がって走ることだ。人生でどんな困難に直面しても、解決方法はいつも同じだった。前進し続けること！　肺が酸素を渇望しても、筋肉が悲鳴を上げていても、答えはそこじゃないと分かっていた。それは精神の問題だ。腱が疲れ切っていても、筋肉が休みたがっていても、気持ちで走り続けることができた。でも今はもうダメだ。いったいどこで間違ったんだろう？

ずっと走り続けてきた。ずっと走ることを愛してきた。走ることが自分そのものだといってもいい。自分の天職であり、キャリアであり、こだわりだった。きついけれど確実な目標を与えてくれるランニングという競技にのめり込むことで、僕は常に困難を克服してきた。

厳密に言えば、僕はウルトラマラソン・ランナーだ。それはつまり、二六・二マイル〔四二・一九五キロ〕以上のレースを走ることを意味する。実際には、五〇マイル〔八〇キロ〕、一〇〇マイル〔一六一キロ］、そしてときには一三五マイル［二一七キロ］や一五〇マイル［二四一キロ］を走って、さらに優勝することで僕はキャリアを築き上げてきた。最初から最後まで先頭を走るレースもあったし、調子が乗ってくるまで後ろに控えて追い上げるレースもあった。いつもうまくやってこれた。それなのになぜ今は、吐きながら道端に這いつくばっているのだろう？

過去の栄光なんか関係ない。二週間前にウェスタンステーツ100マイルというタフな大きなレースで優勝したばかりで、まだ体が回復していなかった。そんな体でこのデスヴァレーで一三五マイルに挑戦するのは無謀ではと言われたし、僕の食生活——これまで七年間、植物ベースの食べ物しか取ってこなかった——では体がもつわけがないとも言われてきた。でも僕が核心だと疑っていたのはそんなことじゃない。本当の問題は、僕がこのレースを過小評価していたことだ。

高原の野花の中のトレイルや美しい沢や原生林を通るウルトラレースもあれば、秋や春の涼しくて爽快な季節に行われる大会もある。一方で、このレースのように殺人的にきついものもある。ランナー仲間のあいだでは、このレースは「バッドウォーター135」と呼ばれ、「世界で最も過酷なレース」として知られていた。

それでも僕はあまり真剣に取り合っていなかった。もっと難しいコースを走ってきたし、もっと速くてタフなランナーと競り合ってきた。雨や雪の中でも走ったし、標高四〇〇〇メートル以上のピークを越えて、巨岩のあいだを通り抜け、凍える川も渡渉した。鹿さえ足がすくむような斜面のトレイルを走ってきたのだ。

確かにバッドウォーターは、デスヴァレーの気温が最も高い季節に開催されていた。ある年、シューズメーカーが参加者全員に靴を提供したところ、暑さのあまりほとんど全員の靴底が溶けてしまったという逸話も聞いていた。

でもそんなのは大げさな話だと思っていた。バッドウォーターは普段のレースよりも暑くて距離も長いかもしれないけれど、そういった過酷さは表面的なものに過ぎない。僕は厳しい地形と気候に慣れているだけでなく、そこでいつも競り勝ってきた。尊敬だけでなく畏怖の念を覚えるようなウルトラレースは他にもあるけれど、このバッドウォーターはどうかと言えば、実際のところ、ウルトラの有力なトップランナーたちの多くは今まで出たことがない。死の谷《デスヴァレー》なんていう名前は確かに脅迫的に聞こえるけれど、超人と呼ばれるようなレベルで走るランナーたちにとって、生死にかかわる危険な話は聞かないわけじゃない。ウルトラランナーはその類いの話が好きだ。ただ、あまり深くは考えないし、考えたらやってられない。

準備を怠ったわけではない。この手のレースでは、準備不足は自己虐待に等しい。工業用の巨大噴霧器を入手してレース中も定期的に水を浴びていたし、ブルックス・スポーツが特別にデザインしてくれた熱反射パンツとシャツも着用していた。そしてレースの最初の六時間は一時間ごとに水一・七リットル（自転車の給水ボトル三本分だ）をガブガブと飲むようにしていた。あらゆる手段を講じて体を守るように準備をしてきた。でも、どんなに強力な噴霧器を準備しても、僕の精神を守ることはできない。ウルトラランナーにとって何より大事なのは気持ちの強さなのに。

ウルトラレースに出るためには、深い謙虚さに裏打ちされた揺るぎない自信が必要で、優勝するためには、強豪ランナーに打ち勝てると信じていなければならない。一方で、勝つためには自分のすべてを捧げなくてはならない。少しでも集中力が切れたり、やる気が失せたり、手順を間違ったら、敗北もしくはもっとひどい結果になりうる。今回、僕は自信過剰だったのだろうか？謙虚さが足りなかったのだろうか？

レース最初の一七マイル〔二七キロ〕を過ぎた辺りで、レースを棄権した海兵隊のランナーが通過する僕に敬礼してくれた。その三〇マイル〔四八キロ〕先では、砂漠レースのベテランが、コーヒー色の尿で体の異変に気づいて棄権した。彼らは、ウルトラランナーとしての僕のキャリアを知っているから応援してくれるのだけれど、そんな過去の実績なんて、ここではまったく意味がなかった。レース前の自信も無意味だった。

レースの先頭を走るのは五〇歳のマイク・スウィーニーという船舶操縦士だ。クリフダイビング〔パラシュートを背負って崖から飛び降りる〕が趣味で、高所から飛び降りる衝撃に慣れるためのトレーニングの一環として、自分の頭を殴る練習をしていた。彼のすぐあとには、四八歳のファーグ・ホークというカナダ人がいた。飛行場の荷物係員として働き、ニーチェの言葉を引用して話すのが好きな男だ。ランニング雑誌の記者たちは、僕のことを本命だと予想してくれているけれど、これではまるで詐欺じゃないか。

誰にでも、必ず自問するときがやってくる。なぜこんなことをしているのか、なぜこんな困難ばかりのイバラの道を歩んでいるんだろうかと思うのが人間だ。痛みを挑戦として抱きかかえ、失うことを厳しい幸せだと感じることができるのは、妄想に取りつかれた狂人か聖人のどちらかだけだろう。自分もそうだからだ。自分が選んだこの競技では長時間続く苦痛がつきもので、それに耐える能力に応じて敬意が払われるという稀有な男女の集団に僕は属している。僕や周りのウルトラランナーにとっては、幻覚を見たり、嘔吐したりするのは、草野球でスライディングする程度のことだ。五〇マイルや一〇〇マイル以上走る人にとっては、擦傷や黒くなった足の爪、脱水症など通過儀礼に過ぎない。フルマラソンなんて、さしずめ準備体操のようなものだ。ウルトラランナーは、足にできたマメが大きくなり爪に当たって痛みに耐えられなくなると、痛みを和らげるために足の爪を引き剝がすこともある。レース中の処理が面倒で、レースの前に手術をして爪を全部抜いてしまったウルトラランナーもいる。体が痙攣していても気にしない。雷だって、全身の毛が逆立つほど近くに落ちない限り、ただの風景として捉えている。標高が高いところで頭痛になるのは、汗をかくのと同じようなものだから、当然その程度の関心しか向けない（コロラド州のレース中、脳動脈瘤で亡くなったランナーがいたくらい、本当は深刻なことだけれど）。痛みは無視するか抱きかかえる。鎮痛剤を飲んでやり過ごすこともある。発汗時に鎮痛剤を取り過ぎると、腎不全を起こす可能性があるからこれは少し危険だ。そうなると幽霊のように顔が青白くなり、運が良ければ近くの病院にヘリコプターで搬送されることになる。あるウルトラランナー仲間の医者によれば、「すべての痛みは必ずしも重要ではない」のだ。

ウルトラランナーは朝日とともに出発し、太陽が沈んで月が出て、さらに朝日、夕日、月の出と繰り返される中をずっと走り続ける。疲れ過ぎて転んだり、痛みのあまり身をよじることもある。それでも、足場が悪いトレイルを楽々と駆け抜けたり、自分の中に存在していることすら知らなかった新たな力を引き出して、一〇〇〇メートルの登りを難なく走ってしまうこともある。あざだらけ、傷だらけになって走るわけだけれど、実はとてもシンプルなことだ。走れなくなるまで走り続け、限界だと思ったらもっと走る。そしてどこからか新たな力と意志を探し出して、さらに速く走ることだ。

他のスポーツでは安全のための予防措置がなされるけれど、ウルトラマラソンで取られる予防措置は死なないためのものだ。ウルトラの大会では、エイドステーションでランナーたちをトラッキングし、体重を測り、食料を提供し、休憩できる涼しい場所を準備し、メディカル・チェックを行なったりする。ほとんどの大会はレース中、途中から選手と一緒に走るペーサーというサポートランナーをつけることができる（ペーサーは選手の食料や水などを携行することを禁止され、アドバイスを与えたり、道に迷わないようにガイドすることしかできない）。多くのウルトラランナーがサポートクルーを連れてくる。サポートクルーはレース中、ランナーに食料や水の他に、ライバルの状況といった情報を与え、もう絶対に走れないと思ったときには喝を入れてくれる。

ほとんどのウルトラマラソンはノンストップで走る。ツール・ド・フランスの選手たちのように、時計を止め全員で食事を取ったりぐっすり眠ったりすることもない。それがある意味、ウルトラの面白さと魅力でもあるのだろう。多くのランナーが止まるときにそのまま動き続ける。他の人が休んでいるあいだも走り続ける。

それこそが目の前にある問題だった。これまでは、止まって休むのは他のランナーだった。僕ではなかった。でも、今止まっているのは僕だ。まったく走ることができなかった。サポートクルーをしてくれている親友のリックが、絶対に行ける、信じてるぜ、と声をかけてくれた。でもそれはあり得ない。いったい僕は何を間違えたのだろう？　トレーニングのやり過ぎで回復していなかったのだろうか？　レーススケジュールの問題？　メンタル的な戦略が間違っていた？　これまで食べてきたものが問題なのか？　それとも考え過ぎ？

ウルトラマラソンでは、山猫に襲われたり崖から落っこちないように注意したり、ニヤッと笑いかける岩や話しかけてくる木々（よく幻覚で見るから）と会話をする時間を除けば、考える時間だけはたっぷりある。走るのをやめて棄権してしまえば、さらにたっぷりそういう時間が増える。たぶん僕は、ここで足を止めて考える時間が欲しかったのかもしれない。この砂漠の中で仰向けになり、いったいなぜオーブンの中を走っているのかについて考えるために。なぜ自分をこんな拷問にかけているのかについて考えるために。

なぜ自分がランニングを始めたのか、まだやっと理解し始めたばかりだった。子供の頃は、楽しく遊ぶために近所の森を走っていた。中学生になったら、体を鍛えるために走った。それから心を安らげるために走った。走り始めるとそのまま走り続けた。ウルトラマラソンと同様、人生では何かを始めたら途中でやめてはならない、とにかく頑張って前に進むしかないと学んだからだ。最終的に僕はランナーへと変身し、ランニングを通して肉体的に楽しむことができ、借金や病気からも脱出できて、毎日の小さな問題や心配事も気にならなくなった。他のランナー仲間が好きだから走り続けた。自分に挑戦することが大好きだからゴールに辿り着き、難コースを走りこなす達成感と喜びほど素晴らしいものはないと感じていた。僕はトップランナーとして、困難を乗り越え、体を毎日動かして食べる物にも注意し、健康的な生活を送っている。そしてそこから得る充実感もよく知っている。この充実感は、住んでいる家や財産なんかにはまったく関係なく、生き方から得られる充実感だ。僕が走るのは、ウルトラマラソンの困難を乗り越えられれば、人生の困難も乗り越えられると教えてくれるからだ。問題を乗り越えていくことが人生なのだから。

ここで諦めてしまってもいいのか？

「前もやり遂げたじゃないか」とリック。「だからまたできるぞ」

彼のその馬鹿らしいほど前向きな態度がありがたかった。

今このときではなくて、この夏の夜ではなくて、このレースでなかったら、真っ暗な空にキラキラ光る星に見とれていたかもしれない。果てしなく続く砂漠の端にまるで不機嫌な歩哨のように雪をかぶってそびえ立つシエラネバダ山脈の山々を見渡していたかもしれない。目の前の圧倒的な山々は、僕を打ちのめそうとしているのではなく、歓迎しているんだとわかるまで、そこに近づいていっただろう。

「胃が」と僕は呻いた。「胃が……」。サポートクルーたちが、氷の入った棺サイズの重い箱を引っ張ってきてくれた。ここに入れば体温を下げられると言われたけれど、もう何度も試していた。きっと足を上げたら気分も良くなるんじゃないか、とリックが言う。でもそんな僕の姿を見た他のライバルが力づくといけないから、できたら他のランナーのサポートクルーから見えないところでやってくれ、と心配するリック。彼には分からないのだろうか？　他の選手は僕のことなんて気にしなくていい。僕はどうやらここでおしまいだから。

動かないというのは結構快適だった。想像していたほど恥ずかしい気分にもならなかった。思い上がった自分の傲慢さについてゆっくり考えることもできた。

もしこれが映画だったら、ここで「お前を信じているよ、いつも見守っているよ」と励ます寝たきりの母さんのか細い声が聞こえてきて今の自分を恥ずかしく思う場面だ。そのあとで「理由なんか要らない。とにかくやるんだ」という厳かな父さんの声も聞こえてくるんだろう。眉を吊り上げ、目を閉じたまま起き上がる主人公の僕は、中学校のときに僕を弱虫呼ばわりしていじめた子供たちを思い出し、ウルトラを走り始めた頃、「彼なんて問題外だ。平地しか知らないランナーに過ぎないさ」と馬鹿にした人たちを思い出すんだろう。その映画の中では、自分はランナーなんだと思い出してスクッと立ち上がり、ゆっくり歩き始めると次第にペースを上げて、闇の中で獲物を追う狼のように先頭を走るベテランランナー二人に追いつくはずだ。

また何度か吐こうとしたけれど、もう胃には何も残っていなくて、その度に激痛が走った。サポートクルーや友人たちは、目を閉じてリラックスしてはと言ってくれたけれど、僕は星空を見上げた。周りの人間と砂漠が消えた。周辺視野の障害は、脱水症や意識を失う前兆でもある。それが今の僕の状態なのだろうか？　まるで細いトンネルを通してキラキラ光る無限の空を見上げているようだった。

水を飲んでみればと言われたけれど、飲めなかった。もう無理だと思った瞬間、「もう無理だと思う」と小さな声が聞こえた。僕の声だった。

星にとってはそんなことは知ったことじゃない。自然は人のことを判断しない。それが自然を走るウルトラマラソンの良いところだ。失敗したのだろうか？　それも悪くない。見上げる星座は僕のことを気にも留めていなかった。これで僕はもっと謙虚な心を持てるようになるだろう。レースをここでやめたら、精神的に新たな気持ちが芽生えるかもしれない。もしかして一回くらいレースを棄権するのもいいかもしれないな。

そう信じたかった。

アスリートは動物性たんぱく質をもっと摂るべきだという医師やトレーナーの忠告に耳を傾けるべきだったのだろうか？　トレーニングを少し減らした方が良かった？　僕は無敵だと思っていた。目を閉じた。

僕は修道院の教師たちから教育を受け、車椅子から立ち上がれるようにとルルドの聖水に清めてもらった母さんに育てられた。しかし、今立ち上がれないのは僕だった。

僕は一番速いランナーだったことはないけれど、一番タフなランナーだと自分で信じていた。こうやって自分の限界を受け入れることが一番大変なことかもしれない。もしかしてこのままここに留まることは、弱さではなく強さなのかもしれない。自分の限界を受け入れるということは、ランナーとしてのキャリアをやめる時期が来たということなのかもしれない。でも自分がランナーでなくなったら、自分はいったい何者なんだろう？

また星を見上げた。何の意見も返ってこなかった。

突然、砂漠の方から、聞き覚えがある声が聞こえてきた。

「お前、仰向けに寝転がってたら、このくそレースを優勝できないぜ。ジャーカー、いい加減にしろ！　早く立てよ！」

親友のダスティだった。その言葉に思わず微笑んだ。周りが彼の荒っぽい言葉にげんなりしていても、それは僕を毎回笑わせてくれた。

「いい加減に立ち上がれ！」とダスティが怒鳴った。でも立ち上がれなかった。立ち上がりたくなかった。

「お前のライバルのスウィーニーは、この先でおっ死にそうになってるんだ。お前はあいつに絶対に勝つんだ。俺たちはあいつに勝つぞ！」

僕は親友を見つめた。僕が誰にも勝てないことが分からないのか？

ダスティがしゃがみ込んで、顔を思い切り近づけてきた。僕の目をグッと睨んだ。

「ジャーカー、お前、いっぱしの男になりたかったんじゃねえのかよ？　いっぱしの男によ！」

Chapter 2

「とにかくやるんだ」

ミネソタ州プロクター
1980年

確かな道は自分が来た道だけだ
――イスラエル・ネベカー〔アメリカのフォークバンド、ブラインド・パイロットのヴォーカル〕

僕はキッチンのスツールに座っていた。母さんが木のスプーンを手渡し、かき混ぜてと言うのだけれど、バターが硬くてスプーンが動かない。両手を使うように言われてもできない。すると、ふいにスプーンが動きだした。母さんが僕の両手に手を添えてくれたのだ。バターと砂糖のクリーム色の渦巻きを見つめながら、まるで全部自分でやっているかのように感じた。最も小さい頃の記憶の一つだ。

僕は母さんが有名人だと思っていた。母さんはリットンマイクロウェーブ社に勤めていて、新たに開発された電子レンジで、ベーコンを焼いたりチョコレートケーキを作ったりするやり方を女性たちに教えていた。その後ミネソタ州の卵の業界団体に雇われ、ラジオで卵料理の話をしたのをきっかけにテレビのCMに出演し、その後ケーブルテレビで自分の料理番組を持つようになった。母さんのモットーは、「美味しい料理を作るのにプロのシェフである必要はない」で、僕は今でもそう信じている。母さんは家族のためにローストポークやチキン、それにステーキを焼き、マッシュポテトも手作りした。記憶の中での子供時代は、いつもキッチンの風通しの良いところにパイが冷ましてあって、キッチンに漂うお菓子やフルーツのいい香りが母さんと僕を包みこんでいた。

食べ物とのつながりがどれほど大事か、つまり自分たちの手で育ててきた野菜を食べることによって、自分たちが住んでいる土地にどれほど愛着を感じ、家族としてお互いの絆がどれほど深まるかなんて、誰かと話したわけでもない。家族と一緒に淡水魚のウォールアイを捕まえて、さばいてフライにして食べることが、家族の大切な儀式のようなものだと誰かに指摘された記憶もない。母さんの厳しいしつけによって、家族は夕食どきに丸々一時間食卓の前に座っていた。母さんがクッキーミックスを使わずに手作りのクッキーを作ることをよその人にほめられても、母さんなら「何を当たり前のことを」と言って取り合わなかっただろう。僕は知らず知らず、食べ物のことや、それが愛情につながっていることを学んでいった。一緒に料理をしていると、母さんは大学時代のことを話してくれた。そしてあなたもきっと大学に行くんだよ、と言った。父さんがいなければ、裏庭で僕に野球のバットを持たせ、ボールをトスしてくれた。母さんは僕が頑張り屋だとほめてくれた。そしてお父さんは心配性なんだから、不機嫌なときも気にしなくてもいいからねと言ってくれた。

家で厳しいのは父さんだけではなかった。僕が悪さをすると母さんはあのお菓子作りに使う木のスプーンで僕のお尻を叩いた。母さんは僕のテレビを観る時間を週五時間に制限した。僕がアメフトの試合を観たがると、前半か後半どちらかにするように言った。僕はいつも後半を選んだ。

母さんがいつ最初に瓶を落としたか覚えていない。確か僕が九歳の頃だったと思う。しばらくすると、母さんが物を落とさなかったときを思い出す方が難しくなった。ナイフを持つ手もおぼつかなくなった。ときにはカウンターに向かって立っているだけでも顔をしかめていた。でも僕が見ているのに気がつくと、ウインクをしてニコッと笑うのだった。

こんなこともあった。僕が六歳のとき、薪を外に積んでいると車が我が家の前に停まった。我が家は町外れの森が始まる袋小路にあったので、それが近所の人の車でないとすぐに分かった。そこはミネソタ州のプロクターから八キロのところにあり、プロクターはさらにミネアポリスから二四〇キロも離れていた。僕は近所の車を全部知っていたし、誰が運転しているかも、後部座席でどの子たちがじゃれ合っているかもだいたい頭に入っていた。その車はプロクターの友達の車で、その子の母親が僕と一緒に遊ばせるのにここまで運転してきてくれたのだ。僕は大はしゃぎで車に向かって走りだした。すると厳しい声が僕を呼び止めた。

「薪を積み終わったら遊んでもいいぞ。この調子だとあと二時間くらいかかりそうだな」

父さんだった。口答えしても無駄だと分かっていた。そこで僕は友達にこっそりそれを伝え、彼は母親に言った。彼女は僕を見て、それから父さんを見やると、車で引き返していった。僕らは作業に戻った。

庭仕事が終わると、たまに父さんは僕を森に連れて行ってくれた。僕が七歳の頃、母さんが昼寝をしているときに（母さんはこの頃から疲れやすくなっていた）、父さんは土を一握り手に取って、太い指のあいだからパラパラと落としながら、僕に話をしてくれたことがある。「ある日、世界で最も優秀な科学者が二人、森の中を歩いていたんだ。そう、ちょうどこんな感じの森、ミネソタの森でね。すると木々のあいだから神様が現れて、二人の科学者に尋ねたんだ。もしお前たちがそんなに優秀なら、空気から土を作ることができるか？　神である私のように」。僕はよく覚えている。父さんは僕に笑ってその話をしたけれど、その笑顔は悲しそうだった。たぶん父さんは、世の中にはどれほど願っても頑張っても、うまく行かないことがある、だからそれを受け入れなくちゃいけない、と僕に伝えたかったんだろうと思う。

僕が八歳になると、父さんと森を歩くことも少なくなり、家のことを手伝うのに忙しくなっていた。母さんが裏庭に作った大きな畑の雑草を抜いたり、石を取り除いたり、薪を積んだり、台所仕事を手伝ったり、五歳になる妹のアンジェラにおやつを与えたり、三歳になる弟のグレッグがいたずらしないように見張ったりしていた。一〇歳になると、一人でオーブン料理も作れるようになった。「石をどけたり薪を積んだりするのはイヤだ、外で遊びたい」と不平を言うと、父さんの怒鳴り声が飛んできた。「とにかくやるんだ！」そのうち僕は不平を口にするのをやめた。

父さんは厳しいしつけを思いやりと遊び心で和らげた。例えば薪置き場に一〇分間でどれだけ薪を積めるか挑戦させたり、制限時間内にどれだけたくさん庭から石を拾い出せるかを競ったりした。そのときは意識しなかったけれど、競争原理を取り入れることで、どんなに厄介でつまらない仕事でも、面白くてやりがいのある仕事に変えられるし、それをうまくやり遂げれば、なぜだか幸せな気持ちが込み上げてくることを父さんから学んだ。

僕が一〇歳になると、父さんは磨き上げられたウォールナット材と鉄の銃身のついた二二口径の銃を買ってくれた。父さんは撃った獲物は必ず殺して皮を剝ぎ、内臓を取り出してから食べるようにと言った。僕はすでにウォールアイを釣って処理するやり方は知っていた。

ブルーベリーを摘むのもうまかった。我が家では、誰もが六歳になると祖母と一緒にブルーベリーとチェリーを摘みに行くのが掟だった。年上の従兄たちはそのときのワクワクする冒険話をしてくれたので、僕はそれが待ち遠しかった。ところが、従兄たちは蚊の大群や臭い沼やカンカン照りの日差し、それに梯子(僕はそこから落っこちた!)のことについては話し忘れていた。僕がもう家に帰りたいと泣きだしても、帰してもらえなかった。何しろ父さんを育てた祖母だ。彼女とベリーを摘みに行くと、延々と摘むことになった。祖父と魚釣りに行って飽きてしまってもおあいにくさま、そのまま釣り続けなければならなかった。こうして退屈な作業をすることで忍耐を覚えた。そして何よりも、繰り返しで肉体的にきつい作業の中に楽しみを見出すことを学んだ。

もちろんいつも楽しくはなかったし、忍耐強くもなかった。僕はまだ子供だった。でも僕は投げ出さずに続けた。なぜだろう?

とにかくやるんだ!

当時父さんは仕事を二つ掛け持ちしていた。昼間は配管工として働き、夜は地元の病院の保守管理の仕事をしていた。一緒に行く食料品店で母さんが使っているクーポンが、実は生活保護の食料引換券で、父さんがしばしば月末の支払いを滞らせていることを僕は知っていた。家のテレビが壊れたとき、一年間も買い換えないでいた。車は二台あったが、一台はたいてい故障していて、ときには両方とも動かなかった。母さんはますます疲れやすくなり、家の横の畑はどんどん小さくなって、冷蔵庫に父さんが貼りつけた僕らきょうだい三人に課された作業リストは増え続けていった。友達は、誰も三〇℃を超える蒸し暑い庭で草刈りをして雑草をむしることはなかったし、遊びに行く前に二時間も薪を積み上げる必要もなかった。母さんはもう裏庭で一緒に野球をして遊んでくれなかったし、僕もそれをねだったりはしなかった。

母さんの具合が悪くなればなるほど、僕の手伝いは増えた。そして仕事が増えれば増えるほど、どうしてこうなっちゃったんだろう、と思ってしまった。どうして母さんは病気なんだろう？ いつ良くなるんだろう？ 父さんはどうして不機嫌なんだろう？ どうして学校の保健の先生は、しらみ検査のときにいつも僕の頭を二回もチェックするんだろう？ 僕らが田舎に住んでいるからなのか、それとも家が貧乏だから？

僕が小学三年生の夏から、状況はさらに悪くなった。それは典型的な暑いミネソタの晴れた日だった。父さんが仕事の都合をつけて、母さんと二人で僕の野球の試合を見に来てくれた。僕はレフトで、ちょうどフライを捕って内野に投げ返したときだった。古いオールズモビルのステーションワゴンが停まり、父さんが降りてきた。助手席のドアも開いて母さんが降り立とうとするのだけれど、何かおかしかった。助手席のドアはまるでスローモーションのように開き、母さんがグラッとよろめくと、父さんが慌てて運転席側から反対側に回り母さんを助け起こした。父さんは母さんが三〇メートル離れた観客席まで歩くのをずっと支えていなければならなかった。僕はそのゆっくりした一歩一歩をずっと凝視していて、続くバッター二人を見過ごしてしまった。そしてその回が終わっても、僕はまだレフトに突っ立って二人を見つめ続けていた。

僕らの家事リストはどんどん膨れ上がってきた。母さんが病気だということも分かっていたし、母さんは昼間も眠っていることが多くなった。僕が六年生になったある日、父さんは母さんに専門医の診察を受けさせると言った。そのときたぶん父さんは「多発性硬化症」だと説明したと思う。でもそれは僕には単なる言葉に過ぎなかった。母さんが母さんであることに変わりはなかったし、それで母さんの状況が変わるわけでもなかった。そんなことを考える度、「多発性なんとか」が何だっていうんだ、という気持ちになった。母さんはそれからときどきミネアポリスに治療を受けに行くようになった。父さんは、希望がないわけじゃない、と言っていた。

ある日、リハビリの専門家が母さんの介護にやって来た。それは母さんの病状が回復しないことを意味していた。それ以来母さんがミネアポリスの専門医に通うことはなかった。

僕はその頃までにはミートローフとマッシュポテトを作れるようになり、薪を集めるのに木を切ることもできるようになっていた。弟や妹のランチを用意し、母さんが家を動き回るのを手伝った。ときには理学療法士が教えた運動を母さんがするのを介助した。

本当なら、家の手伝いをしたり、僕を愛してくれる母さんを助けたりすることができることに感謝していると言いたかった。でも本当のことを言うと、手伝いが大嫌いだった。そして母さんの身に起こっていることを嫌悪していた。でも僕らは何も言うことができなかった。それは、昔海軍にいて、軍隊調の規律を信奉する父さんのせいだった。父さんもかつてないほどイライラしていたと、今では思う。「理由は訊くな。とにかくやるんだ」。なので、弟も妹も、そしてとりわけ僕はいつもビクビクしながら暮らしていた。ある日、一時間かけて薪を積んだあとで、父さんは仕事が雑だと言って僕が積んだ薪を全部崩してしまった。そしてまた最初からやり直さなければならなかった。

その頃からより多くの時間を森の中で過ごすようになった。トレイルを作り、父さんの作業で残った余り木を利用して秘密の要塞への通路を作った。チャンスがあればいつもライフルを持ち出すようにして、たまには釣り竿も持ち出した。でもたいていは手ぶらで森に入り、森を知り尽くすまで涼しい緑の木陰の下を歩いた。

当時の両親にそのつもりはなかったし、僕ももちろん分かっていなかったけれど、実は両親は僕を長距離ランナーにすべく鍛えていたのだ。ランニングを始めたときには、僕は苦しむことをすでに知っていた。

EAT & RUNコラム❶

初めに

効率的に走るには、優れたテクニックが必要であり、一〇〇マイル〔一六一キロ〕を効率的に走るには、ものすごく優れたテクニックが求められる。だが、矛盾しているけれど、ランニングを始めるのにテクニックは必要ない。まったく不要だ。もしランナーになりたかったら、トレイルに向かうか、森に出かけるか、道路に立って走り始めればいいだけだ。五〇メートルしか走れなければ、それでもいい。明日はもう少し長く走れるから。その行為そのものが喜びにつながり、動いているという本能的な楽しさにつながっている。子供のお遊びのようだけれど、そうでなくちゃいけない。

最初はスピードや距離なんて気にしなくていい。むしろゆっくりがいい。全力の五〇から七〇パーセントくらい。そのゾーンを見つけるのに一番いい方法は、友達と並んで走りながら話ができる程度。もし話ができなければ速過ぎることになる。必要なら歩きを交ぜてみるのもいい。上り坂を歩いてもいい。少しずつ距離を延ばしていく。長くゆっくり走ることで、心臓と肺が強化され、血液の循環が良くなり、筋肉の代謝効率が改善する。

Chapter 3

自分のために

カリブーレイク大会
1986年

強くなるしかないときに、
自分がどんなに強いか初めて気づく

——作者不明

僕はそのとき小学四年生で、身動きが取れなくなっていた。

二五人のランナーのうち、僕の前には一四人もいて、おまけに僕はゼーゼー喘ぎ脚が攣《つ》りそうになっていた。両サイドを走るランナーたちが大きく腕を振る度に、肘が僕を小突いていた。背後の選手は僕の踵を踏みつけて押しのけようとする。肌寒い秋の日で、濃い赤やオレンジの葉っぱが、カリブー湖の土手に敷き詰められていた。一・二キロのレースでは黄色い旗が目印に置かれ、カリブーレイク小学校の野球とサッカーのグラウンドの周りを二周することになっていた。ひんやりとした午後遅い森に、荒い息をした他の選手の体から湯気が立ち上るのが見えた。僕はというと、えび茶色とゴールドのセントローズのTシャツに、サイドに金色のストライプの入ったコットンの青い長パンツを着ていた。パンツの裾には母さんがゴムの輪を縫いつけてくれた。

僕はもうリトルリーグで野球を続けることができなかった。なぜかというと、車で町まで出なくてはいけないのに、父さんは長時間働いていて僕を送り迎えする時間がなかったからだ。アメフトは道具を買うお金がなかった。そんなわけで走ることにした。僕はひょろひょろと背が高くて文句をあまり言わなかったから、学校は僕を地区大会の代表として送り込んだ。でも今まで一マイル以上走ったことがなかったし、速くもなかった。だからレース半ばで僕は二五人中二〇番目まで落ちる羽目になってしまったのだ。

それでも走り続けた。なぜ走るのかなんて考えなかった。理由などない。「とにかくやるんだ！」

さっきまで肘をぶつけてきた選手たちが視界の端から後ろに見えなくなった。僕は走り続け、後ろから押しのける選手もいなくなった。痙攣はさらにひどく、喘ぎ喘ぎだったけれど、そのまま走ると先を進む集団に追いついた。「くそ！」誰かが叫んだ。彼らを追い抜くと、前は五人だけになった。残り四〇〇メートルであと四人になり、そしてついに一人になった。

けっきょく二番だった。勝った選手はとてつもなく速くて、敵うとは思わなかった。僕がレースに本気で勝ちにいくようになるのはまだ先のことだったけれど、この寒い午後に一つのことに気づいた。僕の年頃の子供たちは途中からスピードダウンしてペースが落ちていくのに、僕は逆でむしろ速くなるようだ。

六年生になって中学校に上がる頃には、親指と小指で持った卵を片手で割れるようになった。洗濯物を白物と色物に分けて洗濯機にかけ、乾燥させて六〇分以内に皺なく畳むこともできるようになった。腹筋一〇〇回のあと（弟が僕の足に乗っかって押さえ、妹が数を数えて手伝ってくれた）、坂道を三回連続で走って往復することができるようになった。スパゲティーとポークチョップとツナヌードルキャセロールを作れるようになった。地面に落ちている松ぼっくりからリースを作ることもできた（僕らきょうだいは、リースをホリデーのための資金稼ぎに一つ五ドルで売った）。赤ん坊にミルクを与えたあとげっぷさせたり、おむつを替えたりできたし、バスケットボールのゾーンディフェンス理論も知っていたし、野球でカーブボールの投げ方も覚えた。ゲップとおむつ替えは妹と弟で練習したし、あとの二つは図書館で本を読んで覚えた。車がないのでバスケや野球をプレイすることは滅多になかったけれど、万一に備えてやり方だけは覚えておきたかった。

＊＊＊

七年生になると、僕は完璧を求めた。その理由はというと、だんだんと弱くなってきた母さんが、その分リハビリの運動にも、家族の食事の栄養にも、僕たちのホリデーの楽しみにも余計に真剣に取り組むようになったからだ。例えばメキシカン・ウェディングケーキも食べたし、クリスマスにはみんなでクッキーシューターで違った形のスプリッツクッキーを作って色を着けたりした。僕が皿を拭く当番だったら、家族で一番早くやり終えたかった。新鮮なウォールアイにパン粉をつけて揚げるなら、今まで食べたこともない美味しいウォールアイのフライを出したい。僕は頑張って勉強していい成績を収めた。でもそれに満足せず一番になろうとした。そして、毎月の選択式の読解テストでは、最初に問題を解いて教室から出ていきたかった。ところが親友のダン・ハムスキもそう思っていた。ダンはいつも一番にテストを終えて僕をイライラさせた。しばらく経ってどういうことか分かった。彼は問題をざっと読んで、解けないものがあると、飛ばして先に進むのだ。僕はというと、たとえ制限時間いっぱいかかってもその問題を解くまで次に進まない。答えを間違えることはなかったけれど、いつもダンには勝てなかった。僕はどんなに大変だろうと、全部片づけなければ気が済まなかった。

そんなにムキにならなくても済むのは森の中だけだった。そこでは走っても歩いても好きなことをしてよかった。木々は僕が一生懸命に働こうが働くまいがお構いなしで、薪をきちんと積んだかどうかも、速く走れるかどうかも気にかけなかった。そして空は、母さんの容体が悪くならないように看病しろなんて言ってこない。地面は僕を試すこともなく、そこにはただ自分と風のささやきと静寂があるだけだった。一人で森の中にいると、いろいろな疑問に対する答えがなくてもなぜか不安になることがなかった。僕は猟区の管理人になりたかった。長らく経ってから、両親は何かで僕が医者になりたいと書いたものを見せてくれたけれど、僕は覚えていなかった。きっと母さんに良くなってもらいたくてそう書いたんだと思う。

家族の誰もが、母さんに良くなってもらいたかった。でも僕らに何ができるだろう？　ディナーに連れて行きたいと思っても、外食は誕生日か父さんの昇給のときだけだった。母さんにコンピュータがあればよかったのに。実際、毎年父さんはそう言っていたのだけれど、なかなか買う機会はなかった。父さんが思い切ってアップルⅡｅを購入したのは僕が八年生のときだ。

僕も力になろうとした。ブリッジマンのアイスクリーム一二ガロン［四五リットル］が賞品としてもらえるポスターカラーのコンテストにもエントリーした。僕は見事アイスクリームを獲得し、そのあとで州の魚釣り協会が協賛するポスターのコンテストでも賞品を手にした。両親はとても喜んでくれた。でも母さんはますます疲れやすくなっていった。父さんはよくこう言ったものだ。

「お母さんは風邪だよ」「今日はゆっくり休まなければならないんだ」

水を張った鍋にカエルを入れてゆっくりと加熱すると、カエルは徐々に熱くなるのに気づかないので逃げ出さず、やがて茹で上がって死んでしまう、と学校で習った。それはまさに僕そのものだった。今まで元気だった母さんがある日突然、多発性硬化症と診断されたのではなく、いつの間にかすべてがおかしくなっていた。もし母さんが健康で父さんがもっと優しかったとしても、僕はいろいろなことに悩んだだろうか。それは分からない。

一二歳のときの定期健康診断で、僕の血圧を見て医者は深呼吸した。もう一度血圧を測ってからさらに深く息をつくと、僕に待合室で座っているようにと言ったあと、父さんに何事かささやいた。父さんが僕を専門医のところに連れて行くと、僕はそこで少なくとも三回血圧を測定された。座った状態と寝た姿勢とそれから立った状態と。医師は僕に、よく眠れているか、めまいがすることはないか、と尋ねた。僕は正直に大丈夫と答えた。でも帰る頃には不安になってきた。父さんが不安げな表情をしていたからだ。

家に帰ると、父さんは僕に外で遊んでおいで、と言った。かつてそんなことを言ってくれたことはなかったので、ますます不安になってきた。外にいるあいだ、父さんと母さんが話していた。それから二人は僕を呼び入れ、これから毎朝薬を飲むように、と言った。

「なんで?」この言葉を大声で口にしたことはもう何年もなかった。

「あなたの血圧が高いの」と母さん。「薬を飲めば大丈夫よ」

母さんが毎日薬を飲んでいるのを知っていたので、それがどういうことか分かっていた。薬は飲まない、自分で血圧を下げられる、と僕は言い張った。どうすればいいか本で調べると言った。母さんは微笑んだ。これほど途方に暮れた父さんを見たことがなかった。

薬だけじゃないんだ、と両親が言う。塩もダメだ。これは薬と同じぐらいキツい知らせだ。大好きなキャンベルのチキンヌードルスープももう飲めない。マッシュポテトにバターと塩をたっぷりつけるのがお気に入りなのに、それもダメ(僕は缶詰のコーンや生のニンジン、それにポテト以外、野菜が大嫌いだった)。

僕は必死に抵抗した。勉強して何とか問題を解決する。チャンスをちょうだい、と両親にすがった。もちろんその願いは聞き入れられなかった。

翌日の晩、夕食を食べたあとで、僕は自分の名前が書いてある白い大きな薬局袋を見つけた。それは母さんの薬と一緒に洗面所のキャビネットに置かれていた。父さんがそれを手に取って母さんに手渡すと、僕は泣きだした。

「スコティ、薬を飲まなくちゃ。自分のためよ」と母さんが言った。

「とにかくやるんだ！」でもなぜ？　僕は泣き喚いた。母さんは袋から薬を取り出すと僕を見て、ため息をつくとまた薬をしまった。

「何か方法を考えてみるわ、スコティ。でもあなたもちょっとは協力しなくちゃダメよ」

翌週、父さんは僕を別の専門医のところに連れて行った。この医師は診療室の灯りを消すと、自分が幸せになれる場所をどこか想像してごらん、と言った。僕は緑の葉が生い茂る夏の森を想像した。彼は僕に目を閉じて、その場所――森の中――にいる場面を思い浮かべるようにと言った。しばらくすると灯りをつけ、父さんを招き入れた。

「息子さんは自力で血圧を下げることができます」と医師が言った。「もし小児科医のところでもう一度同じようにできたら、しばらく治療は様子を見ましょう」

その夜、父さんが僕に言った。そんなに頑張らなくてもいいんだよ、もっとリラックスしなさい。子供なんだから、世界を救えるわけじゃないんだ、と。「とにかくやるんだ！」が口癖な父さんの本心はなかなかうかがいしれなかった。お前はいい子で働き者だ、小児科の病院でもきっと血圧を下げることができるはずだ、と続けた。僕にはそんなに自信がなかった。父さんはスキー道具を買ってくれると約束してくれた。

次の日の午後、小児科の診療室で僕は森の中に戻り、緑の木々や土に静かに包まれていた。医師は父さんに、薬を飲む方がいいけれど、今すぐに始めなくてもいい、と伝えた。彼はストレスや瞑想のこと、それに心で体をコントロールできるという話はしなかったけれど、僕にはそのやり方が分かった。両親は購入した血圧測定器で毎週僕の腕にベルトを巻きつけ、その度に僕は目を閉じて木々や静寂を想像した。そして、頭で血圧をコントロールすることを覚えた。この才能は、薬を飲まなくて済んだり好きな物を食べられたりすること以外にも、いつか何かに役に立つかもしれないと思っていた。

スキーなんて金持ちの子供のやることだと思っていた。ダルース・イースト高校に通うような子供の親は、みな医者か弁護士で、飛行機でスキー休暇に行くような連中だった。僕らの学校では、町のそちら側出身の人のことを「ケーキ野郎」と呼んでいた。けれど父さんはスキー道具を買ってくれた。中古の赤と白と青のK-2と、中古のブーツ、それに新品のポールだった。相当無理をしたんだろうなと思った。

その夏のある晩、父さんは夕食の席で、来週みんなでミネソタ北部に出かけてロッジに泊まりに行くと発表した。ロッジ！ まるでシカゴへステーキのディナーを食べに行くんだと言われたかのように嬉しかった。それだけじゃなくて、ロッジのすぐ横の湖やプールで泳いだり釣りをしたり自転車に乗ったりできるという。湖には平底船があって自分たちで好きなところにペダルを漕いでいける。アンジェラもグレッグも僕も、宝くじに当たったような気分だった。

父さんが黙っていたのは、他の家族や子供たちも一緒だということだった。そして大人たちが他のところに集まっているあいだ、専門家が子供たちにいろいろ聞き取り調査をすることになっていた。

何人かの大人が子供たちをみな一堂に集めて、いろいろな質問を投げかけた。例えば「お母さんが多発性硬化症であることについてどう思う？」とか、「家ではどんな様子？　友達やクラスメイトが家に遊びに来たときに君はどんな感じがする？」とか、「自分は他の子と違うと思う？」とかだ。僕はその頃すでにいろいろな本を読んでいた。血圧やサッカーについて、それに料理に関する本なんかだ。多発性硬化症に関しては本を読んだことはなかった。でもそれに関して必要なことはすべて知っていた。アンジェラとグレッグはソーシャルワーカーに対して一言も口をきかなかった。二人は内気だったし、怖がっていたのだと思う。僕もあまり喋らなかった。家族はそのことについてあまり話をしなかった。話したところで何になる？　それで何か良くなるっていうの？　世の中、いくら「なぜ」って訊いてもそれで母さんの病状が変わるわけじゃないことはもう学んでいた。僕は何人かの子供たちのように泣きだしたりはしなかった。妹はただソーシャルワーカーをじっと見つめていた。すでに一人前の口をきくようになっていた小さな弟は、僕のそばを片時も離れず、平底船にはいつ戻るの、と大人たちに訊いていた。彼はその頃から大胆なところがあった。

実を言うと、そのときの気分をあまりよく覚えていない。「母さんが多発性硬化症になった。ツイてないけどしょうがないな。なるようになるさ」という気持ちだったのだと思う。

Chapter 4

「痛みは痛いだけ」

アドルフ・ストアの往復
1990年

千里の道も一歩から

――老子

中古のスキー板が僕に居場所を与えてくれた。

僕はスポーツが好きだったけれど、中学の頃は学校のチームに入ろうとは思わなかった。セントローズズ小学校から一緒の同級生は一二人だけで、中学校ではアメフトやバスケットボールをやろうかとも考えたけれど、送迎のバスに他の先輩や体育会系の子供たちと一緒に詰め込まれることを想像すると、気が進まなかった。僕は内気で痩せっぽちだった。他の子供たちは僕を「弱虫《ピーウィー》」とからかい、バスの中で押したり小突いたりして、喧嘩をふっかけようとした。それは母さんがいつも僕にボタンダウンシャツを着せて学校に行かせたせいかもしれない。あるいは学校の成績がいいという噂が広まっていたせいかもしれない。ミネソタ北部の労働者家庭の多い学校では、勉強熱心なのは格好いいことではなかった。もし僕がどれほど狩りや釣りが好きか奴らが知ったら話は違ったかもしれないけれど、どうしようもなかった。

一度、男子生徒が僕の顔に向かって唾を吐いたことがある。でも僕は向かっていかなかった。喧嘩して勝とうが負けようが（負ける可能性の方が高かったけれど）、どのみち家に帰ったら父さんからもっとひどい目に遭わされるに決まっていたからだ。

七年生と八年生のときに教会のチームでバスケットボールをやった。そこなら送迎とユニフォームが提供されたし、チームメイトからランチの小銭をくすねられる心配も少なかったからだ。僕はゾーンディフェンスやスクリーンプレイのことは何でも知っていたけれど、特にうまいわけじゃなかった。バスケの試合でよく覚えているのは、母さんが観客席に辿り着くのがどんなに大変だったかということだ。僕はそれを見るのが嫌だった。僕らが奇妙な家族なのも、僕自身が奇妙な子供なののろのろした母さんの動作が大嫌いだった。これを言うのは辛いのだけれど、正直、もそのせいだと感じていた。教会ではいつも一番前の席に座った。父さんはいつも僕らを教会の前で車から降ろすと、「お母さんを連れてくるから席を取っておいてくれ」と言った。それで、教会の参列者がみな、母さんが一番前の席によろよろと向かうのをじろじろと見ることになった。

高校の二年生になると、僕は成績も良くて、ドライドック・バー＆グリルでバイトもしていたけれど（皿洗いから即席料理のシェフまで昇進した）、友達は少なかった。バイト先での僕のレパートリーは、シュリンプとフレンチチシルクパイに、チリにハンバーガーにクラムチャウダー、それにめちゃくちゃ美味しいフィリーチーズステーキだった。心の中では何かが燃えていたけれど、それを野心と呼ぶにはあまりに漠然としていたし、はっきりとした形になっていなかった。相変わらずどうして世の中はこうなんだろうと思っていたし、将来どうなるかなんてまったく分からなかった。集中力はいろいろな面で役に立ったけれど、こうした疑問に答えを出すには役立たなかった。その答えはいったいどうやって出すんだろう?

それがスキーだった。二年生のとき、僕の高校はクロスカントリーの男子チームを立ち上げた。僕は自然が好きだったし、バスケットやアメフトで大成するとは思わなかったので、このチームに入ることにした。ノルウェー人の厳しいコーチ、グレン・ソレンセンは、いくつかの基礎を教え、何度かレースに連れて行き(負け続きだったけれど)、三年生になる前の夏のあいだに持久力をつけるようにと言った。持久力がつくならやり方は何でもいいと。僕はロードバイクもインラインスケートも持っていなかったので、走ることにした。

僕のドライドックの勤務が早番のときは、午後に走った。午後に母さんの手助けをしなければならないときは、夜走った。毎日少しずつ距離を延ばしていった。ある日、僕は片道六キロを往復した。すると父さんは言った。「アドルフ・ストアまで走ったってことか!」父さんも母さんも心底驚いていた。

走れば気分が良くなるから走るわけではなかった。筋肉痛になるしマメはできるし、ランニング中にトイレに行かなくてはならない。僕が「ランナー下痢」(腹痛、胃腸障害、急な便意)のことを知ったのもこの夏のことだった。ミネソタ北部では、道路を走っているとクラクションを鳴らされたこともあった。それでも走って前に進む感覚が好きだったし、誰かの車に乗せてもらわなくても好きな場所に辿り着けるのも良かった。でも、だからランニングを続けたわけじゃない。スキーがしたかったからだ。

ソレンセン・コーチは、彼の弟と二人で何週間も北極圏に行ってカヌーで釣りをしたときの話をしてくれた。また、走って鹿を追いかけ続けて、最後には鹿が疲れて倒れてしまった話もしてくれた。ソレンセン・コーチは僕と同じように何事にも「なぜ?」と疑問を持ち、それについて答えを探す数少ない人物の一人だった。なぜスプリントと長距離のトレーニングを交互に繰り返すのか? どうして腕の動かし方に良い悪いがあるのか? なぜ最初からトップに立つのでなく後ろから行くのか? 彼はたいてい質問を投げかけてそれに自分で答えていたけれど、もし答えられないような質問を僕らの誰かがすると、彼はむしろそれを喜んでいた。彼は何かを学ぶことを楽しんでいた。「なぜ?」と訊ける場所——そして相手——を僕はようやく見つけた。

僕らのことをチームと呼ぶのはあまりに好意的過ぎだった。ダルースは三つの学区に分かれている。東側が金持ちのケーキ野郎で、中心部はグリース野郎。奴らは街角にたむろして飛び出しナイフを懐に強盗を働くような連中に違いないと思っていた。そして僕らのような貧乏な子供たち。町から離れて住んでいて、厳密にはダルースの学区にも入らないような田舎の労働者家庭の子だ。

チームのメンバーは、まずジョン・オブレクト、両親はスポーツが子供の人格形成に役立つと考えていた。そしてジブンスキー兄弟のマークとマット、二人とも一八〇センチに一〇〇キロの巨漢で、タイツとその上に緩いパンツを穿いていて、ラインバックとバレリーナを足して二で割ったような格好だった。それに痩せっぽちの僕。誰もソレンセン・コーチに出会うまでクロスカントリースキーをやったことはなかった。

僕らは他のチームと比べて経験も少なかったと思うけれど、何より道具に恵まれていなかった。それでも集中力はあった。コーチは三つのことだけを指示した。体を作っておけ、努力しろ、楽しめ。僕らみたいな貧乏なミネソタの田舎者にとっては完璧な基本原則だ。彼のモットーは「痛みは痛いだけ」だった。

他のチームは部員も多くユニフォームも立派だった。僕らはブルージーンズとフランネルのシャツで参加したけれど、三年生の頃にはライバルに勝つこともあった。ダルースイースト校の金持ちチームは他のどことも違った。彼らは赤いライクラのユニフォームを着て、各選手が二、三本のスキーを持っていた。彼らは僕らにとっての悪の帝国かニューヨークヤンキースで、金持ちで強大で何でも持っているのにまだ欲しがる連中だった。彼らは専用の貸切りバスでレースに現れた。もちろん僕らは奴らが大嫌いだった。

その頃チームでは僕がたぶん一番強い選手で、それはランニングで培った持久力と体力の賜物だった。僕らはスキーを履いて丘を登るインターバル・トレーニングをやった。コーチは自分より若いのに負けたのは初めてだと言って嬉しそうだった。

チームだけでなく、僕自身もそのシーズンにいくつか個人タイトルを獲った。両親がレースを観に来るようになったのだけれど、レースはたいてい森の中で開催されるので、父さんはそりを作った。母さんを寝袋に入れて大きな手袋をはめさせ、そりに括りつけ、母さんがレースを観戦できるように父さんがそりを曳いた。それは嬉しかった。

僕はミネソタ州のクロスカントリーでトップ15のスキーヤーに選ばれ、父さんはミネソタ大学ダルース校でボイラー操作員として安定した職を得た。母さんはこの頃には車椅子に頼らなくてはならなくなっていたし、僕は相変わらず薪を積み上げ洗濯をし、料理や掃除もこなさなくてはならなかったけれど、「とにかくやれ」ば、確かにうまくいくこともあるんだと学んだ。

問題は、それが続かないことだ。三月のある日、僕は弟と妹を車に乗せて祖母の家に行き、彼女をランチと買い物に連れ出した。家に帰ると、母さんが床に倒れていた。トイレから立ち上がろうとしたときに転倒し、腰骨を折ってしまったのだ。僕らは父さんに電話をかけ、それから救急車を呼んだ。母さんはその後、もう歩くことはなかった。父さんも人が変わった。まず、父さんは僕ら、とりわけ僕をこっぴどく叱りつけた。僕のことを頼りにしていて、自分が外で働いているあいだは家のことは任せていたのに、期待を裏切ったと言うのだ。祖母のところに行くように強く勧めたのは母さんで、母さんは大丈夫だからと言っていたと僕が説明しようとしても、父さんは聞き入れようとしなかった。完全に怒り狂っていた。

まもなく新しい理学療法士が家にやって来た。母さんは以前より本格的な介護が必要になっていた。スティーヴ・カーリンという名のその理学療法士は週に二度訪問してきて、かなり難しい運動を母さんに施していた。彼は僕がそれを観察しているのを見て声をかけてきた。「やあ、君は運動をやってるん[illegible]ならうまくできるはずだよ」。そのとき、僕の将来の夢が[illegible]た。その日から僕も母さんのリハビリを手伝うようになった。母さ[illegible]ーの生地をかき混ぜるのを手伝ってくれたあの日から、僕はずっと母親っ[illegible]さんの力になれれば母さんも喜ぶと思った。一方、弟は家のことが大嫌いで、スキー[illegible]良仲間と問題を起こしたりしていた。彼はそうやって現実から逃げていた。妹はただ黙り込んで、父さんはさじを投げていた。

その夏、僕はクロスカントリースキーで各州の成績上位の高校生を対象としたチーム・バーキーというスキーキャンプのメンバーに指名された。キャンプはウィスコンシン州ゲーブルのテレマークロッジで開催され、僕らは森の中のユースホステルに宿泊した。中西部のあらゆる地域から子供たちが集まり、コーチも各所からやって来た。オリンピックで三度もメダルを取ったニコライ・アニキンとその妻アントニーナが、僕らのゲストコーチだった。アントニーナはほとんど英語が分からず、かけ声で僕らとコミュニケーションしていた。ニコライは『ロッキーⅣ』の映画の中のドラゴのように、「スキー・ウォーキング」と言わずに「スキー・ヴォーキング」と独特のアクセントで発音した。僕らはその発音を真似て、ロシア訛りのすべての単語を吸収しようとした。

最大酸素摂取量（運動中に消費することができる酸素の最大量）のことを学んだ。また、異なる種類のワックス処理や、後ろ足のキックの仕方や、プライメトリック・トレーニング（筋肉トレーニングの一種）やLT値（乳酸分岐点。筋肉に乳酸が蓄積する量がそれを処理する量を上回るポイント）のことも学んだ。ペース設定のことや、心拍計を装着して自分の運動レベルを測定することを覚えた。ノルウェー、スウェーデンやフィンランドの世界トップレベルのスキーヤーのビデオを観て、驚嘆した。クロスカントリースキーで最良の教科書を見つけたようなものだった。

指導者からたくさんのことを学んだのと同じくらい、あるいはそれ以上に、食事どきにも多くのことを学んだ。キャンプでは野菜のラザニア、あらゆる種類のサラダや焼きたての全粒小麦パンが出された。当時の僕は、レタスときゅうりにクリーミーなランチドレッシングをかけたものぐらいしか手が出なかった。確かにほめられたものじゃない。でも全粒の何だかとか調理したほうれん草なんて考えられなかった。

でも選択の余地はなかったので、しかたなく出てきたものは何でも食べた。すると信じられないほど美味しかった。しかも驚くことに体調がすごく良くなった。僕はキャンプで今までやったことがないくらいトレーニングした。それなのにこれまでより体調がよく、力がみなぎっていた。これは食べる物に関係しているのではと思ったけれど、そのことを理解するのは、後年、食事と運動、栄養と健康の関連性について勉強し始め、アスリートに限らず万人にとっての食事の重要性を学んでからのことだった。

菜食にすることで繊維質の摂取量を増やすことができ、食物の消化を促し毒素の影響を最小限に抑えることにつながることを学んだ。菜食は、ビタミンやミネラル、あるいは慢性病を予防するリコピン、ルテインやベータカロチンのような物質をより多く摂取することになる。また、精製された炭水化物およびトランス脂肪酸（両方とも心臓病および他の疾病に関連がある）の摂取量を減らすことにもつながる。

家に帰ると、キャンプのことをひたすら話さずにはいられなかった。父さんは、合成樹脂と合板とツーバイフォーの枠木を使ってスライドボードを作ってくれた。僕は地下室に何時間も籠り、ノルウェーやフィンランドの選手のスケーティングの動きを真似てスライドボードの上を滑った。父さんは僕のために自転車も作ってくれた。女の子用の古い自転車を流用して棒の上に溶接した。僕は、地下室でスライドボードに乗ったり自転車を漕いだり、森の中で何マイルも走ったりしていないときには、図書館のつてを辿ってどうにか手に入れた、フィンランドのビデオやノルウェーの運動生理学の本の写しを読んで研究していた。

食事についての勉強も続けた。三年生の冬、スキーチームの仲間ベン・デニーンと継父のベン・クロフトが計画したウィスコンシン州ミノカへのスキー旅行に加わった。彼らは、クーラーボックスとズダ袋に全粒小麦粉パスタ、ほうれん草のサラダとブラックビーンズチリをいっぱいに詰めて持って来た。僕たちは途中、チーム・バーキーのスキーキャンプで一緒だったカート・ウルフの家に立ち寄った。するとカートのお母さんがお手製のグラノーラをふるまってくれた。僕は彼女にレシピをもらい、家に帰ると家族みんなにグラノーラを作ってあげたい、と父さんに言って材料を説明した。すると彼はホールフーズ・コープ(全米チェーンのそれとは無関係)という店に電話して、大豆粉と小麦胚芽、それに大麦のフレークを扱っているか問い合わせてみるといい、と言ってくれた。僕がグラノーラやサラダを食べるのは、別にそれで世界を良くしたいからとか(それはもっとあとのことだ)、牛がかわいそうだからじゃない。ヒッピーの食べ物だと思っていたものを食べると、体調が良くなってレースでも結果を出せることに気がついたからだ。高校のレースがある日には、バスの中で前の晩炊いた玄米をたっぷり食べた。でも食べるときには周りに見られないようにした。気づかれたらまた面倒が起こるのは分かっていたからだ（僕は家族を啓蒙するのも、少しずつやろうと思っていた。ほうれん草のラザニアはまだやり過ぎだと思って、とりあえず数か月は、家ではグラノーラとたまに玄米を食べていた）。

三年生になる頃、僕は州で九位にランキングされていた。地元で僕より速い生徒は一人しかいなかった。彼はスキーが速いだけでなく、水泳でも自転車でもトップ選手だった。すでに地元のクロスカントリーのランニング大会で優勝していて、州ではトップの強豪選手だった。それだけでもすごいのに、噂では彼は少なくとも何度か退学をくらっていて、しかも授業をさぼってコーチに暴言を吐いたためにスキーチームから追い出されたこともあった。

彼に初めて会ったのは、その二年前に学校のバスがダルースを通りかかったときだった。街角にピンクと黄色の派手なスキーウェアを着た男が立っていた。そんなカラーの学校は存在しないし、おまけに背中からは黄色いリボンが出ていた。彼は三組のスキー板を手に持ち、パンクスタイルで、頭の片方を剃り上げ、もう片方をポニーテールに結んでいた。それでも注目を集めるには物足りないと思ったのか、大声で喚きながら僕らのバスに手を振っていた。彼があまりに言うことを聞かない（自分の学校のカラーのウェアを着るのを拒否して自分仕様のものを着ていた）ので、コーチが思い知らせてやろうと彼をそこに置き去りにしたのだ。そこで彼は僕らプロクター高校のチームに連絡をつけ、自分の居場所を伝え、途中で拾ってもらうよう頼んだのだった。ソレンセン・コーチは同意した。彼はアウトサイダーに対していつも同情的だった。

誰もがこの男のことを知っていた。まったくトレーニングをしないとか、二日酔いでレースに出るとか、いろいろな話が広まっていた。でも彼のスキーヤーとしての才能はすごかった。彼ほど才能に溢れた選手を僕は見たことがなかった。町の噂では、彼がいつも地区大会以上に進めないのは、素行不良で落第寸前だからだということだった（成績表は地区大会のあと、州大会の前に出てくる）。もし僕に彼ほどの才能があれば、絶対に成績が落ちないようにするのにと思っていたのを覚えている。

僕らの黄色いバスのステップを上ってきた彼は、僕らのことを誰も知らなかった。でも、僕らはみんな彼のことを知っていた。彼は州一番のアスリートでありながら、伝説の不良でもあり、関わらないようにと親が子供に警告するような非行少年だった。彼は金持ちのケーキ野郎の中で不良のプリンスだった。

彼の名はダスティ・オルソン。僕の人生を変えることになる男だ。

EAT & RUNコラム❷

ストレッチ

ストレッチが必要ない人も確かにいる。あなたが優れたバイオメカニクスの持ち主で、パソコンの前に座る時間も短く、好きなときに昼寝したり海に飛び込むことのできる生活を送っているならストレッチは必要ない。でもそうじゃなければストレッチは必要だ。「ランナーの五か所」に重点を置くのがいい。ハムストリングス、ヒップの屈筋、大腿四頭筋、ふくらはぎ、そして腸脛靭帯（ヒップから脚の外側につながる組織）だ。これらは、たとえランニングをしていないときでも、姿勢が悪かったりずっと座っていたり、同じ動作を繰り返していたり、あるいはただ生活しているだけで固まってしまう筋肉のグループだ。

それぞれの部位についての運動方法は無数にあるけれど（『ワートンのストレッチブック（*The Wharton's Stretch Book*）』は分かりやすい指示と図表でお勧め）、重要なのは正しい運動を定期的にやることだ。

例えばハムストリングを強化するには、平らなところに仰向けになり、片方の足の拇指球の辺りにベルトかロープを引っ掛けてその両端を手で持つ。両脚をまっすぐに伸ばした状態で、ロープを足に引っ掛けた方の脚を（ロープを引っ張らずに）できるだけ高く上げる。太ももの裏が少し伸びるのを感じるまで脚を上げ、伸びが少しだけ（本当に少し・・・・だけだ）深くなるまでロープを使って引っ張る。ストレッチは苦しかったり痛かったりするまでやってはダメだ。二秒間それを保つ。それから脚をリラックスさせて床に下ろす。これを五回から一〇回繰り返す。

この運動は、僕の好きなアクティブ・アイソレーティッド・ストレッチ（ＡＩＳ）テクニックを利用していて、早くて（毎日の反復運動を五～一〇分で行なうことができる）簡単で効果的だ。ＡＩＳストレッチを運動の前にやるか後にやるか（僕は後にやる）は別にして、ストレッチをしない言い訳などない。

Chapter 5

ケーキ野郎のプライド

ダスティと走る
1992〜93年

誰か他の人になりたがることは
自分を無駄にすることだ
——カート・コバーン〔アメリカのグランジバンド、ニルヴァーナのヴォーカル兼ギター〕

ダスティの父親はバーに入り浸りで、母親はルター派の教会で働いていて、ダスティに二五セントを渡し外で遊んでおいでと言うような母親だった。彼が五歳の頃の話だ。ダスティはBMXの自転車に乗ってYMCAに出かけて一日を過ごし、泳いだり走り回ったりしてはトラブルを起こしていた。彼が一二歳のとき、父親は家の車でバーに出かけたきり帰ってこなかった。しばらくして両親は離婚し、ダスティはその後何年も父親とは会わなかった。母親は他の男とつき合いだしたけれど、男はダスティを嫌って暴力をふるった。ダスティは家に寄りつかなくなった。

一方の僕はというと、勉強するか、家で母さんの介助をするか、スキーをするか、スキーキャンプで覚えたウェイトリフティングをするか、ガールフレンドと出かけるかだった（女の子はどうやらアスリートが好きなようだった）。

ダスティは酒を飲んだ。僕らはみんなそのことを知っていた。ダスティが警官に突っかかり、女子高生だけでなくバーのウェイトレスや女子大生にまで手を出しているのを知っていた（あるいは知っていると思っていた）。彼はレースでライバルを打ち負かすだけでなく、彼らを呼び捨てにしては嘲笑《あざわら》い、家族のことまで馬鹿にした。彼はまったくしつけを受けてなくて、あり余る才能をただ浪費していた。みんな分かっていた。ケーキ野郎もグリース野郎も、けっきょく田舎の労働者と変わらないのだと。

けれど一九九二年の春、ダスティと僕が高校三年のときに、彼のことをどれほど知らなかったか僕は気づくことになる。

ダスティと僕は、メイン州ランフォードで行われたＵＳＳＡのジュニア全国大会で一緒だった。地元でクロスカントリースキーが盛んなあらゆる州の選手が集まってきていた。スキー場のコンディションは最悪だった。五五度の斜度で雪はフローズンヨーグルトのようだった。翌日に五センチの雨が降り、その晩の寒気でトレイルはスケートリンクのように凍った。それでもコーチたちは僕らを毎日トレーニングに追い立てた。ダスティはその度に口答えした。その練習は何のためにするのかといちいち訊き、なぜもっと距離を稼ぐ練習をしないのか理由を教えてくれと言った。彼は僕らみんなに向かってコーチたちはまともじゃないと言い放った。そして、コーチたちにも同じことを言った。コーチたちがダスティを初日に叩き出さなかったのが信じられないくらいだった。僕は決して大人に口答えしなかったし、コーチに質問したこともなかった。ダスティはそんな僕の心を読んで、あいつらはどうせおまんこ野郎《プッシーズ》なんだからと、僕にリラックスするよう言った。苗字のJurekとJerk（間抜け）をかけて、彼は僕のことを「Jurker（ジャーカー）」と呼んだり「馬鹿なポーランド人」と呼んだりしたけれど、彼の言い方で侮辱されたという気持ちにはならなかった。

　大会初日、ダスティは一〇キロレースに出場し、ゴールまであと二キロという地点の凍ったヘアピンカーブでしこたま転倒した。しばらく立ち上がれず、ただ事ではない様相だった。三位につけていたのにそのまま競技をやめてしまったからだ。彼は足首の骨を折ったと落ち着いた様子で告げた。するとコーチたちは、ごまかすな、誰も骨折なんかしていない、と言い返した。彼らはダスティのやり口はお見通しで、ただ関心を惹きたいだけだと思っていた。今晩はよく寝て、明日の試合に備えるようにと彼に命じた。

　その晩部屋でブーツを脱ぐと、足は紫色に変わりほとんど黒に近かった。まるで黒いバレーボールのようなのに、ダスティは何も言わなかった。皮肉の一言もなくて僕はちょっとがっかりした。彼は実はそんなにワルではないのかもしれない。翌日ダスティが試合のスタートラインに現れたとき、彼の足首は腫れ上がりブーツを履くことさえできなかった。それでも彼はブーツを履こうとした。一言も言わずにブーツを履いてレースに出ようとしていた。けっきょく、別のチームのコーチがたまたま医者で、ダスティの様子を見てすぐさま叫んで制止し、彼を病院に連れて行った。ダスティはレントゲン検査を受け、もちろん骨は折れていた。

ダスティのことを誤解していたことに気づいたのはこのときだった。彼は本当にタフな奴だ。

その後のダスティはいつもの彼に戻った。まずアラスカ州チームの部屋に忍び込んでニンテンドーのゲーム機を盗んだ。彼らがそれに気がつくと、「お前らはプッシーズだ」と言い返して水鉄砲で喧嘩を仕掛け、それが一週間続いた。ダスティは毎晩ホテルのバーにコークとジンジャーエールで入り浸り、森の中を警察犬に追われた話や、今までに寝た女の話をとうとうと話すのだった。そして知り合いからミネソタ大学ダルース校の用務員室のロッカーに鍵がかかっていないことを聞き出すと、一度に九〇個ものトイレットペーパーを盗み出し、コケにしたい奴らの家をそれでグルグル巻きにした話もした。グルグル巻きにしたい家はいくらでもあったらしい。ダルースで開催されたグランマズ・マラソンを、スタート地点まで自分の家から三〇キロ走ってから完走し、ゴールのあと八キロ走って帰った話もした。

僕は大人たちに「イエス、サー」と答えるけれど、ダスティはコーチに対し「いったい何で俺たちにこんなことをやらせるんだ?」と反抗する。僕はボタンダウンのシャツを着ていて、ダスティは頭を半分剃り上げている。僕らは外見上明らかに違う。でも同じ渇望感を共有し、お互いに努力の量でしか自分を認められないことは、外見からは分からない。ダスティが超人耐久レースの風変わりな話でみんなを楽しませると、誰もがはやし立てた。僕以外は。彼は愉快な男だけれど、みんな彼をどうしようもない奴だと思っていた。でも僕はそうは思わなかった。彼は、誰もが立ち止まる場所でも先に進めるような何かを持っていた。それが何か分からなかったけれど、僕もそれを手に入れたかった。

卒業が近づいた頃、それまでドライドック・バーで働いて貯めたお金で祖父のエドが持っていたベージュのトヨタ・カローラを買い取ったので、バイトまでの三キロの距離を走ったりスキーで通わなくても済むようになった。僕は全国優等生協会の会長で、ソルジェニーツィンやソローの本を読んでいた。プロクターやダルースやミネソタではないどこか別の生活、道の行き止まりにある我が家ではない生活について考えていたけれど、ぼんやりとしか見えていなかった。どうしたらそれが実現できるかも全然分からなかった。大学でもスキーを続けたかったし、理学療法を学びたかった。母さんを介助するのが上手になっていたし、母さんのところに来てくれる理学療法士のスティーヴ・カーリンとも仲良くなった。彼は本当にしっかりした男で、僕に無理やり高血圧の薬を飲ませようとした医者とは大違いだった。彼は母さんが立ち上がるのを助けてくれたし、もし母さんが嫌がるときには、僕が彼女を説得するのを手伝ってくれた。母さんの腰には以前転倒したときの大きな手術痕があったけれど、僕は気にならなかった。スティーヴは、僕が血や怪我なんかに強いところも理学療法士に向いていると言ってくれた。

僕は卒業生総代として告別演説で、「皆さんが、人生から恩恵を受けるのに役立つ四つのメッセージを残したい」と語った（僕はまだその原稿を持っている）。

「まず自分を変えてほしい」

「そして自分のことばかりでなく、他者を助けることを考えてほしい」

「三番目に、誰もが物事をやり遂げる力を持っている。だから目標や夢を実現できる。できない

と言う人に惑わされないように

「最後に、若いうちにいろいろやってみよう。不可能と思う夢や目標でも追いかけよう」

話は素晴らしく聞こえるけれど、実を言うと僕自身、スキーや理学療法士の仕事の先に、はっきりとした目標や夢があるわけではなかった。大学には進学したかったけれど、父さんには学費は自分で稼ぐようにとはっきり言われていた。ダートマス大学に行きたいと夢見ていたけれど、そうしたアイビーリーグの大学は経済的に問題外だった。僕はけっきょく、母さんの母校の聖スコラスティカ大学を選んだ。そこは小さな私立のリベラルアーツ系の大学で、理学療法プログラムは高い評価を受けていた。最高（あるいは最低）だったのは、家から通うことができて、引き続き家の手伝いをすることができたことだ。母さんの痙性麻痺は悪化し、スティーヴは前ほど家に来なくなった。彼にできることはもうあまりなくなってしまったのだ。僕は授業を取り始めると、家にいなくて済むことにホッとした（ひどいことを言うと思うかもしれない。でもそれが事実だった）。

プロクターで大学に行く若者は五人に一人で、ほとんどの友人は町を離れず就職した。僕もダルースのミラーヒル・モールにあるノルディック・トラック〔健康器具メーカー〕の販売店で働き始めた。ポロシャツを着て運動器械をデモンストレーションし、販売した。僕は丁寧だったし、クロスカントリースキーの器械の動作について知っていた。夜勤で働く同僚のギリシャ人のニックは、自分の娘と僕をくっつけたがった。大学では中世史および化学および基礎作文の授業を取った。少なくとも週に四回はモールにあるマクドナルドで食べた。マックチキン・サンドイッチを二つにエクストララージのフライドポテト、それにコーラだ。子供の頃は滅多にファストフードを食べなかった。手作りにこだわる母さんと倹約家の父さんとのあいだで、それは手の届かない贅沢だった。だから好きなときにハンバーガーやチキン・サンドイッチを買えるのは、僕にとって自由を意味した。それに美味しかった。サラダや野菜炒めで充分な人もいるだろうけれど、僕はアスリートで、一流選手はたくさんのたんぱく質を摂取すべきだと誰もが言っていた。つまりそれは、肉を意味していた。

秋からクロスカントリーを走ったけれど、シーズン半ばまでの三大会しか続かなかった。それはまったくもって悲惨なものだった。野球部のコーチがクロスカントリー・チームを指揮し、大昔に女子チームが着古したユニフォームがあてがわれた。冬のスキーシーズンに備えて体を鍛えるために、僕は一人で走った。そして、ダスティと一緒に走る機会もますます増えていった。

スキーのレース会場まで車で向かうあいだ、僕が車に給油していると、ダスティはガソリンスタンドに併設されたコンビニエンスストアにふらふらと入っては、ソーセージやポテトチップスの袋をズボンのポケットに隠してくすねてきた。あれで逮捕されなかったのが不思議なぐらいだ。僕がフリーウェイでおんぼろのワゴンを運転しているあいだ、ダスティは助手席から身を乗り出して、レースに向かうスキー仲間とハイタッチをした。彼は食べ放題のビュッフェが大好きで、もうこれ以上食べられないとなったあと、ゴッドファーザーズ・ピザのスライスを上着のポケットに突っ込むやり方を僕に教えてくれた。

ダスティは、ものをくすねたり問題を起こしたり走ったりしていないときは、スキー用品店のスキーハットで働いていた。マイナス一〇℃の中、スキー板を横に括りつけた自転車でそこまで通っていた。まったくタフなやつだ。

当然ながらダスティはレースでいつも僕を負かしていた。僕よりも速くて強かった。彼が足首を骨折したときのことを思い出すと、僕はそこまでタフになれないと思った。二人ともそれが分かっていた。と同時に、僕が彼に迫ってきていることも感じていた。ダスティは、毎年冬休みのあいだ、クリスマスの翌週に、九〇キロを滑るスキー・トレーニングの日を設定していた。それは「90Kの日」と呼ばれ、セントポール・セントラル高校のコーチを務めるリック・カレー（みんな彼のことを「リッカー」と呼んだ）が仕切っていて、スキーヤーの中でも猛者中の猛者だけが参加した。高校の最後の最後の年、ダスティが僕を「90Kの日」に誘ってくれた。もちろん彼の方が速かったけれど、最後の一五キロは、彼とリッカーが毎分のように振り返る度に、僕がすぐ後ろについていて二人は相当びっくりしたらしい。ダスティは僕が爆発的なスピードを持っていないことを知っていたので、食らいついてきていることが信じられなかったようだ。リッカーは、今でも「90Kのおかげで今のジャーカーがある！」と言う。

ダスティは、僕の大学のことや、ノルディック・トラックのポロシャツを着るとオタクに見えるとか、くそ真面目だとか、相変わらず僕に毒づいた。僕は彼がうらやましかった。もし何の責任も心配もなく生きられたら、と思った。もしダスティのような生活を送っていたらどうなるだろうと。

大学一年の三月のある晩のこと、僕は帰ると言った時刻に少し遅れて帰宅した。父さんは、この時間に帰ると言ったらそれを守るべきじゃないかと言ってきた。僕は、自分にも家の外の生活があるんだと言い返した。外で働いているし大学に通っているし、いろいろ忙しいんだと言っても、父さんは聞く耳を持たなかった。「もしここにいたくないのなら、どこか他に住めばいい。それが我が家のルールだ」と彼は言った。

本気で言ったわけじゃないと思った。でも彼は本気だった。「俺はもうお前の顔を見たくもない」と言われた。僕らは怒鳴り合い、母さんは泣きだした。もし母さんが元気だったとしても、仲裁に入れたとは思わない。僕は翌日化学の試験があったので、教科書を掴んでバッグに放り込むと、着替えも持たずに家を飛び出した。トンプソンヒルと呼ばれる近所の見晴らし台まで車を走らせ、ダルースを見下ろす休憩所に車を停め、そこにポツンと座っていた。外は凍えるほど寒かった。どこに住むのか、自分の生活がどう変わるのかについては考えなかった。自分が今何をすべきか分かっていた。休憩所の街灯の下に車を停め、化学の教科書を取り出して本を開くと、勉強を始めた。

Chapter 6

ヒッピー・ダンの知恵

ミネソタ・ヴォイアジャー50マイル
1994年

知れば知るほど必要なものが少なくなる
——イヴォン・シュイナード〔アウトドアメーカー、パタゴニアの創設者〕

いつも同じ質問をされる。健康を維持するなら二五分のジョギングで足りるのに、いったいなぜ五時間もトレーニングをするのか？　普通にマラソンを走ればいいのに、なぜマラソンを四回分、連続で走らなくちゃいけないのか？　涼しい日陰のトレイルを走らないで、なぜわざわざ真夏にデスヴァレーを走るのか？　マゾヒスト？　エンドルフィン中毒？　自分の奥深くにある何かから逃げている？　あるいは決して手に入らない何かを求めて走っているのか？

大学に入った頃はダスティがいたから走っていた。一年目を終えた夏だった。ダスティは「重力の家」という名の家でルームメイトたちと共同生活をしていた。彼のルームメイトの一人はアルペンスキーのチャンピオンで、もう一人は世界レベルのマウンテンバイク選手だった。ダスティはマイナス二〇℃にもなる屋根裏部屋で、軍放出店で買った冬用のダウンの寝袋にくるまって寝ていた。マリファナ用の巨大なボング（水ギセル）をしょっちゅう吸って立ち上がれないほどハイになっていたことから、その家は「重力の家」と呼ばれていた。彼らはそこの重力場はどこよりも強いと言い切っていた。ボングに長い紐を結びつけてぶらさげると、それを仲間で回していた。

その頃僕は、プロクター高校の男子スキーチームを改革したオブレヒト一家のところに住んでいた。父さんが仕事で家を留守にしているときに、こっそり実家に戻って母さんや弟や妹に会いに行った。ダスティと彼のルームメイトたちはその日暮らしだった。それに比べて僕は、自分の将来について考えずにはいられなかった。スキー選手としては限界を感じていた。まるでノルウェー育ちであるかのようにテクニックを磨くことはできても、ダスティや他のクロスカントリースキーのエリートたちのように速く滑ることはできないと分かっていた。どんなに練習を重ねても、他の選手たちのようなスピードはどうしても出せない。真面目に努力する能力には恵まれたかもしれないけれど、速筋はどうやら僕には与えられていなかった。そのとき、ダスティがミネソタ・ヴォイアジャーという五〇マイル［八〇キロ］のランのレースで優勝したと教えてくれた。来年も走るから一緒にトレーニングをしないかと誘われた。もちろん、すぐ誘いにのった（僕はいつもダスティにイエスと言っていた）。来年のスキーシーズンの練習になるからと自分に言い聞かせたものの、本当のところは、自由で楽しくて速いダスティの生き方がうらやましかった。彼はどうしようもない奴だったけれど、僕も本当はどうしようもない奴になってみたかった。

こうしてどうしようもない奴同士、一緒にトレーニングをした。毎日一緒に二時間から二時間半走るあいだ、ダスティは「ジャーカーがどうのこうの」と言ってずっと僕のことを馬鹿にした——勉強し過ぎる、考え過ぎる、もっと気を楽にするべきだ、誰も僕がクソ卒業生総代だったなんて気にしちゃいない……。僕らは道々泥を摑んでは、さまざまな悪口を言い合いながら投げつけ合った。ある日、僕がようやく長距離ランに慣れてきた頃、トレーニングを組み合わせるべきだとダスティが言いだし、自転車を提案してきた。僕にとって自転車の経験といえば、父さんが溶接して作ってくれた鉄のかたまりに乗っていたぐらいだ。ダスティが絶対に面白いからと言って、古い自転車（チェレステグリーン色のビアンキ）を僕に売るよう友達の一人を説き伏せた。その自転車は僕には小さ過ぎたので、ダスティが手伝ってくれて大きめのマウンテンバイクのシートポストを取りつけた。僕らは七〇〜一〇〇マイル［一一三〜一六一キロ］自転車に乗った、ダスティは自転車を乗りこなし、メカにも詳しかった。数年前にはジョージ・ヒンカピーとレースで対決していた——ヒンカピーはのちにツール・ド・フランスに出場している。一方、僕の馬鹿でかいシートポストは、石を踏む度に金玉を突き上げ、五分もすると投げ出したくなった。それでも僕はやめなかった。それはきっと、勉強から逃れ、家族の悲しみから逃げたかったからだ。母さんが壊れていく姿を目の当たりにしたり、父さんがますます悲しみ、ますますイライラするのを感じるのはもう嫌だったからだ。僕にはスキルがなかったし、ちゃんとした自転車もなかったけれど、ダスティと一緒に自転車に乗ることで、何か大切なことに気づいた。たとえ鈍くても、たとえ乗り方がよく分からなくても――自転車に関する本も、漕ぎ方やギア比についての文章も読んだことがなかった――こんな長距離ライドを何とかやり通すことができた。だったらもしかして、他のことだってやり通せるかもしれない。

大学二年生になって僕は寮に移った。そして、聖スコラスティカ大学の厳しい尼僧の中でもとりわけ厳しいと悪名高いシスター、メアリー・リチャード・ブーの授業に登録した。彼女は最初の授業で、『罪と罰』を五日間で読んでくるようにと言った。他の授業や週三〇時間のノルディック・トラックでの仕事、それにこっそり実家に戻って母さんを手伝う時間や、おそらく最後のシーズンとなるクロスカントリーのトレーニング時間との調整はほとんど戦いだった。

クラスメイト（学生の七〇パーセントが女子だった）を見渡すと、楽しく笑いながら授業に出席していた。奨学金をもらっているような学生は少なく、いつもたっぷりある時間を持て余していた。彼女たちの生活は、学校と部活とパーティで占められているようだった。僕は場違いな気がしたけれど、そう感じるのは初めてではなかった。

マリファナの臭いをプンプンさせて髪を肩まで垂らしたダスティが「重力の家」からやって来ても、状況は変わらなかった。彼が女子学生たちをジロジロと見ながら「ヘイ、きみー」と声をかけると、みんな顔を赤くした。彼女たちは口をそろえて「あのイっちゃってる友達は誰？」と訊いてきた。ダスティはいつでも女性に人気があった。ある日、彼は僕の寮のドアに「大麻歓迎します」と書いたステッカーを貼りつけた。僕がそのままにしていると、前を通る生徒たちは笑っていたけれど、親たちは笑えなかったはずだ。

当時もし誰かにダスティのどこが好きなんだと訊かれても、僕は肩をすくめただろう。彼は友達だし、それだけのことだった。でも今ならたぶんこう思う。僕を魅了する世界観を彼が体現していたからだと。僕は高校時代に実存主義の文学にどっぷりハマり、大学時代もそれが続いていた。サルトルやカミュのような作家は、不可解な世界で自分が異邦人のように思えるアウトサイダーの苦しみを描いた。ヘルマン・ヘッセは、混沌とした苦悩のただ中で神聖なものを探求することについて書いた。実存主義者は頭で考えるような生活を信用しない。有意義な人生を送るためには、見せかけのごまかしや他人任せではダメだと、彼らは僕を説き伏せようとしていた。

当時の僕の生活は、社会的に容認されるまっとうなラインからは決して外れていなかったけれど、僕が好んでつき合う人たちは、みな自分の生き方をしっかり持っていた。例えば「共産主義者」と呼ばれる母さんの弟にあたる叔父は、マルコムXのキャップをかぶり、ホームレスの権利を守るためのデモに出かけ、ハワイのビーチで寝起きし、アラスカのパイプラインで働き、たいていポケットには『毛沢東語録』が入っていた。それにもちろんダスティ――彼は今やどぎつい緑のシボレーのバンを乗り回し、そのバンパーステッカーには「おい、おっさん。笑うなよ。あなたの娘が乗ってるかも」と書かれていた。

その中でも一番型破りだったのが、現代のヘンリー・デイヴィッド・ソローともいえるミネソタ出身のヒッピー・ダンだったかもしれない。

一九九二年にポジティブリー・サード・ストリート・ベーカリーという彼が共同所有する生協で初めて会ったとき、ダン・プロクターは四五歳だった。身長は一七八センチで手足がひょろ長く、

「自転車賛成、爆弾反対《バイクス・ノット・ボムズ》」と書かれたTシャツが、ユダヤ教ハシド派によく見られるような長いあごひげで部分的に隠れていた。彼はグレイトフル・デッドのコンサートで踊っているかのように動き回った。髪の毛は二本のポニーテールに編まれ、それが両肩に掛かっていた。早口で、環境について、小麦若葉《ウィートグラス》のジュースや全粒穀物について、そして「今、ここ」を意識する生活について語った。喋り方は北欧訛りで、笑い声は夕暮れの湖を飛び立つ水鳥の羽音のようだった。

ヒッピー・ダンは「サンダークッキー」というまるでステロイド剤でドーピングしたチョコチップクッキーのように美味しいクッキーを作ってくれた。オートミールと全粒粉にピーナッツバターとたっぷりのバターを使ったものだ。今まで僕が食べた中で一番美味しかった（噂によれば彼は昔、店裏に秘密のベーカリーを所有していたのを、ずいぶん前に閉めたそうだ。ダスティと仲間たちはそこでずいぶんと試食させてもらったらしい）。

ダンは地元では伝説のランナーだった。若い頃にジーンズを穿いて地元のマラソン大会に出ると、短パンを穿いてゼーゼー喘ぎながら走る連中をはるか後方に置き去りにしたそうだ。ダスティでさえもヒッピー・ダンには一目置いているようだった。ダンは二〇年以上も走っていた。車や電話を持たず、冷蔵庫も手放してしまった。太陽光エネルギーや電気のない生活、環境負荷を最低限に抑えること――一年間で小さなゴミ缶一つ分のゴミしか出さなかった――について語り、化石燃料と人類の愚かさについても語った。つまり彼は、地球環境への負荷を減らすことを、それが流行になるずっと前から実践していた。人は彼のことを「ユナベーカー」〔連続爆弾殺人犯のユナボマーにかけている〕と呼んだ。

　ヒッピー・ダンが僕をランニングに誘ってくれたことがある。僕らはダンの黄色いラブラドール犬のズートとオーティスのあとを追った。犬がいかに楽々と走っているかよく見るんだ、とダンは言った。そうして、周囲の環境とつながるように走ることを僕に気づかせてくれた。シンプルさだ、と彼は言った。シンプルに、そして地面とつながることで、幸せになれるし、自由になれる。おまけに、速く走れるようになるんだと。そのときはまだ知らなかったけれど、その何年かあとにメキシコの秘境にある峡谷で僕はそのことを改めて学ぶことになる。

　僕はみんなと同じように、あるいは学校や仕事や家の事情を考えるとそれ以上に、幸せや自由を求めていた。シンプルなほど良い、という哲学がもつ知恵は理解できたけれど、僕にとってシンプルであることは決して簡単《シンプル》ではなかった。勉強のことや集中しなければいけない問題にいつも脅かされていた。だからヴォイアジャー大会を目指すダスティにつき合って一緒にトレーニングを始めたとき、レース戦略とトレーニング技術を研究すべきだと提案した。確か、インターバル・トレーニングなんかも織り交ぜるべきだと言ったはずだ。自分の歩数を数えるべきだとか、心拍計やLT値についても何か言ったと思う。ダスティは、僕のことを大馬鹿だと言った。考え過ぎだと。超長距離《モンスター・ディスタンス》をやろう、死ぬほどやったらきっとそれがお前の役に立つと彼は言って、リッカーの言い方を真似て「勝ちたければトレーニングしまくるんだ！」と叫んだ。

　そこで、その春僕らはダルースとその周辺で、超長距離を二時間から四時間もかけて走りまくった。ダスティが僕の寮にやって来てドアを叩くと、僕は『カラマーゾフの兄弟』や『戦争と平和』や上級物理や解剖学や生理学の本を閉じて走りに出かけた。僕らはハイキングコースからトレイルから鹿やコヨーテのけもの道までどこでも走った。深い雪に覆われた道や雪解け水の流れる川も走った。あまりに冷たくてそのうち足の感覚がなくなるほどだった。高校時代、初めてアドルフ・ストアまで息を切らせて悶えながら走ったあのときと今を比べると、ランニングはもはやトレーニングとは違う何かに変わっていた。それは言ってみれば瞑想のようなもので、いつもは学校のことや将来への不安や母さんに対する心配に占領されている僕の心を解き放ってくれる場だった。いつもなら必死になって動かす体が自然と動いている。袋小路に行く手を閉ざされることもないし、いじめっ子が顔に唾を吐きかけてくることもない。僕はまるで飛んでいるようだった。ダスティはけもの道まで知り尽くしていて、春が終わる頃には僕もそうなっていた。僕らはときにはお喋りしながら、ときには無言でずっと走った。走っているときはいつもどおり、ダスティが先頭を走り、僕が後ろに従った。僕は自分の立ち位置をわきまえていたし、それで満足だった。

　ある小説家が、処女作を書いているときが一番幸せだったと言っていた。けっきょくその作品の出来は散々で、彼は原稿を決して人には見せなかった。執筆中の何が喜びだったかといえば、時間が止まり、自分自身のことや、自分が今作り上げているものとまっすぐに向き合えたことだという。その春、ダスティと一緒に走ったことで――レースじゃなく、ただ走ったことで――僕はその小説家の言わんとすることがよく分かった。

　一方で、レースに出ても何とかなるような気がした。僕も六月のダルースでのグランマズ・マラソンにエントリーし、結果ダスティとのトレーニングは報われることになった。僕のゴールタイムは二時間五四分。悪くない。集中してトレーニングすれば、もっと速くなると思った。でも僕は、速く走る代わりに長く走ることにした。ダスティの勧めもあったからだ。そうして、人生初のウルトラマラソンにエントリーした。

一九九四年のヴォイアジャー50マイルの当日に、僕らは準備万端で臨んだ。昨年の優勝者であるダスティがスタートを切ると、僕も続いた。ダスティは僕をジャーカーと呼ぶことはなかったし、僕の勉強について悪口を言うこともなかった。僕らは走った。ただ気ままに走るのではなく、ハードに走った。七月下旬のミネソタは三〇℃を超えて蒸し暑く《マギー》、足元はぬかるんでいる《マディー》。この日はまさにそんな状態で、それでも僕らは突き進んだ。すると、とりわけ泥だらけの二五マイル［四〇キロ］地点で、ダスティの左足のシューズが脱げてしまった。彼がシューズを取ってくるために立ち止まると、僕は一瞬躊躇した。ダスティが前を走っていないのにどうやって走れっていうんだ？　彼は伝説の人物で、僕はただの相棒だ。彼は偉大なランナーで、僕はただの頑固なポーランド人に過ぎない。どうしていいか分からず、これまでどおりに走り続けた。数秒走り、数分走り、肩越しに後ろを振り返るとダスティは見当たらなかった。僕はそのまま走り続けた。

きっとスキーのキャリアはおしまいだろう。きっと父さんは幸せにはなれないだろう。きっと母さんの病気は回復しないだろう。きっと僕はいつも二つの人生を送っていくのだろう。勤勉な人生と、ダスティが体現するワイルドな人生と。でもゴールした瞬間には、そんなことはどれも、どうでもよくなっていた。今まで挑戦しようとも思わず、もう二度とやらないと思うような究極の困難を成し遂げたのだ。僕は草の上にうつ伏せになって喘いでいた。心は幸せだったけれど、気分が悪くてヘトヘトに疲れ切っていた。これがランナーになるってことなのか？　レースの度に己のすべてを使い果たすまで打ち込むことが？　他のランナーが失速するところで自分はスピードを上げる才能があることを、昔から僕は自覚していたけれど、それがどう役立つのだろうと思っていた。ダルース郊外にある激坂を登るとき、股が痛くなる恐怖のビアンキを漕ぎながら悟ったことは、どんなに痛くても、やり遂げられるということだった。その能力を何に役立てればいいのかと考えていた。僕は初めてのヴォイアジャーで二位になった。初めてダスティを負かしたのだ（ダスティは三位に終わった）。

ヒッピー・ダンは、みんな誰しも自分の道があるんだ、ただそれを見つけるのが大変なんだと言っていた。

僕は自分の道を見つけたと思う。

EAT & RUNコラム❸

頑張らずに、よりやさしく

平地のランニングに慣れていた僕は、登りの走り方を学ばなければならなかった。その走り方を磨くことで、僕はランニング全体を向上させることができた。登りがあってもなくても、それは誰にでも可能だ。次に走るとき、二〇秒間に右足を何回着くか数えてみるといい。それを三倍することで、自分の一分当たりのストライド率を算出できる（二つのストライドは二歩なので、一分当たりの歩数はストライド率の二倍になる）。

さて、肝心な部分だ。ストライド率が八五から九〇になるまでスピードを上げてみよう。ランナーが最もよく犯す間違いは、ストライドが大きくなり過ぎることだ。ゆっくりした大きな歩幅で、踏み足をはるか前に突き出し、踵から着地する。こうすると接地時間が長くなり、踵が着地の瞬間に地面を強く打ち、関節に大きな衝撃を与える。ストライド率が八五から九〇になるようトレーニングすることが、この問題を解消する最も近道だ。短く軽く素早いステップが、着地の衝撃を軽減して長く安全に走り続ける秘訣だ。そうすることでもっと効率的に走れるようにもなる。研究によれば、三〇〇〇メートルからフルマラソンまでの距離を走るエリートランナーのほとんどは、八五から九〇ちょっとのストライド率で走っている。

僕は以前メトロノームを使ってランナーに講習をした。最近では曲をBPM（一分当たりのビート数）でリストしたウェブサイトがいろいろある（たとえばこちら http://cycle.jog.fm/）。九〇か一八〇BPMの曲がベストだ。

Chapter 7

「痛みは耳から追い出せ」

ミネソタ・ヴォイアジャー50マイル 1995、96年

気が進まないことから始めなさい

——ジョージ・バーナード・ショー〔イギリスの劇作家、批評家〕

僕が完全菜食主義者《ヴィーガン》になるきっかけを作ってくれた女性に出会ったのは、マクドナルドで列に並んでいるときだった。彼女はダイエットコーラのおかわりを頼もうとしていて、僕は注文したランチを受け取ろうとしていた。レアという名のその彼女は、金髪でよく笑う女性だった。いつも違った色のビルケンシュトックのサンダルを履いていて、モールで働く知り合いはみんな、彼女のことをビルケンシュトック・ガールと呼んでいた。レアは衣料品店で働き、ミネソタ大学ダルース校の学生で、どこへでも自転車に乗って出かけた。そしてほぼ菜食主義者だった（だからマクドナルドで食事をしていたのは、考えてみたら変だけれど）。レアと僕は仲良くなり、彼女や、

ヒッピー・ダンや、彼がくれた本（いかに農業の喪失が文化の喪失につながるか、昔は自分たちが食べる食料の産地を分かっていたのに、今ではスーパーマーケットで買うパックの鶏肉がどこから来たのか考えもしなくなってしまったことについて書かれたウェンデル・ベリー著『アメリカの漂流』など）のおかげで、僕は変わっていった。

サマーソーセージ〔常温保存できるソーセージ〕の代わりにハバーティチーズ〔デンマーク産の牛乳から作るセミソフトのチーズ〕とほうれん草をサンドイッチに挟むようになった。朝食にマクドナルドのソーセージ・エッグ・ビスケットをオーダーする回数を少しだけ減らした。たまにグラノーラを作るようになった。祖母から引き継いだリットンの電子レンジ（一人暮らしを始めたときに母さんがくれたもの）で玄米やブロッコリーを調理した。母さんが教えてくれたとおりに玄米を炊いてみた。

それでも僕はアスリートで、怖いもの知らずの若者だった。だからヒッピー・ダンのように地球に優しい考え方に共感し始めながらも、大学三年のときにはまだ、マックチキン・サンドイッチ二つにフライドポテトのLサイズ（それにビッグマックをつけることもある）を、少なくとも週に四度は平らげていた。僕はたんぱく質を必要としていて、ちょっとくらいジャンクフードを食べたからといって、それがなんだと思っていた。グリル料理が大好きで、ガレージセールで買った巨大なグリルをルームメイトのデイモン・ホームズとシェアしているアパートに据えつけ、ソーセージやステーキ、それにフランクフルトやポークチョップなど、ありとあらゆる肉を焼いていた。実際、僕はグリル焼きの名人だった。それに、野菜中心の食事なんかでは、毎日の食が味気なくなるんじゃないかと心配だった。

まったくの無知だったわけじゃない。レース前に玄米を食べると炭水化物を効率良く摂取するのに役立ったし、グラノーラの素晴らしさも知っていた。チーム・バーキーのスキーキャンプでは、大盛りのサラダや野菜を食べることで、いまだかつてないほどたくさんスキーができたし回復も早かった。ヒッピー・ダンは、小麦若葉のジュースを飲んでもっと果物や野菜を食べることが、栄養面でも環境負荷の点でもメリットがあるといつも勧めてくれていた。真面目な――それに貧乏な――学生だった僕は、自分で小麦若葉を育てさえした。

植物主体の食事に関する本は引き続き読もうと心に決めていたけれど、一方でデイモンと毎晩のように裏庭に座って、手すりに足を載せながら片手にミトンをつけてステーキ（あるいはバーガーやフランクフルト）を焼き、もう片手をプランターズのチーズボールの缶やチョコレートミルクボールの箱に伸ばしていた。

ときおり狩りや釣りもした。相変わらずたんぱく質にこだわっていて、どうしたら手っ取り早くたんぱく質を摂取できるかを考えていた――それは死んだ動物を食べることだった。動物性たんぱく質を摂らずに二度目のヴォイアジャーを走るなんていうリスクは冒したくはなかった。

本当は、たんぱく質の摂取量が足りないなんて心配する必要はなかった。一九歳から三〇歳の平均的な米国人の一日のたんぱく質の摂取量は九一グラムで、必要量のほとんど二倍に近かった（成人男性が五六グラム、成人女性が四六グラム）。たんぱく質の摂り過ぎは腎臓（水分の消費や保持、放出に気を使う長距離ランナーにとって、最も心配する器官）に負担をかけ、骨からカルシウムを浸出させることを僕は知らなかった。ウルトラランナーにとってさえ充分なたんぱく質を、植物から摂取できるなんて信じられなかったし、そんなに簡単なことだとは思ってもいなかった。

だから、たまにソーセージ・エッグ・ビスケットやハンバーガーを食べていた。好むと好まざるとにかかわらず、僕はミネソタの労働者家庭の出身で、ハンターで釣り師だった。父さんの息子だった。レアが買ってくる有機りんごやミルクの値札を見る度に、僕は発狂して叫んだものだ。

「これにそんなに払ったの？　いったい何が入ってるっていうんだ？　金箔でも入ってるの？」

その年、レアとはよく一緒に過ごした。僕はオースティン・ジャロウというランニング用品店で二つ目の仕事を始めた。この店名は、ジャロウ（彼はマドンナのように自分の姓を法的になくした）とビル・オースティンにちなんだもので、二人とも地元では名の知られたランナーだった。二つの仕事を掛け持ちしながらレアと過ごし勉強もして、さらに毎日最低二時間は走ると、他に何かする時間はほとんどなかった。

僕はもう、母さんや弟や妹に会いに家に頻繁には帰らなくなった。そうしたくても、父さんが家にいるかと思うと気が進まなかった。その代わり母さんとは電話でしょっちゅう話した。母さんの話だとダスティもときどき母さんに電話するらしく、それをとても喜んでいた。けれどダスティは母さんの電話の声を聞き取るのに苦労していたという。多発性硬化症が進行して発声が弱くなっていたからだ。

一九九五年の春、母さんは介護施設に入ることになった。その方がいいと思って決断したのだという。

それを聞いたとき、いまだかつてないほど父さんに対して激しい怒りを覚えた。どうして父さんはそれでいいんだ？　介護施設だって！　母さんはまだ四四歳なのに。もし僕が家を出ていなかったらどうだっただろう？　こんな状況を避けることができただろうか？　またしても、僕は答えのない疑問にぶち当たった。

母さんは、それが最善の道だから僕が悩むことじゃないと言った。しっかり勉強しなさい、そうすればすべてうまく行く、と。

だから僕は一生懸命勉強し、さらに一生懸命走った。ダスティにはそれが分かっていた。僕は地面に思いをぶつけた。坂道を攻め、けもの道と闘った。藪が深ければ深いほど良かった。ダスティが教えてくれた狩猟のためのトレイルを走り、川も走って渡った。雨の中、雪の中、猛暑の中を走った。今や僕が先頭を走り、ダスティがすぐ後ろから続いた。彼は同じセリフを何度も繰り返した。「痛みを耳から追い出せ、ジャーカー。耳から追い出すんだ」

でも僕はそうはしなかった。痛みにしがみついた。二度目のミネソタ・ヴォイアジャーで痛みを自分のものにした。痛みを利用した。五〇マイル［八〇キロ］のレースのあいだじゅう、僕は痛みに耳を傾けていた。「もっとやれたはずだ」「もっとやれるはずだ」「とにかくやるんだ！」僕は痛みから逃げているようで、実は痛みを求めて走っているかのようだった。体が不自由になった母さんを思った。馬鹿げたちっぽけな心配事ばかりの自分の人生を考えた。今まで走ってきた長い道のりを思い、頑張ってきたその努力を振り返った。もう自分に尋ねる必要さえなかった。もう自分の一部だった。「なぜ？」

スタートを切った。今回はダスティはいない。僕はコースのすべてを受け止め、今までになく全力で走った。また二位だった。

どうやら速さが足りなかったようだった。でも、もうこれ以上速くは走れない。どうすればいい？

ある病気の老人が、その秘密の一部を教えてくれた。彼は今しがた理学療法セッションから病室に戻ったところで、ベッドにそろそろとよじ上っていた。その一歩一歩からは、彼のフラストレーションや怒りが見て取れた。僕は聖スコラスティカ大学の四年生で、同時に理学療法の専門学校の一年目を迎えていた。トレーニングの一環として、ウィスコンシン州アシュランドの病院でインターンとして働いていた。その老人は僕の担当だったけれど、うまく介助できていないことはお互い分かっていた。

彼はベッドに上ると、トレーに載せられたランチを見やった。何か茶色いものに浸ったソールスベリーステーキ〔牛と豚肉で作ったハンバーグステーキ〕に乾いて固まったインスタントのマッシュポテト、それにテカテカした缶詰の豆だった。まるで石が盛られたトレーだ、と思っていることが彼の表情から分かった。一言も口にしないことが、かえって叫んでいるかのようだった。秘密に気づいたのはそのときだ。

僕らが何を食べるかは生と死にかかわる問題だ。食べ物こそが自分自身なんだ。

これまでヒッピー・ダンからいろいろな話を聞いてきた。祖母が庭から引き抜いてきたばかりのニンジンがどれほど美味しいかも覚えている。肉や砂糖を減らすのが体にいいことも分かっている。でも病弱な老人が嫌悪と無関心が入り混じった表情でランチを見ているときに、僕は別のことを考えていた。

母さんが入院している介護施設で出される食事は、加工食品で、でんぷんと砂糖だらけだ。僕の患者が食べる食事は、肉に偏っていて野菜が少ない。アスリートとしての僕は、健康に関心を払っているつもりだった。でも理学療法士としての僕は、人々の体には気を使っていても、その食事にはまったく関心を持っていなかった。僕は健康的な食事をすればするほど、速く強くなっていった。不健康な人たちが、でんぷんが多く質の悪い食事を取っているのは単なる偶然だろうか？　もしバランスの取れた食事がアスリートを速くするのなら、質の悪い食事が人を病気にするのではないだろうか？

僕の答えはイエスだ。アメリカ人のほぼ一〇パーセントが糖尿病に罹っていて、かつてなら子供が罹ることのなかったII型糖尿病の患者が増えている。成人にとっては脳卒中や心臓病を引き起こす可能性が高まるのはもちろん、腎不全、失明、手足の切断など多くの合併症をもたらしている。わが国の三大死因は、心臓病、癌、それに脳卒中だが、すべて西欧流の標準的な食事に深く関わっている。動物性食品と精製された炭水化物、それに加工食品がそれだ。

翌年の春に二度目のインターンシップでニューメキシコ州のアルバカーキに行ったとき、また別の秘密を知ることになる。ちょうど店で買い物をしていて――たぶんステーキか何かを買おうとしていた――レジに並んでいるあいだ、暇潰しに雑誌を手に取った。そこにはアンドルー・ワイルという医者の記事と彼が書いた『癒す心、治る力』〔上野圭一訳、角川書店〕という本のことが書かれていた。

彼によると、適切な食物を食べて毒素を吸収しないよう気をつけさえすれば、人間の体は自分で治癒する計り知れない能力を持っている。僕はすぐさまその本を探し求め、最初から最後までつぶさに読んだ。

その本や、老人のランチの一件で、神の啓示を受けたというわけではない。でも、こうした経験は、植物性の食事の利点――何より重要性――に僕の目を向けてくれた。そのときはまだ気づいていなかったけれど、その春は僕の人生とって、食について学び、より良いものを食べて、生活にもっと気を配ろうと決意するきっかけとなった。

加工食品や精製された炭水化物を摂らないことは難しくなかった。僕は祖母が焼いたパンや父さんが釣った魚を食べて育っていた。だけど肉と乳製品は別だ。腎臓へのストレスやカルシウムの喪失や前立腺癌、脳卒中や心臓病のリスクを考えれば、そんなものは食べるべきじゃない。もちろん、この国の食料供給の過程で注入される薬品やホルモン、それに酪農によって引き起こされる環境悪化のこともある。けれど、今はもうダスティと楽しくランニングをしているわけではなくて、本気でレースを走っている。だからエネルギーを燃やすための燃料が今まで以上に必要だといつも意識していた。

健康な食事と長距離ランをうまく組み合わせるためには、充分なたんぱく質を摂る方法を見つけなければならなかった。

豆のような植物性のたんぱく源を穀類と組み合わせて調理するのは――つい最近までベジタリアンに広く信仰されていたやり方だ――手間がとてもかかることに思えたし、きっと実際そうだったのだと思う。けれど僕は、人間が一日のうちに摂取する食物からうまくアミノ酸を体に蓄積することを学んだ。つまり毎回の食事でいちいちたんぱく質の量を計算しなくてもいいことになる。適切なカロリー摂取量でさまざまな自然食品を食べていれば、充分なたんぱく質を摂取できる。世界最大の栄養士の組織で、保守的なことで知られる米国栄養士会でさえ、「適切に計画された菜食は、ベジタリアンであれヴィーガンであれ、健康的で栄養も充分に摂取でき、ある種の病気の予防や治療に役立つ。よく考えられた菜食は、あらゆる年齢層の人々——すなわち、妊娠中の女性や授乳期の赤ちゃん、幼児、子供、青少年——それにアスリートにも適している」とはっきりと言っている。

このうち青少年とアスリートという二つの言葉が、ベジタリアンになりかけているウルトラランナーの耳には心地良く響いた。

翌年の夏、菜食を増やし肉類を減らしたうえで、三度目の挑戦にして初めてヴォイアジャーで優勝した。去年以上にがむしゃらに走ったわけではない。僕は正しかった。あれ以上がむしゃらに走るのは無理だ。でも僕はもっと大切なものを学んでいた。より賢く走り、より賢く食べ、より賢く生きることができた。他の選手が立ち止まるときに、僕はそのまま走り続けることができた。脚も肺も調子がいいことは分かっていた。今や僕は、ただのランナーではなく競技者《レーサー》となった。それに、食生活を特別に意識する人間になった。この新たに発見した秘密を使えば、どれだけのレースに勝てるだろう？　それを試すことにした。

RICE BALLS
おにぎり

海苔にくるまったお米を初めて見たのは、日本人選手にレースバッグの中を見せてもらったときだった。特にデスヴァレーのように暑い気候では、白米は体を冷やすのに効果的だ。炭水化物がたくさん入っていて、甘すぎず、軟らかくて消化もしやすい。日本では一般的な軽食として食べられているが、海苔についている塩からも電解質や塩分を摂取できる素晴らしい食べ物だ。最近、アジアではどこのコンビニでも売っている。大豆を摂りたくない人は、味噌の代わりにしょうがや練り梅を使うのがお勧め。

子供の頃、僕は食事のときいつも牛乳をコップ1杯飲んで、家族の誰よりもマッシュポテトをお皿にたくさん盛ることができた。今でもマッシュポテトは好きだけれど、牛乳の代わりに自家製のライスミルクを使う。ライスミルクは牛乳と同じくらいクリーミーかつ濃厚で、その上コストも安いし、市販のものを買ってプラスチック容器を捨てるような無駄もない。こんなにいい家庭料理はない。

MINNESOTA MASHED POTATOES

ミネソタ風マッシュポテト

レシピ→304ページ

LENTIL-MUSHROOM BURGERS

レンズ豆とマッシュルームのバーガー

レシピ→305ページ

肉汁タップリの牛肉パテの味と噛み応えは何ものにも替えがたいからとヴィーガンに消極的な人は、レンズ豆のバーガーを試してみるといい。レンズ豆にはたんぱく質が豊富に含まれているとか、豆類の中でも調理が簡単だとか、ヨーロッパやアジアやアフリカ（そしてアイダホ）でも多く消費されているといったことはこの際あまり関係ない。むしろ軟らかくジューシーで肉のような食感がするのにびっくりするだろう。僕はキャンプファイヤー料理で育ってきたからバーガーのことは分かっている。レンズ豆のバーガーは肉のものと遜色がない。僕は長いトレイルランやレースにレンズ豆のパテを持って行くことだってある。

LONG RUN PIZZA BREAD

長距離ランのためのピザパン

レシピ→307ページ

北ミネソタで育つ雑草のような少年時代の僕なら、チーズのないピザなんて雪のない冬のようなものだと思っただろう。面白いけれどあり得ない。一方で、菜食主義の大人となった今、美味しいベジタリアンピザを見つけるのはマラソンを3時間で走るのと同じくらい大変なことで、トレーニングなしでは滅多にできない。だから僕は自分でピザを作る。これは美味しくて健康的なだけじゃなく、信じられないくらい早くて簡単。秘密の材料はニュートリショナルイーストと呼ばれる黄色いフレークで（ヒッピー・ダストとも呼ばれている）、振りかければどんな食べ物も濃厚なチーズのような味になる。おまけにビタミンB、とりわけ大切なB12を多く含んでいる。

EAT & RUNコラム❹

着地点

理想の世界では、すべてのランナーは走るときに前足部《フォアフット》か中足部《ミッドフット》で着地する。けれどそんな理想の世界とは、ランナー誰もが痩せて健康的で、生涯にわたって一マイルを五分で走れてしまうような世界だ。

フォアフット着地が踵着地よりも効率的なことに疑いの余地はない。アキレス腱の弾性と足底のアーチを使って体が沈み込む力を前進運動へと変換するから、着地時のエネルギーのロスは少なくて済む。クッション性のあるシューズを履くと、踵着地になることで関節や腱の怪我にもつながる可能性があるけれど、裸足《ベアフット》ランナーなら自然とフォアフット着地になるのでそれを防ぐことも分かっている。

けれど、ここは理想の世界ではないのも事実だ。ランナーの中には初心者や運動不足の人もいる。そのような人たちがフォアフット着地をすると、腱炎や他の軟部組織の怪我のリスクにつながる。ケニアの田舎町を裸足で走って育ったのでなければなおさらだ。

多くの研究者は、ミッドフットでの着地が最も効率的で衝撃を吸収する走り方だと言う。けれどその両極端には踵着地のランナーと拇指球で着地するランナーもいて、それはそれでいい。

大切なのは、足のどの部分で着地するかではなく、どこに着地するかだ。体の重心の真下かそのやや前で着地するのがいい。もし足の回転が速く重心の真下に着地するなら、たとえ踵着地でも激しく地面に叩きつけるような走りにはならないだろう。

Chapter 8

ビッグバードたちの攻撃

エンゼルズ・クレスト100
1998年

強さは体力からくるのではない。
不屈の意志から生まれるのだ。
——マハトマ・ガンディー

ダスティがスペイン語で僕に怒鳴っていた。お馴染みの悪夢を見ているようだった。体が痛くて疲れ果てていたけれど、標高一五〇〇メートルにある山道をなんとか登ろうとしていた。ダスティはすでに尾根に辿り着いていて、ミネソタにいるときと何ら変わらない憎まれ口を僕に叩いていた。でもこれは悪夢ではなかった。そもそも、なぜスペイン語なんだ？

父さんとは再び口をきくようになった。でも、互いに抱擁して「ごめんなさい、大切なものに気づいたんだ」というような言葉を交わすことはなかった。僕らはそういう人間じゃない。一九九六年八月一七日に、ダルースの西にあるレアの両親の家で結婚式を挙げた。父さんが介護施設から母さんを連れてきてくれた。黒のスーツにシスティーナ礼拝堂の天井画のプリント柄のネクタイを締めたダスティも来てくれた。彼はこのスーツ姿を「裁判所用の服装」と呼んでいた。結婚式がアルコール抜きだったことが面白くなかったのか、ダスティと父さんは、二人でミルウォーキー・ベストのビールを飲みに家に戻っていった。

その直後に両親が離婚した（母さんが家を出たのも、離婚をしたのも、彼女のアイデアだったのだとあとから知った——彼女は重荷になりたくなかったのだ）。僕は理学療法の勉強が二年目の最後の年を迎えたばかりで、スキーは続けていたけれど、もっぱらランニングのために体を鍛えるのに遊びとしてやるぐらいだった。その頃はまだクラムチャウダーやグリルチキン、ポークチョップを自分で作ったりして、週四、五回は肉を食べていた。たまに『ムースウッドの料理本』（*The Moosewood Cookbook*）を見て、数少ない無難そうな料理を作ってみたこともあったけれど、相変わらず動物性たんぱく質に頼るアスリートだった。

その後また、ひらめきの瞬間があった。今度は巨大なボウルに盛られたチリ・コン・カルネ〔ひき肉と豆をチリソースで煮たスープ〕だった。一二月の寒い水曜日の夜、僕ら一五人は、ダルースのレスター公園で一六キロのスキー練習を終えたところだった。これは定期的な地元のスキー仲間の集まりで、終わるといつも、近所のパブでハンバーガーを食べながらビールを一緒に飲んでいた、今回はちょっと「冒険」好きなシェフのいる地ビールの店に行くことになった。ダルースで冒険といっても、せいぜいハンバーガーのバンズが普通の白いパンじゃないという程度のことだ。でもそこで僕は、ベジタリアンのチリを勧められた。普通のチリだって特に好きなわけではないのに、とりあえずそれを注文してみた。

信じられない味だった。唐辛子、トマトと豆が一緒になって神々しいまでの味わいが口の中で広がる。もしかすると、スキーのあとで疲れていたうえに上機嫌だったから、何を食べても美味しく感じるのかもしれないとも思った。でも、そのベジタリアンのチリほど美味しいものを今まで食べたことがなかった。しかもブルグア麦〔小麦を蒸して乾燥させ砕いたもの〕が入っていたので、口当たりは牛肉のチリ・コン・カルネとほとんど変わらなかった（309ページのレシピ参照）。


その頃は、より長い距離を走り、もっと速いペースで走るようになっていた。そのぶん疲労や痛みがあっても、長く引きずらないようになったし、軽くて済んだ。肉を食べなくなって、植物性の食べ物を摂るようになったからだと実感した。あのチリのおかげで、美味しくないものを無理して食べなくても回復を早めることはできることが分かった。

一九九七年の春、僕は理学療法の最終研修のためにシアトル市の整形外科クリニックで働くことになった。レアはミネソタ州に残り、お金を節約するために僕はバション島のユースホステルに泊まった。毎朝六時に起きて、フェリー乗り場まで運転し、そこからピュージェット湾をシアトルまで二〇分フェリーに乗ってから診療所までの一三キロを自転車に乗った。

このシアトルで僕はほぼ完全なベジタリアンに変身した。その理由の一つはシアトルの街自体にあった。どこのスーパーに行っても必ず地元の農産物が売っていて、いつも新しいベジタリアン・レストランが街にオープンしているといった具合だった。聞いたこともない名前の穀物類やスパイスもたくさん並んでいた。ダルースでは、エスニック料理といえば中華かメキシコ料理しかなかった。しかも地元の白人が経営するレストランだった。でもシアトルでは、日本食からエチオピアやインド料理までさまざまな国の料理を味わえるレストランがあった。ミネソタ州では、みんなに馬鹿にされないように、スキーレースに持ってきた玄米食を僕は隠していた。でも北西部では、肉食主義者の方が遅れていると見られていた。

地球にできるだけ優しく、大地に寄り添って生活するというこの土地の文化を僕は吸収した。実は祖父母たちも、実際にそのように生活していた。自分たちで育てた野菜を食べて、自分たちで獲った動物の肉を残さず食べる。僕もそういう生き方をしたかった。

ユースホステルでは南アフリカ人やニュージーランド人にも出会い、クスクスのカレーやピーナッツシチューという料理を紹介してもらった。フェリーでは医者の助手として研修している男と知り合い、ポレンタという食べ物を教えてもらった〔北イタリアの伝統食で、トウモロコシの粉を煮て練り上げたもの〕。アンドルー・ワイルの本も読み続けた。フェリーに乗っているあいだは、イヤホンでオーディオブックを聴いて、動物性脂肪が多くビタミンやミネラルが少ない食事に起因する心臓病について学んだ。

その秋、車でダルースまで戻った頃には、僕はもうほとんどベジタリアンになっていた。でも完全とはいえなかった。ドライブの途中で、マクドナルドに三回ほど立ち寄ってチキンサンドやソーセージ・エッグ・ビスケットなんかを食べた。何といっても空腹だったからだ。

ダルースで卒業論文を書いて、荷造りをすると、一九九八年の四月にレアと一緒にサウスダコタ州のデッドウッドに引っ越した。ここで初めて理学療法士としてフルタイムの仕事を始めた。

このデッドウッドに住んでいるときに、肉食から完全に決別した。

デッドウッドにいて何か生活が変わること自体は不思議じゃないけれど、僕があの地で肉を食べるのをやめて菜食に移行できたことについてはいまだにみんな信じてくれない。デッドウッドでは簡単なチーズピザでさえ車を二〇分運転しないと手に入らない。オーガニックの食材や大麦などの全粒穀物が欲しくても、もちろんデッドウッドなんかには売っていない。そこで、一週間分の食料をラピッドシティまで買い出しに行って、自分の庭には野菜を植えた。隣りに住む元アメリカ海軍特殊部隊の男は、こんな荒地には雑草さえ生えないぞと言っていたけれど、それは間違いだと証明された。僕らはカボチャ、豆、トマトやピーマンまで育てることに成功した。

ブラックヒルズのポンデローサマツの林やその周りの開けた草原を、ほぼ毎日一五～五五キロ走った。ある日、目の前に野生のエキナセア〔ムラサキバレンギク。インディアンのハーブと呼ばれ、免疫力を高める効果があるとされる〕がたくさん生えていることを発見して摘んで帰った。その晩は二人でハーブティーを作って飲んだ。肉に対する渇望が消えていった。でも肉抜きの食事には限界があるんじゃないかという心配は相変わらずだった。そこで、自分の体を実験台として使うことにした。野菜と全粒粉、フルーツとナッツといった組み合わせを試してみた。数々の無謀な実験もやった。例えば、オリーブオイルの小さい瓶を持って五五キロ走りに出かけた。というのも、体に必要なエネルギーとカロリーは油と脂肪分だから、それを凝縮したものを摂取し続ければいいと考えたからだった。オリーブオイルを数回ガブ飲みしたら吐き気がして、ガスがお腹にたまって膨張し、最終的にはひどい下痢になってしまった。こんな具合に最初からやり直しになることもあった。

機会さえあれば、家の裏口から飛び出して周辺の丘に走りに行ったり、ビッグホーン山脈の方まで運転して、ワイオミング州の山々を何時間も走った。こうやって山を走るのは大好きだったけれど、自分の人生には満足していなかった。仕事で僕が助けようとしている人たちは、みな煙草を日に二箱吸って、課された運動メニューを無視し、ジャンクフードばかり食べていた。もどかしいけれど、彼らを責めることはできなかった。なぜなら、彼らはそれ以外の生活を知らないからだ。新婚夫婦にとってデッドウッドでの生活は孤独だった。しかもそのうち一人の仕事が、まるで大きな岩を押しながら坂を登るようなものだったらなおさらだ。僕はいろいろな心配事を家に持ち帰ってしまい、それをどう処理すべきか分からなかった。レアも分からなかった。トントと呼んでいたアラスカンハスキーの飼い犬と一緒に山へ走りに行く時間が少しずつ増えた。僕のトレーニングパートナーでもあるトントは、僕と同じくらい自由に山を駆け回るのが好きだった。まるで山々から声が届くかのように、とにかく走りたいという原始的な衝動が掻き立てられ、引き寄せられるように山へ向かっていった。

仏教や自己実現について、いろいろな本を読んだ。そこで語られる平穏を手に入れたかった。体を動かすときに経験する安らぎと、より長く走りより疲労が強いほど心の中に広がる静寂が欲しかった。勝つことは確かに面白かった。でもそれよりも、走ることであらゆる心配事を忘れて、自分の中に入っていけることが嬉しかった。

毎日一五～二五キロ走って、週末は三〇～五〇キロ走った。レアと長い時間話し合った末に、ヴァージニア州やオレゴン州のレースに出ることにした。航空券や旅費を払うのにクレジットカードの負債はどんどん膨らんだ。僕は自分の限界を押し上げたかったし、自分の可能性を探ってみたかった。そんな情熱に燃えながらも、同時に現実も分かっていた。負債は負債だ。子供の頃に生活保護を受けていた僕にとって、それは恐ろしいものだった。それでもマッケンジーリバー50キロとゼイン・グレー50マイルのレースに優勝し、その後ミネソタ・ヴォイアジャー50マイルでは大会新記録を叩き出した。この結果は何かに取り憑かれたミネソタの田舎者が根性を見せたからなのか、あるいはダスティが言うように「頑固なノルウェー人と傲慢なフランス人、それに何も考えないポーランド人の血」を継いでいるからだろうか。それとも、自分の中にもっと純粋な何か素晴らしいものがあるのだろうか？　僕には確信がなかった。もっと自分を試す場が必要だ。つまり、一〇〇マイル［一六一キロ］のレースを走る必要が。九月末の土曜日に開催されるエンゼルズ・クレスト１００マイルを走ることにした。カリフォルニア州のサン・ガブリエル山脈を六七〇〇メートル上り、八二〇〇メートルも下る、北米で一番過酷なレースだ。僕は走行距離を延ばし、食生活をさらに改めた。そして、ペーサーを頼みたい男に一本の電話を入れた。

今、五〇マイル［八〇キロ］地点のキラオ・キャンプ場で合流した彼は僕を怒鳴り散らしていた。でも今回は「弱虫《ジャーカー》」とか「ポーランド野郎」といった愛すべきいつものダスティのセリフではなかった。

スペイン語だった。

後ろを振り返って、彼が誰に対して叫んでいるのかやっと分かった。僕の後ろには真っ黒な髪でコーヒー色の肌をした、筋張った男たちがいた。まるで長いスカートのような緩いシャツを着て、足元は古タイヤでできたワラーチと呼ばれるサンダル姿の彼らは、見たところ四〇代のようだった。彼らのことを初めて聞いたのは、アルバカーキの退役軍人病院で一緒に研修していたニューヨーク出身の友人ホゼ・カマッチョからだった。ホゼは自分のロッカーに「地球の上を走り、地球とともに走れば、いつまでも走り続けられる」という名言を書いた紙をテープで貼りつけていた。

アメリカで何回かウルトラレースに出たことがあれば、必ずこの男たちの噂を耳にしているはずだ。彼らはメキシコの銅峡谷《コッパーキャニオン》に住むタラウマラ・インディアンと呼ばれる先住民族で、何百キロを一滴も汗をかかずに走り続けられるという伝説を持つ。噂どおり（そしてのちにベストセラー『BORN TO RUN 走るために生まれた』〔近藤隆文・訳、NHK出版〕に描かれたとおり）、タラウマラは口数が少なく、主に植物ベースの食生活で、アメリカの子供たちがテレビを観たりビデオゲームで遊んで育つように、子供の頃から走って育った。彼らは他の選手たちからちょっと離れ、無表情にスタートラインに立ってタバコを吸っていた（あるいはマリファナのジョイントだったかもしれない）。他のランナーはレース前にストレッチをしたりウォームアップをしたりするけれど、彼らはただ突っ立っていた。何人かが穿いているスカートは明らかについ最近縫い合わせたもので、セサミストリートのビッグバードの絵がプリントされたシーツが使われていた。

ベン・ハイアンというランナーがダスティと僕のところに近づいてきた。彼はこのレースにこれまで四年続けて出場して三回優勝している北米トップの一〇〇マイル選手だった。ベンは元麻薬中毒者で、上半身全体が棺桶から起き上がる人間や骸骨といった図柄の刺青で覆われていた。モヒカン刈りでオジー・オズボーン〔イギリス出身のヘヴィメタル・ミュージシャン〕を愛する彼は、ガールスカウトの集まりや図書館といったところでタランチュラや蛇やトカゲを見せる仕事をしていた。そして、何と保育園の先生でもあった。

「あいつら、一〇〇マイルなんてただの準備運動だぜ。尾根を登る度にペヨーテ〔サボテンの一種で乾燥させると幻覚剤となる〕かマリファナか分からないけれど何かを吸い始めるんだ」とベンがニヤッと笑って言った。あるいは作り笑いだろうか？　彼が軽くストレッチをすると、刺青が折れ曲がった。

　彼が僕らをビビらせようとしたのか、本気だったのかは分からなかった。

「そうかい、なるほど」そう答えたダスティは、「そんなの全部嘘っぱちだ」と言うと、僕がベンをやっつけてやると彼に言い放った。いつだってダスティはいい奴だ。

でも今、ダスティは彼らに向かってスペイン語で怒鳴っていた（あとから聞いた話では、「ビッグバードを着たのろまなアホめ。死ね！」と言っていたそうだ）。もう一度後ろを振り向いた僕は仰天した。彼らは本当にふわふわとまるで浮いているように山を苦もなく登っていた。本当に何か吸っていたのだろうか？　だったら僕もそれを吸いたかった。

　レースの前に、一〇〇マイルを走れるのか不安だとダスティに弱音を吐いた。すると彼は、「めそめそするんじゃねえ。これは五〇マイルのレースだ。そのあとに五〇マイルレースがもう一つあるだけさ。それにお前は長く走れば走るほどもっと強くなるじゃないか」と言った。

　予想どおり、ベン・ハイアンが僕の一番のライバルだった。それに、優勝するためにはトミー・

ニールソン（タフ・トミーと呼ばれていた）にも負けられなかった。トミーはその勝利への執念とレース中に使うちょっとしたトリックで知られていた。夜、他の選手を追いかけるとき、ヘッドランプの灯りを消しておいて、近づいたところでパッとランプをつけてダッシュで追い抜かすのだ。追いかけられていることさえ知らずにいきなり抜かされた選手は、そこで心が折れてしまう。

僕は最初の五〇マイル、ベン・ハイアンを追走し、タラウマラたちが僕らを追いかけてきた。急斜面になる度に、僕は少しずつベンに追いついた。そしてタラウマラは一気に僕に追いついてきた。いったいどうやってあんな風に浮かんでいるんだ？　下り坂《ダウンヒル》でベンと僕は岩や低木をガシガシ踏みつけながら走る一方、タラウマラたちは足場に気をつけながら進んでいた。きっと履いているワラーチのせいだ。もし彼らがダウンヒルをスイスイと下れたらレースでは無敵だろうなと思った。

五〇マイル［八〇キロ］地点でダスティがペーサーとして合流したものの、その先に進むにつれ、いつ筋肉が痙攣しだすのか、膝が壊れるのか、気づいたら手がむくんでいるのかとずっと心配だった。今までこんなに長く走ったことがなかったし、こんな距離に耐えられるかがまったく分からなかった。

上りはまるで浮いているように走り、下りはつま先でゆっくり走るタラウマラは七〇マイル［一一三キロ］地点までは僕を追いかけてきたけれど、その後ペースが落ちた。

真夜中になって、九〇マイル［一四四キロ］地点でダスティと僕には後ろと先の両方にヘッドランプの灯りが見えた。そこで僕らは、タフ・トミー式にランプの灯りを消すことにした。すると、トミーも自分のライトを消したようだった。追いかけてくるライトが突然見えなくなったからだ。ベンもまた、トミーのトリックを使った。ライトを消したまま見えないベンを追いかけ、見えないトミーから逃げながら最後まで走った。気分は最高で、なぜか脚の疲れや足の痛みをまったく感じなかった。九〇マイルではなくて一〇マイルしか走っていないかのように走り続け、全員がそれぞれ一〇分差ずつでゴールした。

僕らは二位でゴールを切った。あの伝説の民族に勝ち、しかもあともう少しで刺青男に追いつくところだった。初めての一〇〇マイルレースはあと一歩で優勝を逃した。

でも、やっと一〇〇マイルを走れることが分かった。それどころか、誰にも気づかれなかったけれど、これなら勝てるということも分かった。

今は僕だけの秘密だった。

EAT & RUNコラム❺

充分なたんぱく質を摂るには

完全菜食主義者《ヴィーガン》になろうかと検討中のウルトラランナーにとって最大の悩みは、必要なたんぱく質をどのように摂るかだ。ここで僕の秘密を少し教えよう。まずは、朝食に飲むスムージーにナッツと植物性のたんぱく質パウダー（玄米、ヘンプ、グリーンピースや発酵大豆など）を入れる。それから、朝食に発芽全粒穀物のトーストにナッツ入りバターを塗り、発芽穀物のシリアルやポリッジ〔オーツ麦のおかゆ〕を食べる。ランチはいつも大盛りのサラダに大好きなラチナート・ケールを混ぜ、たんぱく質として大豆製品（テンペ、豆腐、枝豆など）やフムス、あるいは調理した残り物のキノアといった穀物を大盛りに載せる。夕食は豆類と全粒穀物や全粒粉パスタを食べる。昼食に大豆を食べられなかったら、夕食で食べるようにする。日中はクリフバーやトレイルミックスを食べ、あとは大豆やナッツ入りのヴィーガンのデザートを食べれば、筋肉量の維持や体の回復に必要なたんぱく質を充分に摂れる。

僕は、精製加工された肉の代用品より昔ながらの自然食品をいつも探す。発芽していたり、水に漬けてあったり、発酵していたりすることで、植物細胞の壁に含まれる消化しにくい繊維分が壊れている食べ物などだ。大豆製品の中でもテンペや味噌、発芽大豆の豆腐などが好きだ。なぜならこうした食べ物は消化しやすく、単純に大豆に含まれるたんぱく質に比べて植物エストロゲンが少ないからだ（植物エストロゲンは自然に生成されるもので、医学的立証はないものの、人体でエストロゲンと同じ作用をするとされる)。僕は発芽穀物のパンやトルティーヤを食べ、火を通す前に全粒穀物や豆を水に浸しておく。

Chapter 9

静かな雪、秘密の雪

ウェスタンステーツ100のトレーニング 1999年

山が呼んでいる。行かねばならない。
――ジョン・ミューア〔アメリカの「自然保護の父」と呼ばれるナチュラリスト〕

僕はまだ眠っている家族を起こさないよう、地階からつま先歩きで階段を上がり、カーテンを引いて三日月の放つ濡れた光の中にきらめく粉雪を見る。一九九八年一二月半ばの朝五時、気温はマイナス一〇℃を下回っている。僕はポリプロピレンの長袖にウィンドブレーカーとフリースを着込み、下にはウォームアップパンツと厚手のウールの靴下を履いた。僕が選んだ道――僕の人生を満たしてくれるはずの道――は、最終的には気温四〇℃近くの渓谷と、サソリが日陰を求めて穴を掘るような砂漠へつながるはずだ。でもその道は今、ここから始まる。

さらにノルディックスキー帽とスキーグローブを着込んだ。僕が選んだ道は他人からはなかなか見えないだろう。僕は高校卒業生総代で大卒で、理学療法士であり夫としてダルースに戻ってきた。およそ二万ドル〔当時約二四〇万円〕の負債を抱えて妻の実家の地階に居座り、週五日、往復一六キロを自転車を漕いでスキーハットの店まで出かけ、時給五ドル〔当時六〇〇円〕のバイト代を稼いだ。ベッドの中はまだ温かかった。家の外はまだ真っ暗で、地面には雪が白く積もっていた。これこそ僕の道だと感じた。トレランシューズの紐を結んだ。ミネソタに戻ってまもなく、僕は雪道でのグリップを良くするため、靴底に金属のスクリューを取りつけていた。

僕らは一二月の初めにミネソタに戻り、またダスティやヒッピー・ダンと一緒に走ったりたまにスキーをしたりした。そこにしばしばジェス・コスキとケイティ・コスキが加わった。この二人は地元のアスリートで、その後の僕にとって重要だったのは、二人ともヴィーガンだったことだ。コスキ兄妹は僕のヴォイアジャー優勝を知っていて、僕が栄養と健康について興味を持ち、たくさん本を読んでいることをヒッピー・ダンから聞いていた。彼らはハワード・ライマンが書いた『まだ、肉を食べているのですか』〔船瀬俊介・訳、三交社〕という本をくれた。その本は工場で加工される肉や魚や乳製品が地球を汚染し、人体を蝕《むしば》み、精神を病むと主張していた。もしこの保守的なモンタナの牧場主の三代目が、菜食こそが汚染されていない食物を摂取するベストの方法だと言うのならば、僕の植物ベースの食生活も次のレベルに持っていかなければならないと僕は考えた。レアが高い有機食品を買っても、もう文句を言うのはやめた。適切な食事をすることは、正しくて安上がりな健康保険だと考えるようになった。

充分なたんぱく質を摂取できるか僕は相変わらず心配していたけれど、肉食に反対する健康議論には充分な説得力があると思い、それに賭けてみようと思った。厳格なヴィーガンになるための唯一の障害は、味の問題だった。チーズやバターや卵なしの食生活は想像もできなかった。僕は甘党で、チーズピザも大好物だった。

豆乳やライスミルクなんかを試しながら、信条的、そして栄養上の理由からも、完全に動物性の食物を絶つことを考えていた。ある日曜の朝、ダスティとコスキ兄妹との三〇キロランのあと、僕は彼らにバナナとストロベリーのヴィーガンパンケーキをふるまった。パンケーキはキツネ色で甘く、濃厚で美味しかった。フルーツの風味が、舌の上で今まで経験したことがないような絡み合い方をした。僕がバターと卵なしでやっていけると決心した瞬間だった。

牛乳はもう少し大変だった。僕はほぼ毎食牛乳を飲んで育った。祖母は近所の牧場に空の瓶を持って行き、新鮮な牛乳を詰めてもらっていた。けれど大人になってから飲む牛乳は近所の牧場のものではなく、大規模工場からのもので、アメリカでは牛は必ず成長ホルモン（ｒＢＧＨ）を注入され、狭苦しくて居心地の悪い牛舎に押し込められて、定期的に抗生物質を投薬されている。それはごめんだ（僕は魚もやめた。自分できれいな水質のところから捕まえてこない限り、サケやタラといった魚を通してホルモンやその他の化学薬品を摂取することになると知ったからだ）。

嬉しいことに（そして驚いたことに）、食事からこれらのものを除いたことで、かえって食べる食材の種類が増え、新たな美味しい食べ物に出会うことができた。僕にとって新しい食べ物は、新鮮な果物や野菜、豆類、木の実、種、全粒の穀類、そして味噌や豆腐、テンペといった大豆食品などだ。ベジタリアンの料理本を読み、エスニックのスーパーを回って自分のレパートリーを増やしていった。人種的に均質で野菜をあまり好まない中西部に育ったので、日本の海藻の豊富さ（のちに日本のレースを走った際に知ることになる）や自家製のコーントルティーヤのシンプルさ、それにタイのレッドカレーの味の複雑さに圧倒された。

僕は正真正銘のヴィーガンだ（いつもはそう言わないようにしている）。多くの人から融通の利かない独善的な頑固者として受け取られるからだ）。真剣なアスリートでもある。けれどその原則にとにかく執着しているわけではない。確かに常にたんぱく質のパウダーを持ち歩いているけれど、ヨーロッパではしょうがなくチーズを食べることもあったし、メキシコの片田舎の村ではラードで調理されたと分かっていても、その豆料理を食べたことがある。コスタリカでシュノーケリング旅行に出かけた際、ベジタリアンのオプションがあると言われ安心していたら、なんと巨大な魚の中でグリルされた野菜だったこともある。そのようにまれに極端な事態になれば、僕はお腹が空いていたしレースを控えていたので、それを食べた。僕は植物ベースの食事から離れる。でもそれは生きるためであって、動物性食品が欲しいからでも、それなしでは物足りないからでもなかった。

でもこうした妥協はもっとあとになってからの話だ。有名なウルトラレースのチャンピオンとして困難な選択に直面するのは、実際にウルトラのチャンピオンになってからのことだ。だから僕は今、靴底に金属のスクリューをつけたシューズを履こうとしていた。

ドアを抜けて夜明け間近の寒い戸外に出た。本当は山を走りたかったけれど、今はなだらかに上るスノーモビルの道で我慢するしかなかった。この時間帯なら、パーティで酔ってスノーモビルでトレイルをレースする輩ももう寝てるはずだった。道に最初の一歩を踏み出すと、雪に足首まで埋まった。こうでなくちゃ。困難なほどいい。いつだってそうだった。そのことがやっと分かった。世の中のすべての「なぜ？」は必ずしも僕に平穏と答えをくれたわけではなかった。でも「なぜ？」と問うこと――そして実行すること――は僕の中に何かを、何か強いものを生み出す。雪から足を引き抜いて前に進み、明け始める前の最後の夜空に吸い込まれていった。地平線近くに月が傾き、樺の木が滑るように後ろへ消えていった。

エンゼルズ・クレストのレースで僕は一つの課題をクリアした。そして次に何が来るのかも分かっていた。

マイナーリーグの野球選手がベーブ・ルースのことを耳にするように、一〇代のロッククライマーがエベレストのことを学ぶように、いつだったか誰かが僕に「ウェスタンステーツ１００」のことを教えてくれた。

そのレースがどれほど困難で、いかに心も体もボロボロにしてしまうものかをみんなが話していた。僕は自分が知る限り最もハードな場所でトレーニングがしたかった。だから冬のミネソタに戻ることも厭わなかった。カリフォルニア北部で行われるそのレースを想定して、僕は雪の中を走りだした。

僕が挑戦を決心した当時、ウェスタンステーツ・エンデュランスランはおそらく世界で最もよく知られたウルトラマラソンレースだった。コースは一九八〇年代にＡＢＣテレビの『知られざるスポーツの世界（*Wide World of Sports*）』で二度紹介されていた。この一〇〇マイル［一六一キロ］のレースには二一か所のエイドステーションと六か所のメディカル・チェックがある（ウルトラレースの中でも特に数が多いことが、コースの難しさを物語っている）。二四時間以内に完走した選手には、「100 miles, one day」と刻まれた銀のバックルが授与される。三〇時間以内に完走すればブロンズのバックルが与えられる。男女の優勝者は、ブロンズのクーガー像を持ち帰ることができる。毎年一五〇〇人のボランティアと、前年に少なくとも一度は五〇マイル［八〇キロ］のレースを完走し、レースの抽選に当たった三六九人の選手が集まる。

　始まった当初から、レースは地元の誇りだった。男性でカリフォルニア州以外の選手が優勝したのは過去に一度しかなく、そのランナーは僕の密かなヒーローだった。この一〇年でカリフォルニア北部が長距離ランニングのハブとして知られるようになってから、レースは種族《トライブ》の縄張り争いの様相を呈してきた。地元の有名ランナーで、ウルトラの世界でもよく名前の知られているティム・ツィトマイヤーが五度優勝していた。ライバルがどれだけ先行していてもツィトマイヤーは気にしない、彼はコースを知り尽くしている、ここは彼のコースだと人々は言い合った。ところが一九九七年に彼を破る者が現れた。マイク・モートンというメリーランド州出身の海軍のダイバーで、一九九六年にはレースに挑戦しながら完走できずに終わっていた。ウェスタンステーツは実際のコースでトレーニングを積まないと（つまり地元に住まないと）優勝のチャンスはない、という定説を誰もが思い出した。だから彼が翌一九九七年に再びスタートラインに現れたとき、人々はその根性を讃えながらも、無駄な努力だと同情を寄せた。そのレースで彼はツィトマイヤーに一時間と三三分の差をつけ、一五時間四〇分の新記録を打ち立てて優勝したのだった。

僕もこのダイバーが打ち立てた偉業を成し遂げたい。ウェスタンステーツを使って、カリフォルニア北部のランナーやその他のウルトラの強豪ランナーたちに向かって、自分がその仲間に入る実力があるところを証明したい。自分自身にも自分の実力を証明したい。困難なのは分かっていた。一九九八年にはツィトマイヤーが王者を奪還していた。だけど今や僕は痛みの褒賞を知り、もっと痛みを求めている。自分を解き放つツールとして痛みを利用したかった。一〇〇マイルのコースに身を投じ、世界トップのトレイルランナーたちと渡り合うために、僕は痛みに自分を投げ出した。

一九五五年にウェンデル・T・ロビーという地元のビジネスマンが、一日で馬を一〇〇マイル走らせたところからこのレースが始まった。のちに彼は、「できちゃったから」やったと述べている。その後毎年、いろいろなところから馬に乗った男女が集まって、地元の名士だったロイド・テヴィスの名前にちなんで命名されたこのテヴィス・カップに参加した。この困難な道を二四時間以内に無事に馬で完走した者は、みな銀のバックルを授与された。

そこに、ゴードン・アインズレーという猛者と、あまり大したことのない彼の馬が現れ、このレースを思いもよらぬ徒競走《フットレース》に変えてしまった。指圧師で、アウトドア好き、きこりであり、乗馬を好み、レスラーでもあり、そして科学者でもあるアインズレーは、また優れたランナーでもあった。長髪でボサボサのあごひげを生やし、ラグビー選手かアメフトのラインバックだといわれても違和感のないがっちりした筋肉隆々の体格をしていた。彼は一時、「クライズデール部門」と呼ばれる体重二〇〇ポンド〔九一キロ〕超のランナーのフルマラソン最高記録（二時間五二分）を持っていた。

けれどアインズレーのお気に入りのレースはテヴィス・カップだった。彼は一九七一年と七二年に完走し、その年に愛馬を恋人にあげてしまった。ところが間もなく二人は別れ、彼女は馬を持って行ってしまう。彼は翌年、代わりの馬でレースに参加したものの、途中三〇マイル〔四八キロ〕辺りのロビンソン・フラットという森に囲まれた牧草地で、この馬が動かなくなってしまった。その翌年、これ以上馬を酷使したくなかったこの山男は、自分の足でこのコースを走ることにした。

その年のレースはとりわけ暑い日で、馬が一頭犠牲になっている。アインズレーは二三時間四二分で完走し、獣医のメディカル・チェックを受けバックルを受け取った。

一九七五年には別の男がフットレースに挑戦したが、九六・五マイル〔一五五・三キロ〕地点で棄権している。翌一九七六年には、牛男《カウマン》の異名を取るケン・シャークという長髪の男が名乗りを上げ、二四時間二九分で完走した。そして一九七七年、ウェスタンステーツ・エンデュランスラン（通称ウェスタンステーツ100として知られる）が誕生した。一四人の男が、馬に乗った他の競争相手と争い、そのうち三人が完走した。レース主催者は翌年から人と馬のレースを分けることに決め、ウェスタンステーツの開催を涼しい時期に早めた。こうしてウェスタンステーツ100は六月の最後の週末に開催されることになった。
コースはスコーヴァレーから始まり、まず選手たちは二六六〇メートルのエミグラント・パスを目指し、四・五マイル〔七・二キロ〕で七七五メートルを上らなくてはならない。その後も残りのコース累計で、四七二四メートル上り、六九八三メートル下ることになる。かつてこのトレイルには、パイユート、ショショーニ、ワショーといった先住民族が、木の実やベリーを採ったり昆虫やトカゲを捕まえたり、植物の根塊を掘り起こしたり、またウサギやリスなどの小動物に罠を仕掛けたり、ほんのまれに角の大きいレイヨウ類を狩ったりしながら、厳しい環境の土地で暮らしていた。先住民たちが、天然痘や開拓者による銃弾、そして新興国アメリカ合衆国のマニフェスト・デスティニー〔白人による西部開拓正当化のスローガン〕の副作用によってそこから追い払われると、次にやって来たのが西部開拓者とゴールドラッシュの採金者たちだった。レースコースからほど近いドナー・パスは、やはりフロンティアの夢を追って西に向かい、一八四六年から四七年にかけての冬の寒波で多くの犠牲者を出した不運の開拓者グループにちなんで名づけられた。彼らの悲劇は、完走のバックルをもらえなかったウェスタンステーツ１００の選手たちよりはるかに深刻で忘れられないものだ。

月が沈んだ。淡く滲んだ灰色の空は、淡く滲んだ冬の日を約束している。僕は樺の木が立ち並ぶぽっかり開けた原野をザクザクと進んでいった。足が雪に沈み込む。足を引き抜いて腕を振る。また足が沈む。引き抜く。時が止まったかのような静けさ。雪を踏みしめる自分の足音と荒い規則的な呼吸。この森で動いている生き物は僕だけだ。今朝は一時間と一五分、一〇マイル〔一六キロ〕をマイル七分半〔キロ四分四〇秒〕のペースで走る。明日の朝もその次の朝も一〇マイルを走る。週末には距離を延ばして二五マイル〔四〇キロ〕走る。

僕のトレーニングのやり方や食事について、正気じゃないと言う人もいる。父さん（一三〇キロに膨れ上がっていた）は、長距離を走るならステーキを食べなきゃダメだと言うので、健康に気を使うならもっと野菜を食べるようにと僕が言い返すと、四〇歳になってどうなっているか見てみるがいいと言った。母方の祖父のエドじいさんには、野菜と木の実だけで生きていけるわけがない、四〇になったら膝を壊すぞ、と脅かされた。

けれど僕はかつてないほど調子が良かった。もともと耐久系には自信があったけれど、これまで長い距離を走ると経験していた痛みがなくなった。ハードな運動のあいだの休息時間が短くて済むようになった。軽くなったし、強くなったし、速くなった。そして今までより若くなった気がした。

戸口に辿り着いた頃には、淡く滲んだ灰色の夜明けがさらに白くなっていた。けれど太陽はあいまいな記憶のように頼りなかった。早くに出勤する人々の車から小さな雲が吐き出される。僕は家に入り、ストレッチをしてシャワーを浴び、服を着替える。一日の始まりだ。

EAT & RUNコラム❻

体幹《コア》

　脚が体を前に進める。でもパワーを生み出すのは腹筋と背筋だ。背筋については、ジムで肩甲骨を寄せながら懸垂と腕漕ぎをするといい。もしヨガをやるのなら、ローカスト、ブリッジ、ボートなど後ろに反る運動を中心にするといい。

　腹筋の場合は、骨盤を固定しながら脚を動かす運動をルーティンワークに取り入れよう。プランクは最も簡単で効果的なやり方だ。腹筋前部のプランクは、マットの上でうつ伏せに寝て、前腕とつま先を床につけたままお尻と骨盤を持ち上げる。そのとき頭からつま先までまっすぐに伸ばす。横の腹筋も同じ要領で、体と床が接するのは片方の前腕と同じ側の足の横になる。こういった初歩段階の運動は、腕と脚の動きを加えたり、バランスボールやディスクを組み合わせたりすることでより複雑にできる。ヨガのポジションは、コアの部分に集中してやると、ランナーにとってとても役立つ運動になる。もともとコアに重点を置くピラティスの動きは、強く効率の良い走りを手助けしてくれる。

Chapter 10

危険な調べ

（さらなる）
ウェスタンステーツ100の
トレーニング
1999年

雪、太陽、砂岩、空。
彼は今、自分が好きでやり慣れたことをしていた。
そしてこの今というときは、
プレッシャーもなく、ただ自由だった。
――ジェームズ・ガルビン〔アメリカの詩人〕

一〇〇マイルの王者になるにはどうすればいいかが書いてあるマニュアルなんて存在しない。なぜそれを知っているかというと、探してみたからだ。インターネットはまだやっと誕生した頃だった。そこで僕は、自分なりに計画を立ててみることにした。まず四月下旬にレアとシアトルに引っ越した。そこのフットゾーンという店から仕事をオファーされていたのだ。オーナーは、スコット・マコウブレーという長距離ランナーで、一九九七年に僕がシアトルでの研修生時代に参加したクレ・エラム・リッジという五〇キロのレースで知り合った男だ。僕は雪のトレイルや寒い夜の走りをすでに体得したので、ウェスタンステーツのために今後は山で走りたかった。

次に僕は先人の智慧から学ぶことにした。

アーサー・F・H・ニュートンが、一九二二年に南アフリカのコムラッズ・マラソン（実際には八九キロ）への参加を決めたとき、彼は三八歳で、特にアスリートというわけでもなかった。もっと若くて速い選手と競わなければならないことを充分に分かっていた彼は、賢かったのか、ただやけくそだったのか、当時としては前代未聞の、毎日一〇マイル〔一六キロ〕を超える走り込みをした。そのコムラッズ・マラソンに優勝し、その後五回もタイトルを取ったばかりか、三〇マイル〔四八キロ〕、三五マイル〔五六キロ〕、四〇マイル〔六四キロ〕、四五マイル〔七二キロ〕、五〇マイル〔八〇キロ〕、一〇〇マイルで世界記録を打ち立てたのだ。もし誰かがLSD（ロング・スロー・ディスタンス〔ゆっくりのペースで長距離を走るトレーニング〕）の父として名乗りを上げるとすれば、ニュートンをおいて他にいないだろう。彼はまた栄養研究の先駆者でもあり、彼が調合する飲み物（レモネードと塩からできていた）を人々は秘薬と呼んでいた。

けれどレモネードと長距離だけでは充分とはいえなかったので、オーストラリア人で女性服ブティックの元店長パーシー・セラティの智慧も研究した。彼は自然食品の提唱者でもあり、しばしば変人揃いと言われるウルトラランナーの世界でも折り紙つきの変わり者の一人に数えられていた。

一九三九年、四四歳のときにセラティは心身ともに衰弱し、医者に余命二年と言われると、食事と運動、それに彼が「ストタン」と呼ぶ人生哲学に基づく療法を始めた。「ストタン」とは、ストイックとスパルタを組み合わせたものだ。彼によれば、アスリートには「困難とタフさと理想に対する確固たる決意」が必要だ。だがそれだけじゃなく、「食事、哲学、知性への探求や芸術への感受性」も必要だとした。

セラティが言うには、「人間は自分の楽な範囲からはみ出して初めて人間として成長できる」。セラティは病を克服し（八〇歳まで生きた）、さまざまなトレーニングを開発する中で、ストップウォッチに頼るのではなく生来のアスリートとしての知性に頼る直感的なアプローチを確立した。自分の教えるランナーに砂丘ダッシュや重量挙げ、ヨガをやらせ、ローフードと全粒粉主体の厳しい食事を実践させた。動物が走る姿を研究して、人間が学ぶことができないかと考えた。彼はまた、食事中に（いかなる）飲み物を摂取することにも、真夜中過ぎの飲食にも反対した。彼の弟子として最も有名なハーブ・エリオットは、一九五〇年代後半に中距離走の選手として活躍したが、「ストタン」メソッドについてこう語っている。「素晴らしくもあり辛くもあった。けっきょくそのベースには、『人間として成長しよう、もっと思慮深い人間になろう、大きくなろう、強くなろう、もっといい人間になろう』というまっとうな哲学のようなものがあったんだ」

この二人のコーチは、いずれも一般のアスリートの範疇を超えていた。ニュートンは長距離走のトレーニングにこだわり、セラティの忠告は、トレーニングを含めランナーの生活のほとんどすべての面に関わっていた。僕の子供時代はほとんどの基準からは外れたものだったけれど、普段の振る舞いはごくごく普通だった。僕はいつもいわゆる模範生だった。両親や先生、上司やコーチが引いたラインにピッタリ沿っていたとは言わないまでも、そこから大きく外れることはなかった。

だからこそ、他人が引いたラインから大きく外れているニュートンやセラティのような型破りな人間に憧れた。

僕を刺激するのはダスティのようなランナーだった。そして僕を導くのは違う時代を生きた人たち、誰もが超えられなかった障壁を破ってきた男たちだった。その中でも一番影響を受けたのはチャック・ジョーンズだろう。ジョーンズは僕にとってウェスタンステーツの憧れだった。

ジョーンズは一九八五年から五〇マイルレースを走り始め、一九八六年にはピスタチオ農園の農夫で神の教会の牧師でもある前チャンピオンのジム・キングを押さえてウェスタンステーツに勝ち、ウルトラマラソン界（といっても当時は小さかった）を驚かせた。通常の選手のトレーニング走行距離が週一二〇〜一四〇マイル［一九三〜二二五キロ］だった当時に、ジョーンズは週二〇〇マイル［三二二キロ］以上走っていた。ウェスタンステーツ後半のとりわけきつい登り坂を上るジョーンズの横にABCテレビ局の記者が並び、「撮影の最初からずっと、あなたはにこやかに笑っていますよね」と言うと、ジョーンズは速度を落とさずに「ああ、走るのが好きだからね」と答えた。

彼は一四人兄弟の一三番目で、母親がユニフォームを買ってやることができず、車の送迎もしてやれなかったので、チームスポーツはやらなかった（父親は、ジョーンズが四歳半のときに自殺していた）。一六歳の頃からドラマーで超越瞑想《トランセンデンタル・メディテーション》の実践家でもあった彼は、二〇代で競歩を始めた。回復時間を短縮するため、カフェインとタバコと肉を同時にやめると、効果があった。

大変な子供時代。型破りで困難なトレーニング方法。ランニングに対する知的かつ直感的なアプローチで、無邪気に走りを楽しむ。どこかで聞いた話だ。

それは僕がダスティに対して感じたのと同じ感覚だった。僕がミネソタを離れてから、ダスティはカヤックで巨大なスペリオル湖を一周し、ピザを焼き、レースに勝ち、家を建て、女を口説き、スキーのワックスをかけ、五つの州を転々として、つまりいつものダスティらしい生き方をしていた。この数年前のこと、ダスティはグランマズ・マラソンの前の晩、ゴールに近いアンカー・バーで飲んでいた。彼は寝過ごしてレースのスタート会場へのバスに乗り遅れるのが心配で、それに少なくともちょっとは酔っぱらっていたこともあって、彼としては最も道理に適った行動に出た。バーからほど近いゴールに向かい、そこからコースを逆走してスタート地点に向かったのだ。そして不用心なミネソタ住民の家の庭でスタートの号砲が鳴るまで仮眠を取り、今度はコースどおりに走って三時間ちょっとでゴールした。他にやりようがあるんじゃないかと考えてしまう僕と違って、ダスティはそのときにやりたいと思い立ったことをやった。ダスティもジョーンズもニュートンもセラティも、みんな自身の心や体の限界にぶち当たり、それを新たな限界にまで押し上げてきた。ランニングは、彼らにとって単なる運動や趣味ではないし、必ずしも競技ではない。つまり、端的に言って彼らは実存主義者なのだ。僕もそうなりたかった。

シアトルでは職場に通うのに毎日片道一〇キロを走った。家に帰ると街に出て通りを走った。湿った空気が僕を冷やし、筋肉が緩んでくるのを感じながら新しい街を覚えた。

でも本当のトレーニングは週末だった。

そこで自分の限界を探そうとした。太平洋岸北西地区にあるマウント・サイという場所で僕はそれを見つけた。

レーニアやマッキンレーの山々を目指そうという熱心なクライマーは、ザックを背負ってマウント・サイを登り、待ち受ける格闘を味わった。毎年マウント・サイに登るのを恒例にしているファミリーもいた。熱心なシアトルのトレイルランナーは、そのルートを走って登った。中でもとりわけ熱心な一握りの連中はそれを二往復する。つまり上って下りて、もう一度上って下りるのだ。

僕には僕のやり方があった。もともと平地から始めたランナーだけれど、今は山を目指さなければならない。山を求めていた。シアトルでの最初の土曜日、僕は車で登山口まで出かけた。三往復するんだ。

この山の高低差は一〇〇〇メートルほどで大したことがないように見えるけれど、四マイル［六・四キロ］でそれだけ登るとなると話が別だ。マイル当たり二四四メートル［キロ当たり一六〇メートル］以上となる。ミネソタに住んでいた頃に一番きつかった登りは、スペリオル湖から湖岸の一番高い尾根に上るルートだ。一八〇メートルの高低差だけれど、なだらかな舗装道路を二マイル［三・二キロ］で上り切るものだった。

キャンピングカーみたいに大きい石が登山道に沿って並んでいて、そびえ立つツガやベイマツの木々から年季の入った太い根っこが伸び、トレイルの表面に突き出していた。長さ一メートル、幅六〇センチもあろうかというデビルズクラブ〔西海岸に自生する灌木〕の葉っぱが、駆け上る僕の体をこすった。必死に登るハイカーを追い抜き、下山してくる人たちとすれ違った。走っているのは僕だけだった。麓から見ると山はまっすぐに頂きまで伸びているようだけれど、そんなはずはないので、少なくとも一か所くらいは平らな踊り場があるはずだと考えていた。案の定、中腹辺りに確かに一か所だけあった。そこは一〇〇メートルほども続き、まるで平原のように思えた。半マイルごとにある苔むした木製の道標が、今日が苦しい一日になることを僕に思い知らせようとしていた。初日最初の一マイルを登るのに一四分もかかってしまった。

この山は僕に、レースは一気に走り切るものではないことを思い出させてくれた。ウルトラを完走するには一つひとつクリアすることだ。だから僕はマウント・サイを一つひとつ登った。足を雪に取られるミネソタのスノーモビルの道は、一歩の苦しさを教えてくれた。マウント・サイは、先の見えない登りをどうやって全速力で上るか、そして上って来た道をどうやってずんずんと——のんびりせずに——駆け下りるかを教えてくれた。ゆっくりジョグで上ることはなかったし、いちいち足場を選びながら下ることもなかった。最初の日に僕は全速力で三回上って三回下った。そして車で家に戻るとその日一日めいっぱい働いた。

でも翌朝になると僕はどうしてもベッドから出たくなかった。音楽が聞こえた。温かいベッドと心地良いソファー、しばらく読書して音楽を聴いて、ただ何もせずにいるようにと誘うメロディーだ。誰も僕に走れとは言っていない。僕がほんの少しリラックスしたからって誰か死ぬわけじゃない。そう聞こえた。ついその気になってしまう危険な調べで、そのせいで何人ものランナーがレースから脱落していった。それは禁断のメロディーだ。こう歌っている。「休みなさい。一つ山を走ったんだから、次はもういいのよ」

食習慣のおかげで疲労からの回復時間が短くなった自分の体をもってしても無理なのか？　自分を追い込み過ぎだろうか？　たいていのコーチは、実際に走るレースの八〇パーセントの距離にトレーニングのピークを持っていくようにアドバイスする。もちろんほとんどのコーチはウルトラを走らない。誰もコンスタントに八〇マイル［一二九キロ］もトレーニングでは走らない。そこで僕は次善の策を講ずることにした。ウルトラで経験するストレス――肉体的、感情的、精神的――を再現するのだ。

マウント・サイの翌日、ただただ寝ていたかったけれど、僕は危険な誘惑の調べを断ち切った。同じくらい、あるいはもっときついとも言われる別のコースに挑戦することにした。

トウェルブ・ピークスというコースはトレイルの地図には存在しない。五六キロのこのコースは、ロン・ニコールというシアトルに住む五〇代のランナーによって作られた。彼のことは誰もが尊敬を込めて「伝説のロン・ニコール」と呼ぶ。同時に彼は、「シアトルのトレイル自虐者《マゾヒスト》」としても知られていた。（僕を含め）多くのウルトラランナーが、ストライドの動きを改善し、距離当たりの走りの効率を最大化しようとする中で、ロンはいつもきついやり方を選び、それが簡単にこなせるようになるまで続け、そうなったらもっときついことに挑戦する男として知られていた。

トウェルブ・ピークスの登りは、マウント・サイと比べて長くはないが、代わりの魅力が満載のコースだ。距離はマウント・サイ三往復の三八キロに対し五六キロ、上り下りとも三二〇〇メートル。道は曲がりくねっていて、ぬるぬるした苔に覆われた巨石の上や泥のあいだを上り下りし、ベトナム帰りの兵士たちが体験してきたようなサーモンベリーがはびこるジャングルに突っ込んでいく。厚く荒々しいシダや、意地悪なツガの木が、あり得ないほど緑色をした葉を生やしている。ベイマツがそびえ立って、幹と針葉の大聖堂を形成し、真っ昼間をまるで永遠の夜のように変えている。僕はみぞれの日も雪の日も、また三〇℃の圧力鍋の中にいるように湿っぽくて気持ち悪い日も走った。

苔や泥は僕が求めている苦痛を与えてくれた。でももっと欲しかった。

僕のヒーローであるチャック・ジョーンズはいくつかインタビューを受けていて、振動や波長、秘められた世界からのサインについて語ってはインタビュアーを混乱させていた。彼が言わんとすること——自分がなくなっていく衝撃、地球とつながってもはや世俗の関心ごとから遊離したゾーンへと入っていく衝撃——が僕には理解できたけれど、それをどうやって意図したとおりにコンスタントに実現できるかが分からなかった。

僕は本を読むことでスキーが上達したので、今回も本を読むことにした。そして、勇気、簡潔、名誉、自己犠牲を信奉する昔の日本の戦士の教養である武士道に辿り着いた。

武士道によれば、戦場——レース、と読み替えてもいいだろう——で最も望ましい心の在り方は無、つまり空《くう》の心だ。それは昏睡することや注意が散漫になるのとは違い、武士道の無の概念は、凍りつくほど冷たい滝の下で感ずる激しい驚きや高揚感のようなものだ。無の心はすべてを超越する心の状態だ。あたかも掃除機がチリを吸い込み、シーソーで下の者が上の者をコントロールするかのように、他の者の心を自らのリズムに引き込む。ランナーが「自分のレースを走れた」と言うとき、それは武士道のことを言っている。

武士道においては過去も未来もなく、今この瞬間に集中する。ヘンリー・ソローはアメリカにおける武士道の実践者で（おそらく彼はそれを意識していなかっただろうが）、長距離を歩くことを得意としていた。彼によれば、「我々の生活は細かいことに浪費されている。正直者は、十本の指に余るものを数える必要はほとんどないものだ。何より大事なのは、簡潔さだ」。僕は自分に合った武士道の修行方法を編み出した。凍えるほど冷たい川の中に立って、心が体を支配する力を鍛えるのだ。また座禅を組んで瞑想し、自分の呼吸を見つめながら集中した。

武士道のもう一つの側面は、武道を極めること、自分の技能を磨くことに極限まで集中することだ。僕の技能は走ることなので、北西部の山々を登るとき、集中を極限まで高めた。長距離を走るときに頭のスイッチを切るのは簡単だし、ときにはそれが必要なこともある。でも僕はスイッチを切らないようにした。難しいセクションを速く走ることに集中し、下りでは心肺を休ませながら加速した。

シアトルでの二か月のトレーニングの成果で、僕の持久力は向上した。ダスティやその他のタフな連中のやっていることは正しかった。距離をこなせば、（たいてい）結果はついてくる。それに、僕の関節や筋肉は新しい動きも記憶した。心はより簡単に無になることができたし、決意で満たすことができた。苔の生えたトレイルで、僕はときどき宙に浮いているかのように感じた。

ウェスタンステーツ直前の最後のマウント・サイ三往復の頃には、最初のマイル標識まで一二分に、下りは三〇分に短縮していた。いつもよりもっと速く走るように自分に命じると、この最後の週、最初の登りは四九分、三度目を四八分で行けた。トウェルブ・ピークスのベトナム・ジャングルに最初分け入ったときは六時間四〇分かかったのが、最後は六時間一五分で走り切った。

なかでも一番の達成は自分の心に起こったことだ。最後のトウェルブ・ピークスで沼地とイサッカー・アルプスのピークを走りに行く日のまだ明け方前、僕の耳に何かが聞こえた。前日にはマウント・サイを三往復していた。その馴染みのある音が何だか分かるのに数秒かかって、それから僕は思わず笑いそうになった。それはつい二か月前に僕を手招きしたメロディーだった。「休みなさい。ベッドに戻りなさい」。でもその朝には、ただのか細い調べに過ぎなかった。BGMのようなものだ。これでウェスタンステーツもいけるはずだ。

EAT & RUNコラム❼

上達するには

定期的に走ることはそれだけで満足感を得られる。競争志向の強いランナーなら、自分に挑戦することで速く長く走れるようになると、もっと満足感が深まる。上達することで運動し続けるモチベーションが高まる。

もしランナーとして上達したければ、体力強化、柔軟性向上、テクニック習得など補完的なトレーニングをするのがいいだろう。でも上達の一番簡単な方法は、速く走ることで、それがもっとハードに走るためのトレーニングになる。僕がマウント・サイで長い登りに挑戦するようにだ。

方法はこうだ。六～八週間続けて最低週三回三〇分から四五分走れるようになったら、自分の体力の八五～九〇パーセント――このレベルなら、体に蓄積する乳酸を処理することができる――で走る準備が整ったことになる。そこでまず、LT（乳酸分岐点）レベルの運動量を五分間続ける。その後、一分間ゆっくり走って体が回復する時間を取り、またそれを繰り返す。慣れてきたら走りと回復のインターバルの回数を増やし、五対一の比率を維持しながら距離も延ばすといい。つまり一〇分間全力で走ったら二分流す、または一五分の全力走と三分のスローダウンという具合だ。

四～六週間もすれば、この全力走レベルの運動を四五～五〇分間続けることができるようになり、スピードもついてくるだろう。

Chapter 11

「小便してるか?」

ウェスタンステーツ100
1999年

もし崖っぷちを歩いてないなら、
余裕を持ち過ぎている
——ランディー〝マッチョマン〟サベージ〔アメリカのプロレスラー〕

一九九九年のウェスタンステーツの前週、僕はずっと不安だった。もしかしたらヴィーガンの食生活はダメだったかもしれない。途中でエネルギー切れになるかもしれない。暑さが予想以上かもしれない。

確かに、植物ベースの食生活に変えてから、前ほど筋肉痛にならなくなったし、回復時間が短くて済むようにはなった。確かに、鼻づまりになることは滅多にないし、シアトルで風邪が流行って大勢のランナーが寝込んだときも僕は元気だった。マウント・サイに挑んで打ち勝った、とも言えると思う。レースの前週にはカリフォルニアに出かけて、気温三八℃の渓谷で毎日トレーニングしていた。

でも、一〇〇マイルを走ることを想像できるなら、それはほとんど何でも想像できると言うのと同じことだ。悪い方には考えないことにした。これまでどんなにハードにトレーニングを積んできたか、その苦労や痛みを考えた。そうした努力が、レースで一番辛いときに必ず何とかしてくれると思った。どれだけレースに勝ちたいと思っているかなんて、今さら思い出す必要もない。その渇望に燃えていた。でも他のライバルも負けないくらいに同じ思いを燃やしているのでは？そんなわけがないと考える理由がなかった。少なくとも直接、彼らの気持ちを萎えさせることはできそうになかったので、僕は違う方法で彼らの疑心を掻き立てようとした。頭を剃り上げ、次にレースに負けるまでは髪を切らないと宣言した。きっとあと数年は切らないことになるだろうと自分に言い聞かせた。ペーサーのイアン・トーレンス（ダスティはレース当日結婚式に出席しなければならなかった）に向かって、他の人にも聞こえるような大声で言った。「もし僕がリードして、四二マイル［六七キロ］地点のダスティ・コーナーを先頭で走ってきたら……」。こうして僕が勝ちに行っていると誰もが分かるようにした。

そこまで自信満々の選手を見た他のランナーたちは、少しは気持ちが挫けるだろう。それが僕の作戦だった。けれど、実際にはそううまくは行かなかった。

イアンと僕がレースの前日に行われた説明会に顔を出すと、誰もがツィトマイヤーの六度目の優勝について話していて、ほとんど誰もがそれをもう決まったことのように思っていた。イアンが主催者スタッフの一人に（一九九七年にマイク・モートンが打ち立てた）大会記録の通過タイムを尋ねると、人々はくすくす笑った。ツィトマイヤーは眉をひそめた。その眉がこう言っていた。「あいつは自分のことを誰だと思ってるんだ？　それにこの背の高いハゲは？　ミネソタから来ただと！　これは山岳レースだぞ。平地しか走ったことのないミネソタ野郎に何ができるっていうんだ？」

でもイアンは通過記録を聞き出し、モートンが一五のエイドステーションを通過したタイムを右腕に書き込んだ（イアンは左利きだった）。僕は自分の左腕にそのタイムを殴り書きした。ウェスタンステーツで大会記録を出すのに必要な数字だ。

スコーヴァレーのスタートラインに立つと、人々の声が耳に入った。「平地野郎《フラットランダー》め。エンゼルズ・クレストで二位を獲ったからって、このレースに出られると思っているのか？」誰かが鼻で笑うのが聞こえた。「ミネソタのヴォイアなんとかって聞いたこともないな」

一五年の歳月が吹き飛んで僕は突然一〇代の少年に戻った。

「弱虫野郎！」

「いいからとにかくやるんだ！」

「今すぐここを出て行け」

スタートの号砲が鳴ると、僕は足元から湧き上がってくる野蛮人のような雄叫びを喉から絞り出した。走りたくてたまらないから叫んだとみんなに思われたし、それはそうに違いない。けれどもあれは、ついにアメリカ中の最高のウルトラランナーたちと競い合う最も名高いレースを走るんだという興奮の叫びだった。これまで思いつく限りのハードなトレーニングを積んできた。僕はこの世界の最高峰と戦って最後まで行けるだろうか、それとも山岳ランニングに長けた連中に平地出身の僕は歯が立たないのか？　出だしで先頭に立った。一〇マイル（一六キロ）でもトップだった。二〇マイルも三〇マイルでも四〇マイルでもトップを守った。雪原や高山の森を走り、開けた谷を下り、埃っぽいカンカン照りの尾根を走り、甘い香りのするマンザニータが分厚く生い茂る一帯を抜け、暑くて鼻毛が焼けつくような空気の中で、ほとんど風がなくて乾いて一歩ごとに地面から赤い埃が舞い上がるトレイルを走り続けた。

エイドステーションのボランティアや観客から聞こえてくる声は、「今日はミネソタ野郎が見せてくれるね」とか、「あいつを見くびっていたかもしれないな」ではなく、もっと別のものだった。

「オーバーペースだ。すぐにでも潰れるぞ」

「ルーキーの愚かなミスさ」

「五〇マイルもたないね」

「もうすぐツィトマイヤーが彼を捕えるぞ」

「シエラネバダがミネソタとは違うことをすぐに思い知るさ」

「フルマラソンを二時間三八分ってことは大したことないよ」

ベイマツと雪に覆われた山々が頭上に迫り、岩だらけの渓谷が眼下に待ち構えていた。黄色いヒマワリがそこかしこに咲き乱れている。ちょうど昼どきで、気温は少なくとも三八℃はあった。

僕は一人先頭で、空想や疑問で頭がいっぱいだった。

どうして僕がこんなに練習してきたって誰も気づかないんだろう？　僕がこんなに勝ちに飢えていることを？

どうして母さんは病気なんだろう？　父さんはなんで僕を家から追い出したんだろう？　どうしてみんな――僕自身も――僕が実際にダスティに勝つまで、彼に勝てると思わなかったんだろう？　どうしてかを訊くのはいいことだけれど、たとえそうでなくても、やっぱり僕は訊いただろう。そうやって僕は自分の食べたものと走りをつなげて考えるようになったのだし、食事と人生がつながっていると考えるようになったのだから。

昼の二時で、僕は渓谷をあとにして三五℃の涼しい丘陵地帯に入っていった。依然調子は良くて、まだ「どうして？」と自問していた。自問することが、なぜだか僕を大好きな状態に導いてくれた――地球の上を走り、地球とともに走っている感覚、今この瞬間にいることの感動、義務や期待や失望や心配からの解放。「どうして？」と訊くことで、答えが返ってくることもあった。父さんはそんなつもりで言ったんじゃない。「いいからやるんだ」というのは、苦労の末に獲得できる知恵を僕に伝えようとしたんだ。

「平地野郎が来たぞ！」五五マイル［八八キロ］のミシガン・ブラフのエイドステーションで誰かがこっそり、でも僕に充分聞こえる声でささやいた。「今はあいつがトップだけど、長くはもたないだろう。ペースが速過ぎる。潰れるぞ。ツィトマイヤーが調子を上げてきたら、あいつなんてわけもない」

こうした否定的な声も、僕の頭の中の叫び声に比べたらささやき程度でしかなかった。「トレーニングのし過ぎか?」「トレーニングは足りているか?」「植物だけ食べて一〇〇マイルも走れるのか?」「ペースが速過ぎる? 飛び出し過ぎた?」「疲れたか?」でも、これは僕が学んだことだけれど、頭の中の声はボリュームを落とすことができる。自分がどうしてここにいるのか、何を望んでいて、どれほど切実なのかを思い起こせばいいだけだ。僕はいろいろな困難に直面して、それを乗り越えてきた。肺が焦げつきそうな上りと四つん這いになって歩くような下りも、自分が夢見てきた約束の地に辿り着くために支払う小さな代償だ。熱い空気を感じている自分がいる一方で、もう一人の自分はそれを気にもしていない。一歩一歩踏み出す度に感じる痛みにたじろぐ自分がいる一方で、もう一人の自分はそれも気にしていない。体が悲鳴を上げてもう続けられない領域に向かって走り、自分がそれに耐えられるかどうか試してみたい。それこそ目指している領域だ。そこに辿り着く方法は一つしかない。

自分の背負った重荷を下ろして軽くすることもできるし、そうしないでもっと努力することもできる。明日のことを心配してもしなくても構わないし、ひどい不運を想像するのも輝かしい明日を想像するのも自由だ。動いている限り、そんなことは問題にならない。何かしている限りは大丈夫だ。「どうして?」と自問するのもいいけれど、それは行動じゃない。走ること、動き続けることで得られるものは他の何にも代えがたい。

とにかくやるんだ。

僕は上半身裸で、濡れたシャツをツルツルの頭に巻いて、六二マイル［九九キロ］地点にあるフォレストヒルのエイドステーションに入ってきた。雄叫びを上げて、まだトップにいることを祝い、ここまで来られたことを感謝し、自分がまだ生きていて、自分の選んだ旅を続けていることを確認した。選手はここで初めてペーサーと合流することができる。僕は自分のペーサーを探した。

「水は飲んでるか？　小便はしてるか？」

僕はイアンに、水は飲んでいるし小便もたくさん出てる、元気だ、と伝えた。それは嘘ではなかったけれど、インターステートの高速道路を車で一時間走った分の距離を自分の足で走破してきた人間にとって、「元気」とはあくまで相対的なものだった。予想どおりの痛みや疲労を除けば調子は良かった。本当に気分が良かった。バナナとポテトと豆とライスブリトーを食べ、ときおりエナジージェルとクリフバーを口にして、思ったとおりの走りができていた。

イアンは、二〇オンス［五七〇ミリリットル］のボトル二本を僕に手渡し、自分用にさらに二本手に持った。

「次のチェックポイントまでにこの二本を空にするんだ」と彼が言った。

だけど次のチェックポイントなんて、たった三マイル［四・八キロ］しか離れていない。もし僕が脱水状態だったら話は分かる。もし小便をしていなければ、できるだけ早く水を飲み干すべきだ。僕は言い返そうとして思い直した。ペーサーをつけるそもそもの意味は、ランナーの頭を空にすることだ。イアンはただのペーサーじゃない。一九九九年に彼は一六回のウルトラレースに出て、そのうち一二回に勝っている。このウェスタンステーツも前年に走っていて、難コースだということを分かっている。僕らはメイン・ストリートの小さな町を離れ、カリフォルニアに向かってすぐに左に折れた。やさしい下り気味の道を走る。そして急なトレイルを下る。ここからおよそ一六マイル［二六キロ］はほぼ下りだ。僕は水を飲むべきだと分かっていながら、そうしなかった。もしこれが急な上りの前だったら、水分補給するのは当然だ。余分に水を飲んでおく方がいい。でも今？

パウダーのように細かな赤土のトレイルを二五〇メートルほど下ると、空気が暖かくなってきた。太古の岩と強い土の匂いがする。

二〇分も走ると気分が良くなるけれど、さらに二〇分走ると疲れてくる。そこから三時間走ると足が痛くなってくるけれど、それでも走り続けると、それまでの生活が色あせて見えるような鮮やかな世界が目の前に広がり、匂いと味を感じる。それが今まさに起こっていることだった。

「足の調子はどうだ？　脚は？　水を飲んでるか？」

後ろを走るイアンが、ペーサーの務めとして僕の体調を心配していた。

僕はちょっと考え込んだ。足の具合は？　そう言われると痛い。マメがいくつかできている。脚はどうか？　そう言われてみると、見えないナイフで刺されているような痛みがある。

「大丈夫」と僕は答えた。「僕は大丈夫だ」

「水は？」

飲んでいなかったけど、そこでグッと飲んだ。ボトルを飲み干して、また走り続けた。

僕らは走り続けた。イアンはあまり口をきかなかった。くねくねした下りが終わると、ついに登りが始まった。順調で、気分もよかった。僕は左腕をチェックした。大会記録の通過タイムからは相当遅れていたけれど、それでも先頭を走っていた。ミネソタ北部のスノーモビルのトレイルやカスケードの丘陵地帯の苔に覆われたトレイルで夢見たことが、今本当に起こっていた。

「どうだい？」

順調だと思った。いい調子だ。

すると、まだ手つかずの二本目の水のボトルの重さを感じた。それはクッキーの壺から取り出したとりわけ重たいクッキーのようだった。イアンが僕をチェックした。

「次のポイントに着くまでに、水を全部片づけるんだ」

僕は水を一気飲みすると、丘を登り切ってカーブをぐるっと回った。すると丘の横には、三メートル四方に満たない木の台が置かれていた。日よけの下に三人のボランティアがいて、僕らを見つめていた。

「いったい何者だい？」そのうちの一人が尋ねると、僕が返事をする前にイアンが答えた。

「このレースに勝つ男さ」

僕らは空のボトルに水を入れ、イアンが二センチほどの長さの塩の結晶の入った透明な電解質のカプセルをよこした。僕はそれを飲み込んだ。その場を離れようとしたちょうどそのとき、それがお腹に到達した。まずいことに、胃が変なことになった。

僕らはエイドを離れてカーブの辺りまでパウダーのような赤土のトレイルを一〇〇メートルばかり走りだした。そこで僕は急に吐きだした。

まず液体を嘔吐し、それから電解質のカプセルがそのままの形で出てきた。それからもっと液体を吐き、鼻からも出てきた。そしてバナナの固まりと緑の酸っぱい胆汁を吐き出した。もうこれでおしまいかと思うと、また吐き気の波が襲ってきた。

僕の体は二つの戦場で格闘していた。内側では筋肉の動きによって発生する熱に対して、外側では日差しで温められた渓谷の熱気に対してだ。体温が四℃以上上昇すると、体のシステムが正常に機能しなくなってくる。幸いなことに、先週の暑いさ中でのトレーニングのおかげで、体内の冷却システムが順応していた。体の表面の血流の増加により、皮膚から余分な熱が発散してくれるのだ。早くから汗をかき続けたせいで、暑熱順化していないランナーより汗の中の塩分と電解質が少なかった。

けれど発汗には負の作用もあって、それが脱水だ。これはペースにもよる。僕は一時間ごとに一リットルの水分と小さじ一杯分の塩分を失う。僕の視床下部は抗利尿ホルモンを出して、尿を濃くすることで水分の喪失を和らげるよう、腎臓に指示を出す。僕の体が必死になって調整を図ろうとしても、水分が充分でなければ脱水により血液が濃くなり、すでに負担のかかっている心臓にさらなる負荷をかける。イアンが心配していたのはこれだった。だから僕にもっと水分を摂らせようとしていたのだ。

彼はまた、もう一つのリスクを懸念していた。低ナトリウム血症だ。水分の摂り過ぎでしかも腎臓がうまくそれを補わないと、血液の塩分が急低下する。低ナトリウム血症のランナーは、体中の細胞が水分を含んで膨張し、実際にレース中に体重が増加する。一時的に膨張する四肢は深刻な問題ではないけれど、膨張した脳細胞は頭蓋骨を圧迫し、方向感覚を失わせたり混濁を起こしたりする。ひどければ死に至るケースもある。だからイアンは塩を食べさせようとした。

長時間、激しい運動をするなら水と塩分を充分に摂取しなさい、というのは簡単に聞こえるかもしれない。でもそれを胃に分からせるのは簡単じゃない。レースはいわゆる「闘争・逃走反応」状態なので、僕の交感神経系はフル稼働し、血液を消化系器官から筋肉や肺、心臓や脳に優先的に回す。足が地面を蹴ることで、腹部に対する圧力は通常の二倍にも三倍にもなる。そんな状態の中で、何かを胃に入れるのは難しい。選手の中には、胃もたれを避けるためにレース前にプリロセック（胸焼け防止薬）を飲む人もいるけれど、植物ベースの非加工食品を食べている僕にその選択肢はない。

トレイル脇の草に向かって吐いた。

イアンが僕の背中を叩いて、大丈夫、良くなるよ、すぐに気分が回復する、と言ってくれても、彼が嘘をついているか夢を見ているとしか思えなかった。どちらにせよ、ありがたくない。

今までレースで嘔吐したことは一度もなかった。丈夫な胃腸を持っているせいか、それとも食べ物に気を使い体をしっかり管理しているせいかは分からない。でも人生で最高のステージにいるはずの今、僕は体を折り曲げ、頭を右に向けて山側の草地に嘔吐していた。反対の崖側に向けて吐いたら他の選手を驚かせるかもしれないし、最悪の場合自分も土手から転がり落ちてしまうかもしれない。

ヴィーガン食が悪かったんだろうか？　僕はレースが始まってから食べてきたものを思い返し

MINNESOTA WINTER CHILI

ミネソタ風ウィンターチリ

レシピ→309ページ

このチリを初めて口にしたとき、僕はアスリートとして喜んでベジタリアンになれると確信した。ベジタリアン料理は肉料理と同様とても美味しくて、質感も抜群だとこのチリを一口食べれば分かる。ブルグア小麦は複合炭水化物であり、他の素材と組み合わせると完璧なたんぱく質になる。寒い冬の夜の運動のあとに、これほど美味しいものはない。

CHOCOLATE ADZUKI BARS

チョコレート・あずきバー

レシピ→311ページ

もしランニングの合間にしっとりとした濃い味のデザートが食べたいのなら、これはお勧め。大半が消化される豆とバナナと米粉にバニラが材料で、ほのかに甘いこのバーは、材料から想像する以上に美味しい。しかも炭水化物とたんぱく質を摂取するのに理想的だ。

初めてこのパンケーキを焼いたのは、北部ミネソタで冬に20マイル走を終えたあとで、その経験は僕に二つのことを教えてくれた。まず卵と牛乳なしでもクリーミーで甘い生地を作ることができるということ、そして世の中には僕が聞いたこともない数多くの穀類が存在するということだ。全粒粉は健康食品店で手に入るけれど、バイタミックスのような高馬力のブレンダーを持っていれば、僕のように新鮮な全粒粉を自分で作ることができる。何の全粒粉でも良いので、2カップ分になるよう粉を混ぜ合わせる。

　挽いたチアシードとフラックスシード（亜麻の種）が卵の代わりにつなぎの役目をしてくれる。このパンケーキは美味しいばかりでなく、炭水化物とたんぱく質が豊富に含まれていて、朝の長距離ランの前やランニング中の完璧な食料になる。僕はちょくちょくトレイルランに残ったケーキを持って行く。

8-GRAIN STRAWBERRY PANCAKES

八穀のストロベリー・パンケーキ

レシピ→310ページ

WESTERN STATES TRAIL "CHEESE" SPREAD

ウェスタンステーツ"チーズ"スプレッド

レシピ→311ページ

毎年夏にウエスタンステーツ100を走るためにオーバーンに行くときにはブレンダーを家に置いていくので、出かける前にこのサイドディッシュを作る。エゼキエル4：9ブレッド（有機の麦芽全粒粉で作ったイーストを使わないパン）に盛ったスプレッドは、炭水化物とたんぱく質の最高の供給源になる。タヒニ（練りごま）はチーズのような歯ごたえがあり、体に必要な脂肪酸を供給してくれる。

た。分厚い押しオート麦をバナナと一緒に一杯、クルミ、豆乳ヨーグルト、甘味料としてエナジージェル、プラムとアプリコットとキウイ。二時間で消化できるように、朝三時に起きてそれらを食べた。アーモンドバターを塗った発芽麦のパン二切れ。四二マイル〔六七キロ〕地点では、豆のブリトー（と米）を食べた。一緒にバナナと塩を振った茹でポテトも食べた。クリフショットのエナジージェルと電解質のドリンク、それにときおりクリフバーも。一時間当たり、およそ三〇〇キロカロリーを消費している。

周りのウルトラランナーは、ピザやクッキー、ベーグルやキャンディといったものを食べていた。一九九九年当時は、ウルトラの世界の大多数意見では、炭水化物と糖分を充分に摂取してさえいれば、何を食べても構わないと言われていた。僕はヴィーガン食の方が優れていていると確信していた。きっと僕の方が有利だと思っていた。

でもそれは間違いで、ツィトマイヤーや他の選手たちが正しかったのだろうか？　エゴや傷ついたプライドなんて捨てるべきなのだろうか？　それとも単に、急に水分を摂り過ぎたせいだろうか？

自分の間違いばかりを気にしていたわけではない。もしこのまま嘔吐が止まらなかった場合のことも心配だった。怖い話を聞いていた。脱水状態になって嘔吐すると、もっと脱水状態になってさらに吐き気を催し、何も喉を通らなくなって深刻なことになる。オールなしでボートに乗って小川を流されるようなものだ。そうなるとエイドステーションで医者から点滴を打たれ、点滴を打たれたらその場でアウトだ。失格となる。

「大丈夫だ、すぐ良くなる」とイアンが励ました。

のちにレース慣れするにつれ、僕は戦略や戦術に対する知識を蓄えて、それにますます頼るようになっていった。エネルギーの微妙な満ち引きを読むのがうまくなると、体が欲する局面を正確に読んで食べたり飲んだりできるようになった。どこで体を休め、どこで追い込むべきかも見えてきた。でも最初のウェスタンステーツは不安だらけで、頼るべき戦略も知識もなかった。まだ弱冠二五歳の、山の王になりたいという野望に燃える若者だった。何とかしたくて僕は動きだした。簡単な話だ。誰でも体の中に何かがある。肉体はもう参っていても、そんなことは問題ではなかった。心に宿る力を悟ったのはそのときだった。その瞬間に、自分が何を求めていたのかが分かった。

僕が立ち上がると、イアンは手をどけた。僕は彼を見つめた。

「行けるよ」と言うと、僕らはまた前進し始めた。

残り三二マイル〔五一キロ〕、フルマラソンより六マイル〔一〇キロ〕長い。イアンに何度か発破をかけられた。スピードが落ちると、「ティムはすぐ後ろだぞ」と彼が叫んだ。「そんなんじゃ彼に笑われるぞ」。僕が登りで走れずに歩き出すと、「ティムはこれっぽっちの登りを歩くことはないさ。今も走ってるはずだ」と挑発した。

僕らがアメリカン・リバーを渡ったとき、ツィトマイヤーは二〇分後ろにつけていた。僕らが三マイル〔四・八キロ〕上ってグリーン・ゲートのエイドステーションに到着すると、「ツィトマイヤーが迫ってるぞ。ミネソタ野郎はもうすぐ潰れる。ツィトマイヤーが本物のチャンピオンだ」という歓声が聞こえてきた。僕らは二人とも何も言わなかったけれど、ペースを上げた。お互いに顔を見合わせると、イアンが言った。「奴らにざまあ見ろと言ういいチャンスだ」

これ以上のモチベーションは要らなかった。最後の一〇マイル［一六キロ］、僕らはマイル八分三〇秒［キロ五分二〇秒］のペースで走った。観衆――本当の山岳レースが何たるかを知っているカリフォルニアの連中――は何も言わず、ただ僕らを見守っていた。イアンは疑いの目を向けていた連中を「馬鹿野郎！」と罵った。僕も腹が立っていた。

武士道の教えでは、たとえ敵を切るときでも平静さを保っていなくてはならないはずだ。でも僕は怒りを無の境地にしようとはせず、むしろそれを利用した。きっとこれは武士道じゃないんだろうけれど、気分は良かった。心の平穏は次のレースで求めることにしよう。午後一〇時三四分にゴールした。大会記録ではなかったけれど、二位に入ったツィトマイヤーより二七分速かった。僕は最初から最後までレースを引っ張った。そしてゴールに近づくと、ダスティに敬意を示し、地面に転がってゴールテープを切った（ダスティは優勝するとき、いつも地面を転がりながらゴールした）。そしてこう叫んだ。「ミネソタ！」

僕は勝つことばかり考えていて、その他のことをうっかりおろそかにしていた――例えばレース後どこに泊まるかといったことだ。ホテルに泊まるお金はなかったし、どうせ気づいたときにはもう予約で満杯だった。僕はゴールのすぐ脇に寝袋を敷くことにした。

経済的な理由もあったけれど、そこに留まったのには――その晩から翌朝まで、そして他のレースでも——もっと深い理由もあった。ゴールのそばでキャンプすれば、友人を応援できるし新しい知り合いを作る機会にもなった。さらに大事なことは、このレースを完走した選手一人ひとりが乗り越えてきたものに敬意を払うことができた。僕は妻の実家の地下室に住み、寝たくても具合が悪くてもトレーニングをして、何度も引っ越しをしては借金を作ってきた。他のランナーたちもさまざまなことを耐えてきたに違いない。達成できるかどうか分からない何かに挑戦する力は誰もが持っている。それは一マイル走ることかもしれないし、一〇キロ走ることかもしれないし、一〇〇マイルかもしれない。転職かもしれないし、二キロ痩せることかもしれないし、誰かに愛してるって告白することかもしれない。ウェスタンステーツに挑んだランナーで、完走できると確信していた者なんていないし、ましてや優勝すると思っていた者なんて（僕を含めて）誰もいない。多くの人たちは、人生の中で偉大な何かを成し遂げたことはない。挑戦したことさえない。ここにいるみんなはそれを同時にやり遂げたんだ。ゴールに立って選手を迎えることで、きっと苦痛や不安や渇望や絶望を乗り越えてきた彼らを讃えることができた。そこに居合わせることによって、彼らが呼び起こさなければならなかった力を認め、困難な目標を定めて達成したことを祝福することができた。そのときには分からなかったけれど、こうやって僕に目的や平穏の手段を与えてくれたこのスポーツに、何か恩返しをする機会を与えてもらった。どうしてという疑問に、つかの間のはかないものであったとしても、何かしらの答えをくれたのだから。

僕は寝袋にくるまって、選手が帰ってくる度に声援を送った。午前一時には眠りについて、何人かの選手は見逃してしまったかもしれないけれど、できるだけ見逃さないようにした（僕は二二時間起きていた）。翌朝、オーバーンにあるラティテュードという店まで車で連れて行ってもらって、マッシュルームとヒマワリの種のタコスを食べ、また戻ってきた。けっきょく、制限時間の一一時までそこに留まった。多くのトップランナーもしばらくその辺りにうろうろしていた。その頃だってもちろん選手同士には序列があった。でもそれが意味をなすのはコース上でだけだ。ウルトラランナーはウルトラランナーとして、みんな対等だった。僕らはみんな同じように苦労して同じ喜びを分かち合えた。僕はゴールにいることで、いろいろな苦労を思い出し、何度も何度も、喜びを味わっていた。

EAT & RUNコラム❽

カロリー計算

植物ベースの食事を取っている僕にとって一番難しいのは、充分なたんぱく質を摂ることよりも、普段のランニングで燃焼するのに必要なカロリーを摂取することだ。僕は食事で、高カロリーの食品――ナッツ、ナッツバター、木の実、アボカド、でんぷん質の根菜、ココナッツミルク、オリーブ油やココナッツオイル、アマニ油、ごま油といったオイル類――を意識して摂るように心がけている。数多くの食品を排除するのだから、それを補う新しいものを加えなければならない。もし植物ベースの食事を始めてまもないのであれば、それが僕の最大のアドバイスだ。排除する動物性食品からのカロリーを置き換えるために、どんな高品質な食品を加えれば良いのか、よく考えてみよう。そしてそれを充分に摂取するといい。

Chapter 12

バグボーイとの戦い

ウェスタンステーツ100
2000年、2001年

もし俺の靴を履いて一マイル歩ける奴がいたら、
そいつも狂っている
――トゥパック・シャクール〔2パック名義で活躍したアメリカのヒップホップMC〕

優勝は嬉しい。あいつなんか勝てるわけがないと僕を見下してきた奴らに圧勝するのは最高に嬉しい。よっぽど人間ができているか、頭が麻痺していない限り誰だってそう思うはずだ。僕は目標を設定してそれを成し遂げた。もう限界だと思えるところまで自分を追い込んで、さらにその限界を押し上げてみせた。しかもヴィーガンとして。チャンピオンとして栄冠を得るのは心の底から嬉しかったけれど、それでもう充分というわけではなかった。

僕は極度の疲労と破壊のあいだに横たわる空間をもっと極めたかった。自分の体と意志をもっと知りたかった。そして、ダスティとけもの道を走りながら感じる喜びと心の平穏、それに北部のスノーモビル・トレイルを包む雪を見て感じる雄大な静寂を求めていた。トレイルレースで強豪に打ち勝つことはスリリングだし、その目標に向かって自分の人生を賭けてきた。優勝することで自尊心が高まった。でも僕は何かに没頭して、もっと大きなものとつながりたかった。仏教についていろいろと読み漁ったことで、具体的な目標を追いかけるのもいいけれど、それが最終的な目標ではないということも分かっていた。大学の修道女たちに、やみくもな野心は疑わしい行動を誘発するのだと教わってきたので、「たとい人が全世界をもうけても、自分の命を損したら、なんの得になろうか」〔「マタイによる福音書」一六章二六節、口語新約聖書より〕というイエス・キリストの問いかけにどう答えるべきかも分かっていた。本当に生きるということは、寛大で礼儀正しい心を持ち、世界に関心を向け、自分の人生の中に人工的に作られた壁から自由になることだ。今ならそれが分かる。あの頃は、漠然とそう感じていただけだった。

僕は当時二五歳で、世界で最も古くて名誉あるウルトラトレイル・マラソンで優勝したばかりだった！　自分の限界を知り、それを超えるためにこのまま前に進み続けよう。でも今は、チャンピオンである喜びを満喫したかった。

けっきょくそれはほんの束の間のことで、シアトル・ランニングカンパニーで仕事を始めたとたんに終わってしまった。この店は地元の（そしてのちに北西部全体の、さらにアメリカの）ウルトラランニングの発信地だった。まるでパンクロッカーやスケートボーダー、あるいは警官たちがたむろする街角のバーのような場所だ。ただし、この店にたむろしていたのは、ランニングシューズを履いて電解質摂取について話が盛り上がるウルトラランナーたちだった。

僕がウェスタンステーツに優勝したあと、ジェフ・ディーンという常連客が店にやって来て、「おめでとう。これで君も正式に一発屋だな」と声をかけてきた。

ジェフは身長一七三センチほど、ビール腹のずんぐりした体形だった。分厚い眼鏡をかけ、少し舌たらずな喋り方で、年齢はおそらく四〇代後半か五〇代前半だけれど、誰にも定かではなかった。いつも摺り足で歩き、走るときも摺り足だった。まるでせむし男のような奇妙な格好だ。彼はいつも地面に落ちている小銭を探しながらダウンタウンまでの一一キロを（摺り足で）走り、「今日は二五セントの日だ」とか「今日は一ドル三〇セントの日だ」と言っていた。

ジェフはその前年に二時間三八分でマラソンを走り、このスポーツの歴史や伝説について信じられないほど博識だったため、ランナーのコミュニティのあいだでは変わり者の賢者と見なされていた。またウルトラマラソンの非公式歴史家でもあった。以前、彼からジェームズ・シャピロが書いた『ウルトラマラソン』〔新島義昭・訳／森林書房〕と『ブレークダウン・レーンからの省察（*Meditations from the Breakdown Lane*）』という二冊の本をもらったことがある。これらは、ウルトラマラソンの肉体的、知識的な面だけではなく、精神的な面についても語っている名著だった。シャピロが言うには、「二万マイルをよこしまな気持ちで走ったとしても、どこにも辿り着かない。無我夢中で世界と向き合いながら一マイル走れば、あとの九九九九マイルなんてどうでもいい」。

ジェフが「一発屋」と言ったのは、決して褒め言葉ではなかったと思う。

僕はウェスタンステーツでまた優勝して、一発屋じゃないことを証明したかった。それは自分のためだけではなかった。僕を奮い立たせてくれた海軍潜水隊のマイク・モートンのためでもある。一九九八年に彼は怪我のために、けっきょく前年の優勝を守ることができなかった。でも彼はカリフォルニアのランナーたちからタイトルを奪い、大会新記録も叩き出しているのだ。

僕も今回たまたま優勝したのではないことを証明したかったし、モートンへの賛辞の気持ちも示したかった。それに、モートンの記録を破りたかった。

次の勝利に向けて再び準備するなかで、もっと意識を高め完成された人間になろうと考えた。周囲の世界や自己の存在、さらには自分には見えない世界にさえも、もっと意識を配りたいと思った。子供の頃から狩りや魚釣りに馴染み、野菜嫌いだった人間からこんな言葉が出てくるのは変かもしれないけれど、本当のことだ。

まずトレーニングを見直した。もともとスピード練習は苦手だったけれど、トレーニングメニューにインターバルを加えた。週に一回、ワシントン大学にあるハスキースタジアムの最新ラバートラックに向かった。まず五キロのレースペースで一マイル（四周）走った。そして三分間軽めにジョギングしてまた思いっきり一マイル走り、またジョギングで休む。この調子でトラックを合計五マイル［八キロ］走った。

早朝に予備役の訓練やチアガールの練習を見ながら走ることもあれば、アメフトのチームが練習している横でトラックを走ることもあった。夕方になると他の陸上選手も走っていた。七万人も入る競技場は現実離れした大きさだ。僕は必死に走ったけれど、その競技場の中では脚が遅い方だった。大学の陸上部のスターもいれば、地元のトップマラソン選手もいた。

ここで行ったインターバル・トレーニングのおかげで、必要なときにライバルを引き離せるという自信がついただけでなく、大切なことに集中することを学んだ。一九歳のスピード狂やマラソンのトップ選手たちが僕を追い抜いていっても、追いかける気持ちをこらえることを覚えた。他のランナーには負けたくなかったけれど、そうするには他の人と比べるのではなく、まず自分の成長を自分の物差しで計る必要があった。

トラックで走り始めた頃は、マイル五分二五～三〇秒のペース［キロ三分二三～二六秒］だった。しかし二か月後、五分一〇秒［三分一四秒］ペースに縮んだ。最後の一マイルが一番きつかったので、必ずそれを一番速く走るように心がけた。

登りのトレーニングにも打ち込んだ。マウント・サイやトゥエルブ・ピークスで鍛え上げたことで力がついたものの、ツィトマイヤーやタフ・トミー・ニールソンたちも山の近くに住んでいた。彼らもきっと、来年のウェスタンステーツに向けて猛練習をするに違いない。

そこで、ランス・アームストロングや他の自転車選手たちが極めたテクニックを習得することに集中した。上りのコツは力任せに無理やり登るのではなく、ターンオーバー、つまり回転数だった。サイクリングでいうと、賢い（そして速い）選手は登りになると軽いギアに変えることでこれまでのペダルの回転数を維持した。マウンテンバイクの世界では「グラニーギア（おばあちゃんのギア）」と言われ、優勝するための鍵だった。僕は自分が走るときの「グラニーギア」を探した。上りでは歩幅を短くすることによって、一分間一八〇歩という理想的な足の回転数を維持することができた。下りでは、歩幅を長くしつつ軽いステップを保つことで、同じ一分間一八〇歩の回転ペースを維持した。

僕は文明を離れて自然の中に逃げ込めるトレイルが大好きだったけれど、シアトルに引っ越してきたイアンと一緒にロードをよく走るようになった。彼と一緒に週に二回ほど二〇～三〇マイル［三二～四八キロ］をマイル六分二〇～四五秒ペース［キロ三分五八秒～四分一三秒］で走った。きっちり数字を追うこの感じが安心できた。イアンは僕の心拍がいつも彼のより五拍ほど少ないのを気にしていたけれど、お互いに励まし合ってあの長い距離をこなした。目標ペースを目指してお互いに刺激し合いながら自由に走るのは爽快だった。それで家に戻ってくれば、朝の一仕事が終わった達成感に浸ることができた。ラン後のご褒美に、僕は挽き立ての全粒粉で作った八穀ブルーベリーパンケーキや、山盛りの豆腐と野菜炒めに発芽パンなどを作って二人で食べた。完璧なリカバリー食だ。頑張って走り、美味しく栄養満点の食事を取る。シンプルで心地良い生活だった。

頭で考えながら質の高い走りをすれば、ランの距離を延ばす必要もなかった。他のランナーたちは毎週一二〇～一四〇マイル［一九二～二二四キロ］走っていたけれど、僕は九〇～一一〇マイル［一四四～一七六キロ］しか走っていなかった。

今まで僕は、登り坂は克服するべき障害物で、延々と続くトレイルは苦悩に耐える旅だと考えてレースコースに戦いを挑んでいた。シアトルに引っ越してからは、もっと心身一体となったアプローチを目指した。『全身ランニング（*Running with the Whole Body*）』という数少ないランニング技術の本を熟読することで、体の動きと姿勢や安定性、体幹力の関係について勉強した。疲れた脚を動かすには、強い上半身と腕を使うのが効果的だということに気づいて、ジムに通って上半身の運動も始めた。ピラティスを試してみたり、柔軟性と体への意識や集中力を高めるためにヨガをやったりもした。

いろいろな呼吸法も試してみた。『癒す心、治る力』を読んだことで、意識的な深呼吸には体を自己修復させる効果があることは分かっていた。そしてヨガを通して（ヨガが競技ではなく訓練だと理解するまで苦手だった）、体だけではなく、精神と心にも良いプラナヤマ呼吸法（生命力を拡張する呼吸）も覚えた。ジョン・ドゥイリアードが書いた『体と心とスポーツ（*Body, Mind, and Sport*）』では、口ではなく鼻から呼吸をした方が、心拍数を下げ脳が活発になると知った。ヨガの指導者は「鼻は呼吸するためにあって、口は食べるためにあるのだ」と言う。

実際に試すことにした。ワシントン湖の周りをゆっくりと長く走った。平らで湿っていて、風が横から吹いてくる。ペースやフォームを気にしないで、ただ鼻から呼吸することにひたすら集中した。子供の頃、自分で自分をリラックスさせるためにした練習と同じだった。ちょっときつめのコース、特に上りで同じ事をするのはてとも難しかった。でも徐々にトレーニングを積むことで、肺から呼吸をするのではなくお腹から呼吸できるようになった。

最後に食生活にも手を加えた。自己改善に取り組む中でこれが一番簡単で嬉しかった。

ヴィーガンとしての生活を始めて一年経ったけれど、新しい食材を試して、いろいろな料理を知るのにシアトルは最適な街だった。さまざまなフルーツや野菜を農産物直売所《ファーマーズ・マーケット》や地元の生協で探してスムージーを作った。マディソン・マーケット生協で一か月に一回行われるお客様感謝デーの一〇パーセント割引を狙ったり、穀物や豆や種も大量にまとめ買いすることで安く入手するようにしたものの、これまで以上に食材にお金を使っていた。しかも多額のクレジットカード負債がまだ残っていた。二〇〇〇年になるとコンピュータが誤作動で動かなくなるとみんな心配していたけれど、僕はそのY2K問題で負債が帳消しにされればと密かに願っていた。節約をして生活する方法はいくらでもある。僕は誰よりも分かっている。でも体に必要な燃料と薬、つまり食べ物は、節約するべきじゃない。今までにないエネルギーが湧き上がるこの健康な体を見れば、投資が大切なことは言うまでもなかった。

レースに出るときは、いつもの健康的な食べ物——バナナ、ポテト、エナジージェルなど——を取って、ライスブリトーやフムスのラップ(317ページのレシピ参照)もたまに追加した。エイドステーションによく置いてあるメロンやオレンジは、酸性だから胃に良くないということに気づいて食べないようにした。もちろん、各エイドステーションに置かれているM&M's、ジェリービーン、ポテトチップスやクッキーといったジャンクフードには見向きもしなかった。

質のいい食事を取れば取るほど、体の調子が良くなった。調子が良くなると、もっと食べることができた。ヴィーガンになったことで、脂肪が一層落ちた。この脂肪はクッキーやケーキ、ツインキーケーキやチーズピザからくるもので、一般の雑食主義者やベジタリアンでさえ多くがこうしたものを食べている。僕は今まで以上に食べて、楽しんで、同時に人生で一番痩せることができた。ヴィーガンになってから、全粒穀物、豆類、フルーツと野菜をもっと食べるようになった。頬骨が目立つようになり顔の輪郭もすっきりした。自分でも存在に気づいていなかったような筋肉も現れた。ヴィーガンでありながら、食べる量が増え、体重が落ち、筋肉量が増えた。レースとレースのあいだや、トレーニングのあいだの回復時間も短くなった。五〇マイルのレースに出ても、もう筋肉痛にならなかった。毎日、起きる度にエネルギーがみなぎっていた。フルーツを食べるとより甘く、野菜は歯ごたえがあってさらに味わい深く感じた。朝起きて短いランに出かけ、それから八～一〇時間働き、それから夕方には一〇～二〇マイルまた走っていた。集中力も日に日に高くなっている気がした。

僕はランニングを極めるために、さらに言うと、食べ方や生き方を極めるために、いろいろな本を読んで、できるだけ健康的で自然な生活を送ろうとした。オーガニックや自然であることが当たり前のシアトルに住んでいるのは有利だった。多数の専門家がいて、技術もあった。シアトル・ランニングカンパニー以外にシアトル・パフォーマンス・メディスンという運動系クリニックのエミリー・クーパー先生のもとでも仕事をしていた。アスリートが訪れては最大酸素摂取レベルやLT（乳酸分岐）値を分析したり、彼らの栄養バランスや食習慣について話したりした。

それは、僕自身が何より関心のある話題だった。

クーパー先生の研究所で、僕は最大酸素摂取レベルとLT値を測るためにマスクを着けてトレッドミルを走った。たまに、マスクを着けて携帯用の機械を持ち実際にトレイルやインターバルを走りながら測ったりもした。きつい上りでは、心拍が一六五や一七〇まで上がった。トラックでのインターバル練習では一八〇、つまり最大心拍数の九五パーセント、もうこれ以上体が動かせないほどきついレベルまで上がった。

クーパー先生から、レース前とレース中に食べた食材をすべて書き出すように言われた。そのデータをコンピュータに入力し、いろいろと計算をすると驚くべき結果が出てきた。

「すごいわ」。クーパー先生は、数字を何度も確認してから言った。「あなた、本当にこの数年間正しいことをしてきたのね」。僕がギリギリ限界の線に沿って走るために必要な物をちゃんと見極め、自分の体をチューニングしてきたことをクーパー先生はすぐ気づいてくれた。

的を絞ったトレーニングによって僕は効率のいいランナーになり、幅広い食生活を通じて食べ物が美味しく感じられ、体もさらに動くようになった。そのおかげで人生の捉え方も変わった。忘我の境地に至って新しい次元に飛ぶには、動物のように自由奔放に走ることが不可欠だけれど、動物の自由さを理解するには科学的な方法が必要だ。愛犬のトントは自分探しをする必要がない。でも僕には必要だった。

ダスティは、足が速いロードランナーたちのことを、「朝起きると歯が全部あるか心配でいちいち数えるような奴らだ」と言っていた。彼らは潔癖性で、常にペースやスプリットや足の回転数を心配し、体を動かす喜びを忘れている。けれど、僕はシアトルで最新技術を利用し、知識を身につけたことでその喜びに近づくことができたし、直感でしか分かっていなかったことを明快に理解できた。体や心にとってベストなもの、体と心が求めているものを感じ取ろうとしていたけれど、今までのように感覚に頼るだけではなく、実際に測定して確認することができた。

僕にとって一番重要な指標は、ウェスタンステーツ100での結果だった。僕は縁起をかつぐ人間ではないけれど、良い習慣を繰り返すことの力を信じていた。だから毎年レース一週間半前の六月末に、寝袋とレース装備を持って、良きトレーニングパートナーである愛犬トントと一緒に、色褪せた白いフォルクスワーゲンに乗り込んだ。

ブルガー小麦〔デュラム小麦を全粒のまま蒸したあと粗挽きにしたもの〕、豆の缶詰、手作りのアーモンドバター、豆腐のクリームチーズ、豆腐とキャロブ〔いなご豆。風味がチョコレートに似ている〕のプリン（317ページのレシピ参照）、そして「エゼキエル４：９」の発芽パンをキャンピングカーに詰め込んだ（「エゼキエル４：９」の名前の由来は旧約聖書エゼキエル書四章九節からで、六種類の穀物と豆類でできたパンのこと）。

トントを助手席に乗せてサクラメント空港へ南下し、警察にとっての問題児にして世界の女性たちの味方でもある奴を迎えに行った。ウェスタンステーツ初優勝を助けてくれたイアンは、友人でもあり最高のペーサーでもあった。でもダスティはダスティだ。彼がオレゴン州の土木現場で働いていようと、コロラド州でスキーワックスを塗っていようと、地元ダルースでピザを作っていようと、ウェスタンステーツの最後の三八マイルを一緒に走ってほしいのはダスティだと、一九九九年のウェスタンステーツで勝ったそのときから思っていた。

二〇〇四年には、ヴァーモント１００やレッドヴィル１００で彼はペーサーを務めてくれたし、その何年かのあいだにたくさんのレースでペーサーをしてくれた。交通費くらいは僕が面倒を見たけれど、それ以外の費用は彼が全部自分で払ってくれた。もちろんペーサーを務めるためのトレーニングもあるし、そうした時間は生活を犠牲にしなければ生まれない。彼はダルースに家を持っていて、人にはそう思われたくないらしいけど、彼にだっていろいろな責任があった。例えば家のローンとか上司とか彼女とか。

ダスティには、僕より持って生まれた才能があるとずっと思っていた。きっと彼もそう思っていたはずだ。僕の方が努力家で、勝ちへのこだわりが強かったのか、あるいはダスティが単にウルトラのトップランナーになることに興味がなかったのか、それは僕には分からない。これについて二人で話したのはずっとあとになってのことだ。ダスティなしで、ここまで頑張って結果を出し、楽しんでこられたどうか僕には分からない。ダスティがいてくれたおかげで、その答えを知ることはなかった。

他の選手たちは、スコーヴァレーにホテルの部屋を取っていた。ダスティと僕はというと、ゴールのオーバーンから八〇キロ離れた針葉樹林の山麓でキャンプをしていた。周りに小動物やトカゲ、鹿や熊がいる（それにたまにクーガーの足跡にも出くわした）景色の良いお気に入りの岩場にテントを張った。水はロビンソン・フラットのキャンプ場近くにあるお気に入りの井戸から汲んできた。他のランナーたちは比較的涼しい早朝にジョギングしていたけれど、僕らはキャンプサイトで午後までのんびり過ごして、カリフォルニアの太陽が燦々と照った頃にガラガラ蛇がいる「キャニオンズ」に向かって二人と一匹で走りに出かけた。

僕の食生活については多くの人にからかわれたけれど、特にうるさかったのがダスティだ。僕がケールの大盛りサラダにテンペのタコスとワカモレとサルサと温かいコーントルティーヤを準備して、フォルクスワーゲン・バスの後ろに設置されたガスストーブで温めていると、ダスティは「おい、またネズミのエサかよ？　こんなに食物繊維ばっか食べたらトイレットペーパーが足りなくなるぞ！」と言う。食後のコメントは「金玉を蹴られるよりは良かったぜ」だった。

でも本当のことを言うとダスティは隠れベジタリアンだった。彼は僕が知っている誰よりも健康的に食べているけれど、人に知られたくないのか、自分のことを「認可済みゴミ漁り屋」とよく呼んでいた。でも僕がミネソタ州の友人たちや家族と食事をするときは、また勝手が違った。休暇で実家に帰ってみんなで食事をするときは、何でハムを食べないのかと訊かれて気まずくならないように、もう食べたからとか、お腹がいっぱいだからと答えるようにしていた。

僕らは携帯電話やコンピュータを持ち歩かなかった。エックハルト・トールの『さとりをひらくと人生はシンプルで楽になる』〔飯田史彦・監修、あさりみちこ・訳、徳間書店〕やダン・ミルマンの『癒しの旅』〔上野圭一・訳、徳間書店〕、ロブ・シュルセースの『ボーン・ゲームズ（*Bone Games*）』なんかをよく読んでいた。ダスティは僕をからかいながら、ナンパできる女性を探し回った。ある年、二人の女性が僕らに話しかけてきて、話していると彼女たちはモルモン教徒だった。そのうちの一人がダスティに信仰について尋ねると、彼は「うん、もちろん。僕は全能のケツを信じているのさ」と答えた。

またあるレースツアーでは、サクラメント空港の近くで空気で膨らませる性玩具人形を買って、デイビッド・ホートンというベテランランナーに送りつけたことがある。彼は敬虔で勝負に真剣なランナーとして知られていて、パシフィック・クレスト・トレイルの記録を狙っていた。カリフォルニア州シエラシティに、トレーニング中の補給を送るためのデイビッドの私書箱があると知っていたので、そこに「淋しく過ごされていると聞いたので」というメッセージと一緒に人形を送った。

シアトルでは相変わらず自由に走っていたけれど、結果を測定するようになった。測ってその都度調整をする度に、ますます自分の直感を信じられるようになった。走るために生まれた《ボーン・トゥ・ラン》と思えるのは素晴らしいいし、そうあるべきだと信じている。でも僕らは二一世紀に暮らしていて、今までなかったような道具がある。晴れた日を楽しむために外に走りに行くのが当然のように、こうした道具を使うのも当然のことだ。シアトルに住んでいる数年間、僕は遠い原始時代の祖先たちのように思いのまま自由に走ったり食べたりしたけれど、そうした自然の衝動を客観的に測定することで、本能をより鋭く磨くことができた。本能と技術を組み合わせることによって、自分の限界をギリギリまで押しやりながら、体に怪我やダメージを残さないゾーンを探すことができた。この狭いゾーンを探し出して維持するのが成功の鍵だ。

二〇〇〇年の二回目のウェスタンステーツでは、ギリギリどこまで自分の体を追い込めて、どこまでいくと限界を超えるのかが分かっているつもりだった。どのくらい自分を追い込み、いつ燃料を摂って、どんなタイミングで永遠のペーサーであるダスティが言う「テクニックなんてクソ喰らえだ」という瞬間に突入するかも分かっていると思っていた。でもマラソンを走ったことがあるランナーならみんな知っていることだけれども、自分の限界を探っているときに、自分のベストな状態と自分が壊れてしまう状態を隔てる一線は、簡単に越えられてしまう。

二〇〇〇年もまた前回と同じ一六マイル〔二六キロ〕ほど続く下りで気持ち悪くなってしまった。今回は水の摂取量に注意し、ポテトを少しにバナナ半分、それにクリフショットを食べていた。それでもアメリカン・リバーの渓谷を半分ほど下った七〇マイル〔一一三キロ〕地点で、また吐いた。今回はあまりにも激しい嘔吐に膝をついてしまった（確かに嘔吐するのはどこか調子が悪いということだけれど、ウルトラマラソンではそんなのはよくあることだ。トップランナーである友人のデイヴ・テリーはよくこう言っていた。「すべての痛みが重要なわけじゃない」。彼はマイル七分ペースの下り坂を走りながらストライドを緩めずに吐く強者だった）。

ペーサーとして一緒に走るダスティが振り返った。でも大丈夫だからと優しく背中を叩いてくれはしなかった。

「そんなことは立ってやるんだ。おい、早く行こうぜ」と怒鳴った。少し復活してペースを上げて走れるようになったことを確かめると、ダスティはすぐ後ろにトップテンに入るような速い女性ランナーが二人追いついてきたと僕に伝えた。「ジャーカー、おまえ女に追い越《チック》されるぞ！女に追い越《チック》されていいのか？」（この言葉はダスティが高校時代に作ったものだ。今ではウルトラランニングの用語の一つになっている）。

今回のレースは、前回より二〇分ほど速く、一七時間一五分で優勝した。シアトルに戻ると、ジェフ・ディーンが僕のことを「崇拝の的」だと言った。カリフォルニアのランナーたちは縄張り意識が強く、優れたランナー揃いなことは彼も知っていた。だからジェフはいつもながらの変わったやり方で、北西部のランナー（ミネソタ州から来たとはいえ）が二度優勝したことを喜んでくれたのだろう。

僕はさらに求めた。もっと優勝して、もっと速くなって、もっと精神世界を広げたかった。もっと答えが欲しかったし、それはウルトラランニングを通して見つかると思った。耐久系スポーツと人間の意識の変容、それに叡智との関係を探るために、いろいろな本を熟読した。例えば、ジョン・アネリーノの『ランニング・ワイルド：人間の精神の偉大なる冒険（*Running Wild: An Extraordinary Adventure of the Human Spirit*）』やジョージ・シーハンの『シーハン博士のランニング人間学』〔新島義昭・訳、森林書房〕、ジョン・スティーヴンスの『比叡山の走る僧侶（*The Marathon Monks of Mount Hiei*）』などだ。天台宗には千日回峰行という修行があり、比叡山の僧侶たちは何年間も毎日山を歩き、何百とある遠い神社や山の頂上、石、森、湿地や滝を巡礼した。この僧侶たちにとって神聖なものはあらゆる場所に遍在した。

最も敬虔な僧侶たちは一〇〇〇日間連続で毎日四〇キロ走った。藁でできたサンダルを履いて、巡礼を続けられなくなったときに自ら命を絶つために、常に腰に剣を帯びていた。五年後、九日間の断食を行うと、線香から落ちる灰の音が聞こえるぐらいに意識が高まっている。巡礼の七年目にはこの僧侶たちは一年間、毎日八四キロ走る「大廻り」を始める。巡礼の道は比叡山の聖なる場所だけではなく、人々で賑わう京都の繁華街も含まれる。修行僧はそば屋やストリップバーがある道を通り、途中足を止め、忙しそうに生活する市井の人々の幸せを祈る。それぞれの本の著者は、勝利や持久力や速さなんかを超越した喜びについて語っていた。

僕がミネソタ出身の名もなき部外者からウェスタンステーツを二連覇したチャンピオン、そして駆け出しのウルトラランニング研究家に変身しようとしていた頃だった。店によく来るマッサージ師が、ヴィーガンもいいけれど、最高の健康を手に入れ、最大のパフォーマンスを発揮したいならローフーズ（調理されてない食べ物）が一番いいと教えてくれた。四〇代のギデオンは見た目は二五歳で、目がキラキラ輝いて活力に満ちていた。彼女は以前コミューンで生活をしていて、肉を食べるのをやめたときより、食べ物を調理するのをやめたときの方がもっと調子が良くなると会う度に言っていた。『ローパワー（*Raw Power*）』という彼女からもらった本は、なんだか難しそうだったけれど、サラダのレシピは僕の興味を惹いた。ヴィーガンとしてウェスタンステーツを二回獲った。ローフーズを食べればもっと勝てるだろうか？

とりあえず試してみた。クルミが入っているサラダを作り、アーモンドソースやヤングココナッツをたくさん食べた。肉の代わりに新鮮なワカモレとトマトとヒマワリの種をキャベツの葉で巻いて生タコスを作った。今でも朝食に飲むスムージーが完成を見たのはその頃だった。

ローフーズを食べ始めてから、調理したり、蒸したり、焼いたりしなくても食材を変身させられることを知った。まさかブラックケールを生のままで食べたいと思えるようになるとは想像もしていなかった。ブラックケールは黒くて、鱗のようにボコボコしていて、まるで恐竜の皮のようだ（別名恐竜ケールと呼ばれていた）。ロメインレタスやほうれん草を生で食べるだけでも相当頑張っていると思っていたし、この黒い葉っぱはさすがに無理だと思った。でも、塩と酢とレモンジュースを葉っぱによく揉み込んで、さらにアボカドとトマトを加えると、葉っぱが軟らかくなって驚くほど味が濃く美味しくなることを発見した。ローフーズを食べるようになって、今までの食事がどんなに味気ないものだったかを知った。

でもいろいろと課題があった。必要なカロリーをどうやって取るか計画を立てなければならなかったし、レストランで食事をするのが面倒だった。持ち寄りパーティも難しい。でも僕は食べ物がこんなに美味しいと気づいてしまったのだ。ローフーズを食べていると、食材の新鮮さに敏感になる。一口食べただけでニンジンがいつ収穫されたかも分かるようになる。

三回目のウェスタンステーツでは、ライバルたちが僕を追いかけてきた。レースで優勝すると、それも二回も優勝してしまうと、ターゲットにされてしまうのだ。

その中にチャッド・リクレフスという強力な選手がいた。ロードが速く、そのスピードをウルトラで活かして好成績を上げてきた。僕にずっとついて行って、最後にスピードを上げて追い越すんだと彼は話していた。自慢げに話す彼を悪く思うことはできなかった。僕だって若いときは自信満々だったんだ。

リクレフスは途中まで計画どおり、僕にぴったりとついて離れなかった。僕がペースアップすると彼もペースアップした。僕がペースを落とすと彼もペースを落とした。トレイルを横切る黒熊を見て僕が足を止めると、彼も止まった（でも僕が熊に向かって腕を振りながら叫んで追い払っているときは、さすがに動かないまま突っ立っていた。真似にも限度があるのだろう）。信じられないことに、僕が小便をするために止まったら、彼も止まって小便をした。小柄のリクレフスは巨大なサングラスをかけていた。三三マイル〔五三キロ〕地点のロビンソン・フラットのエイドステーションで合流したダスティに言わせれば、まるで虫のようだった。

「おい、虫男《バグボーイ》！」とダスティは叫んだ。「ついて来るんじゃねぇ。てめぇのレースを走れ！」「おい、バグボーイ、おまえを置いてきぼりにしてやるから覚悟しとけ！」

ダスティの意地悪なコメントに疲れたのか、ペースが速かったのか、熊に怖気づいたのか、もしくはただウェスタンステーツの過酷さにやられたからか、リクレフスはそれからすぐについてこなくなって、最終的には棄権した。

僕は三位で埃っぽいトレイルを上り詰め、まだ残雪のある尾根筋まで出た。ずっと下の方から、雪解け水が激しく流れる川の音が聞こえてきたけれど、見ることはできなかった。

思い描いていたとおりのレース展開だった。でもここからウエスタンステーツならではのボディブローが効いてきた。今回は文字どおり、体がやられた。ラストチャンスという鉱山基地を出発して、デッドウッド・キャニオンへ下りていく途中だった。石がゴロゴロと転がる砂っぽいトレイルで、ペースを上げるために歩幅を大きくして走っていたら、オークの葉に隠れた石と石のあいだに足を突っ込んでしまった。ザクッと聞こえて何かが破れる音がした。まるで紙か服を破るような音だった。それから痛みが来た。でも痛み以上にマズイ事態になったことが分かっていた。ただの捻挫ではなく、靭帯を断裂してしまったのだ。しかもここはまだ四四マイル［七〇キロ］地点、つまりまだ五六マイル［九一キロ］も残っていた。

二年前の僕だったら、歯を食いしばって我慢して走っただろう。でも今は、以前より少しは賢くなっていた。自分の体のことをもっと知っているし、ウルトラのこともよく分かっていた。何よりも、意思というのは単に強さの問題ではなく集中の問題なのだ。ウルトラレースを完走するには体の状態も大事だけれど、もっといい走りをするには精神状態こそが大事だと分かっていた。

まず最初のステップは、痛みをそのまま感じることだ。ウルトラマラソンだろうと、人間関係だろうと、仕事だろうと、予想外の喪失に伴う痛み、悔しさ、悲しさ、あらゆる感情を受け止める。そのまま坂を一マイル下ってから五五〇メートルの登りを上がり、四マイル［六・四キロ］離れたデビルズ・サムのエイドステーションに向かった。辛かったけれど走り続けた。

次のステップとして、状況を把握しようとした。命にかかわる怪我だろうか？　足に体重をかけられるか？　骨折している？　答えはノー、死にはしない（少なくともすぐには死なないだろう）。それからイエス、少しだけ体重をかけられる。そしてノー、骨は折れていない。このまま走り続けると一生残る怪我につながるかどうかは、医者や看護師に診てもらわないと判断しにくい場合もあるけれど、僕には多少の経験があった。確かにひどい怪我だけれど、危険な怪我ではないと分かっていた。

ステップ３。今の状況を改善するために何ができるだろうか？　止まって氷で冷やすのはいい選択肢とはいえなかった。時間がかかるということもあるけれど、何よりもくるぶしが腫れ上がれば「自然のギプス」になって足が安定するからだ。ものすごく痛いだろうけれど、僕は我慢できる。

最後のステップは、焦りや苦しいという感情を頭の中から取り除くこと。「何でこんなことになってしまったんだ？」「本当に痛い」「いったいどうやって走り続ければいいんだ？」そんな気持ちに惑わされないように、届かないところに閉じ込めてしまう。そのやり方は、今やらなければならないことに集中して、この状況の利点について考えることだ。今僕がやらなければいけないのは、速いピッチで足を動かし、着地を軽くすること。利点といえば、くるぶしの激痛のおかげで、ウェスタンステーツでみんなが苦しむ疲労や喉の乾きや筋肉の痛みが気にならなくなること。

このステップを頭の中で確認しながら静かに走り続けた。八マイル（一三キロ）先で、スコット・セイントジョンを追い越して二位に上がった。他の選手に怪我を悟られないように、足を一切引きずらないように走った。怪我をした動物はオオカミにやられてしまう。

五五マイル〔八八キロ〕地点のミシガン・ブラフのエイドステーションに辿り着いたときには、トップのティム・ジョンソンがちょうどエイドを出発したところだった。ジョンソンはこのレースで二回優勝していて、ロード一〇〇キロのアメリカ記録保持者でもあった。

スイッチを入れるしかなかった。「できる。できるぞ」と自分に言い聞かせた。苦しかったけれど、現状を確認し、深呼吸をして、とにかく走った。五八マイル〔九三キロ〕地点でジョンソンを追い越し、六二マイル（九九キロ）地点のフォレストヒルのエイドステーションで、僕の足が取れても無理やり走らせ、優勝に導いてくれるはずの奴と合流した。

ダスティには五五マイル地点で伝えてあったので、怪我のことを知っていた。でも走りながらそれについては一切触れなかった。いつものように僕を罵り、ゴール後のビールが楽しみじゃないかと煽った。ティム・ジョンソンはおまんこ野郎《プッシー》だとか、バグボーイを笑いものにしたジョークも言ったかもしれない。後ろに誰がいるか訊いたら、「女《チックス》だよ、ジャーカー。タフな女《チックス》がお前を追っかけているんだぜ！」と叫んだ。彼が僕を甘やかすことだけはなかった。

自身のベスト記録となった一六時間三八分でウェスタンステーツ三度目の優勝を成し遂げた。ティム・ツィトマイヤーより四〇分速く走り、ジョンソンは僕に追い越された直後に棄権したらしい。怪我をした足を吊った状態のまま、ゴールでツィトマイヤー、セイントジョン、タフ・トミーや他の完走者たちを応援した。

ウルトラランナーは長時間、過酷なトレーニングを続け、競争心も人一倍強い。そういう状況の中で生まれる友情は珍しいほど長続きするし、強いものになる。そうでなければ、誰も孤独に耐えられないだろう。こうした友人は僕を大きく成長させてくれた。特に二〇〇一年の晩夏に知り合った友人がそうだった。

リック・ミラーに初めて会ったのは、カリフォルニア州サンシティのバルディピークの麓の登山道入り口だった。彼はキャンピングカーからビールが詰まった巨大なクーラーを二つ運び出しているところだった。バルディピークス50キロのレースが終わった夜のことで、リックと奥さんのバーブは自宅のリッジクレストから運転してきていた。レースでは僕が三位でゴールし、バーブは女子総合六位だった。だからリックはみんなで乾杯をしたいと言ってくれた。

どういうランニングをしているのかと訊かれ、ウェスタンステーツやエンゼルズ・クレストを走っていると言ったら、リックは日頃から一〇〇マイルを走るなんてクレイジーだと笑った。僕は彼も走るのかを訊き、もし走っていなければ奥さんのレースでビールを運ぶ以外に何をしているのかを訊いた。彼はニコッと笑って、近所であった一三五マイルのレース――デスヴァレーを突っ切るコースだった――を完走したばかりだと答えた。それじゃあ他人のことをクレイジーとは言えないじゃないかと僕は言った（そう言ったことを僕は頭の隅で覚えていて、あとで後悔することになる）。

翌朝、パシフィック・クレスト・トレイルに向かって一〇キロの登山道を、カリフォルニアの太陽に照らされながらリックと一緒に走った。誰かとお喋りをするのはいつだって楽しいし、それが仲のいい友人ならなおさらだ。でも松の香りがする空気を吸いながら、岩場のトレイルを一時間一緒に走れば、そのお喋りは必ず新たな展開につながる。

リックや他の人から、長距離ランニングのパラドクスについていろいろ学んだ。長距離ランニングは孤独で、チャンピオンになるためにすべてを締め出さないといけない。ただひたすら次のステップを考え、そのまた次のステップを考えることに集中する。もちろんペーサーとの絆は深いけれど、トップランナーが戦略においてチームワークを考えることは皆無だ。

それでもだ。

それでも、最も勝負に厳しいウルトラランナーたちでさえ、自分を超えるためにいろいろなことを犠牲にするという同じ目標を共有することで、お互いが深い絆で結ばれる。誰もが自分のベストパフォーマンスを発揮できる「ゾーン」を目標にしているからだ。もう無理だと思っても、そのまま続けられる瞬間。僕らはその瞬間を知ってしまい、その滅多にない瞬間を手にするにはどんな苦しみに耐えなければならないかも知っている。ウルトラランナーは競技を長く続けるほど、このスポーツを愛し、他のウルトラランナーを愛し、そして人類全体を愛するようになる。誰もがこの辛い世界で自分が存在する意味を探している。ウルトラランナーはまさにそれを凝縮した時間を体験する。リックに出会った頃の僕もすでにそうだった。

リックは兵役のとき、海軍のために爆弾の除去作業をしていて、ベイルートやパナマで仲間を亡くしたことを話した。母さんの病気のことを話したら、彼の母親も癌で入院していることを話してくれた。父さんのことも話したけれど、彼の父親も荒くれ者で、大変な時期を乗り越えてきたと教えてくれた。

彼とは何でも話せた。ちょうどその頃、僕はノーム・チョムスキーの本を読んでいて、エイミー・グッドマンの「デモクラシー・ナウ！」というラジオ番組を聴いていた。リックとバーブは五二歳で僕は二六歳だった。僕らは政治的にとても違う人種だった。でもリックは、皆同じ人間だし、世の中は滅茶苦茶なことばかりなので、お互いに好きなことを大切にするべきだと言った。僕らは二時間走った。その一歩一歩が、どこに向かっているのか分かっていた。僕は歩むべき道を走っていた。

ウェスタンステーツの後半を腫れ上がったくるぶしで走ったことが知れ渡るようになった。それでジェフ・ディーンは、僕が「カルト的存在」から「伝説《レジェンド》」に昇格したと報告してくれた。もし四回目も優勝したら、「次はいったい何になるんだ？」とジェフ・ディーンが言った。

僕もそれをぜひ知りたかった。

EAT & RUNコラム❾

呼吸

ボクシングだろうが、数学だろうが、瞑想だろうが、何をするにも呼吸こそが最も大切だ（ボクシングを始めると、まずはゼーゼーと息が切れて疲れ果てないように呼吸の仕方を教わる）。ウルトラランナーとしてとても大事なことは、腹式呼吸をすることだ。それを覚えるにはまずは鼻から呼吸することを練習するといい。

仰向けになって寝て、お腹に本を置いてみよう。鼻から息を吸って吐く度、お腹を膨らませて凹ませる。それができるようになったら肺で呼吸をするのではなく隔膜から呼吸ができている証拠だ（その方がもっと深く効率良く呼吸ができる）。これができるようになったら、まずは簡単なコースをランニングしながら鼻から呼吸をしてみよう。坂道やテンポ走などもっときついランニングをするときは、鼻から吸って口から息を吐く（ヨガでいう「火の呼吸」だ）。

それを続けたら、簡単なラン中は鼻から呼吸ができるようになり、一〇〇マイルでも、きつくないセクションでは鼻から呼吸しながら走れるようになる。ウェスタンステーツ100のトレーニングでこの腹式呼吸を試したことで、僕は腹式呼吸ランナーになった。鼻から呼吸すると体に入ってくる空気が浄化され加湿される。さらに、ハードに走っていても呼吸をしながら大急ぎで食料を口から補給することができて便利だ。

Chapter 13

熊やガゼルのように

ウェスタンステーツ100
2002年、2003年

自由のために働くのではなく、
働くことそのものが自由なのだ。

――道元老師

四度目の挑戦がとても厳しいものになることは充分に分かっていた。気温は四四・五℃まで上がり、しかも風邪気味だった。かつて僕がティム・ツィトマイヤーの噂をしていたように、今はみんなが僕のことを話しているはずだ。世の中にはリクレフスのような男はいくらでもいる。僕だってそうだった。もしかして、シアトルの外れにひっそりと隠れ住み、夜明け前に起きだしてマウント・サイを何度も何度も往復し、トレーニングを積んできたランナーが突然現れるかもしれない。もしかすると、彼は僕より速くて強くて優れたアスリートかもしれない。

生まれ持った体が運命の決め手だと思っていたら、僕はもうとっくに諦めていた。脊柱側弯症で左足が外側に向いているし、小学校のときは高血圧と診断された。フルマラソンのタイムは二時間三八分と特別に速いわけでもない。背が高いのは恵まれているともいないとも言える。ストライドが大きいのはいいけれど、暑さに弱いしテクニカルなトレイルには不向きだ。だからこそ頭を使って走ることが、僕にとっては特に大事になる。

スプリント競技では完全なフォームを保てないと勝負にならないけれど、ウルトラだとフォームが悪かったり、怪我をしていたり、疲れ果てて体調が悪くても何とかなる。意を決した熊は、必ず毎回ガゼルに勝つのだ。「あいつが俺に勝ったなんて信じられない」というセリフを何度聞いたことだろう。長距離になればなるほど、素の自分が試される。

身体面で勝てないとすればどうすればいい？　僕は自分の精神を使うことにしていた。「武士道」だ。

「みんなを必死にさせたいんだ」。レース前にあるレポーターにそう言った。「苦しみを味あわせてやりたいんだ」

僕はウルトラランニングが大好きで、ウルトラランナーが大好きで、いつもはとても礼儀正しいヴィーガンだ。でも競技となると別だ。ときには友人に対してさえイヤな奴に変身してしまう。

ウェスタンステーツの一五マイル［二四キロ］地点で、走りながら嘔吐を繰り返すあのデイヴ・テリーが横についてきた。このレースに参加しだしてからの三年で、デイヴとは仲良くなっていた。彼の勤勉さや人に対する優しさを尊敬していた。彼はとても強いランナーで、トップ３の常連だけれど、優勝することは滅多になかった。きっともどかしかったはずだけれど、それを態度に表わすことはなかった。何より印象的なのは、誰かが落ち込んでいると、何も言わなくても彼はその気持ちに気づいてあげられることだった。最も助けを必要としている人に向かって、いつも温かい言葉をかけてあげるような人物だった。

「ヘイ、スコット」と言いながらデイヴが隣りに寄ってきた。本当にいい奴だ。僕はニコっと笑った。

「ヘイ、デイヴ！」まるで、台所で彼とビールを飲みながら土曜日に遊びに行く計画を立てているような調子で挨拶を交わした。

そして彼の返事を待たずにこう続けた。「こんなところでいったい何をしてるんだ？　今日はとことん苦しみたいらしいな」

そう言って僕は走り去った。

僕はもう平地野郎《フラットランダー》と馬鹿にされることはなかった。ペースが速過ぎるとも言われなくなり（少なくとも僕の前では）、ツィトマイヤーや他の選手に追いつかれると脅かされることもなくなった。トップに立っていないときでも、僕はいつだってトップを手繰り寄せていた。

僕への接し方が変わったのは、他の選手たちだけではなかった。僕の働く店に来ては、何を食べているのか、どうやってトレーニングをしているのか、どのシューズを履いているのかといろいろ質問をする人が増えた。いろいろなシューズやウェアのメーカー、それにエナジーバーを作っている企業が僕のスポンサーになってくれた。といってもそれでカバーできるのは旅費ぐらいで、宿泊費や食費までは賄えなかった。

これもみんな、長距離を速く走れるおかげだった。それができるのは、毎日の食事のおかげだと僕は信じている。二〇〇一年のウェスタンステーツで優勝してから、ローフーズだけを食べることをやめた――信じられないだろうけれど、噛むのに時間がかかり過ぎるからという理由で。それに、充分なカロリーを摂取できるのか不安もあったので、また調理した食べ物を取ることにした。とは言え、今でも相変わらず食材やその準備方法には気を使いながら、スムージーや昼には大盛りのサラダを食べている。ローフーズを食べ続けたことは、植物中心の食事方法において博士号を取るようなもので、とても大変だけれどもやってみる価値はある。

同じ頃、食べ物関係のスポンサーに切られたのをきっかけに自分のジェルを作り始めた。玄米シロップにブルーベリーやココアの粉を混ぜて大量に作り置きした。長く走るときは、カラマタオリーブやフムスを全粒小麦粉トルティーヤに包んで試してみた。

血圧や血中の中性脂肪は今までで一番低い数値が出るようになり、善玉コレステロールと言われるＨＤＬの数値も今までになく上昇した。トレイルやロードをどんなに走っても関節が炎症を起こすことはほとんどなく、たまに転倒して捻挫したり腕や膝を打ったりしても、今までになく治りが早くなった。

消化管を早く通り抜ける食物繊維を多く摂っているため、毒素の吸収が最小限に抑えられているおかげだろうか。またはビタミンやミネラル、リコピン、ルテインやベータカロチンを摂取しているからだろうか。植物性の食べ物に含まれ病気から体を守る働きをする新しい微量栄養素は、ほぼ毎日のように発見されている。あるいは、僕が食べていないものがポイントなのだろうか。例えば、濃縮発癌物質や過剰たんぱく質、精製された炭水化物、トランス脂肪酸など。工場畜産された動物はできるだけ早く食肉処理場に送り込むために成長ホルモンやステロイドを投与される。もし自分でステロイドを打ったり、農薬に浸かった遺伝子組み換えの大豆を食べたりしないのなら、それらを食べている動物の肉を口にしたいと思うわけがない。

もしかしてベジタリアンのライフスタイル自体が健康的なのかもしれない。野菜を中心に食べる上に、タバコを吸う人も少なく、運動をしている人が多い。ある研究によると、肉食の人に比べて、ベジタリアンはテレビを観る時間が少なく、喫煙率も少なく、睡眠時間が長い。

正しい答えは僕には分からないけれど、今の食事方法はうまくいっているようだった。だから、僕の考え方は間違っていると言う人に出くわしても——そんな人はたくさんいた——彼らの理論より、自分で実際に試してきた経験を重視した。最初のウェスタンステーツに出る直前に、ピーター・ダダモの『血液型健康ダイエット』（濱田陽子・訳、集英社）で、O型の人はベジタリアンには向いていないと読んだときも、それほど心配はしなかった。ダダモによれば、僕は先祖のルーツから考えて、豆のブリトーなんかよりも赤ちゃんアザラシの肉を好む「抜け目なく攻撃的な捕食者」だった。それでも僕はこの豆のブリトーを食べて最初のウェスタンステーツを完走したし、そのあとの二回だってそうだった（血液型と食事方法を組み合わせるのはナンセンスだと思っているのは僕だけではない。ハーバード公衆衛生大学院栄養学部のフレドリック・ステア博士も「この本は非常識で馬鹿げている。複雑な理論を作り上げて、それに科学的な根拠があるかのような嘘をたくさん織り込み、知識がない人をうまく説得しようとする。とても怖い本だ」と言っていた)。

　僕はスムージーを飲む習慣を続けた。ファーマーズマーケットで友達も作った。豆を水に浸して、パンを焼いて、麦も押した。いろいろなレースに出場して、新たなトレーニングルートも開拓した。今度のウェスタンステーツは今までになく大変だと分かっていたけれど、自信を持っていた。

　レース前に、ダスティとその古くからの友人であるミネソタ州ダルースのトップランナー、ロッド・レイモンドが、僕のウェスタンステーツ四連覇が達成できるかを賭けた。ダスティが負けたら、レイモンドの家の前庭の手入れを無料でやる約束だった(本来なら二〇〇〇ドルかかる仕事だ)。ダスティ(と僕)が勝ったら、ロッドから一九八四年製のスズキのバイク、テンプターをもらうことになっていた。

　レースはタフだったけれど問題なかった。最後の二〇マイル[三二キロ]は、ダスティが何度も何度も「ブルーン、ブルーン、走れよジャーカー、バイクをゲットするぜ」と繰り返すのを聞きながら走った。

　レースが終わってダスティがロッドに電話すると、留守電になっていた。ダスティは携帯電話に向かって、「お前、バイクを渡すんだぞ、クソ野郎!」と叫んでいた。

　二〇〇三年のウェスタンステーツで五回目の優勝を飾った。前年より二〇分速い一六時間一分で走ったことで、ウルトラランニング誌で「今年最高のパフォーマンス」と讃えてもらえた。そのレースでは、アメリカン・リバーに向かって干上がった小川沿いを下っているときにダスティが僕の後ろで何やら叫んだ。でも僕は気にかけなかった。七二マイル〔一一六キロ〕地点を通り過ぎたところで、楽々と滑走するように走れていた。「お前、気づかなかったのか？」とダスティがあとで言った。どうやら僕はガラガラ蛇を踏んづけて行ったらしい。

愛犬トントが死んだのがこのレースのときだった。レース前の一週間、トントは僕とダスティと毎日一緒に走っていた。レース中はコース上にあるシャノン・ワイルという友人の大牧場にトントを預けた。五五マイル〔八八キロ〕地点で大牧場を走り過ぎるときにトントを見た。でも優勝した翌朝、シャノンからトントが死んだと電話があった。表彰式が終わってから、ダスティ、スコット・マコウブレーとブランドン・シンブラウスキーという友人のランナーが、トントをウェスタンステーツのコースのすぐそばにあるミシガン・ブラフの町に埋葬するのを手伝ってくれた。

翌年の二〇〇四年にまた優勝し、大会記録の一五時間三六分（マイル九分二二秒〔キロ五分五一秒〕）を出して「年間最優秀ウルトラランナー」に選ばれた。何よりこれで、僕は六年前から目指していた大会記録という目標を達成した。その年、ブルックス・スポーツ社と契約して、「カスケディア」という新しいトレイルシューズのデザインチームと一緒に開発の手伝いをしながら、いろいろな店舗を回ってプレゼンもこなすようになった。二〇〇五年にはウェスタンステーツ七連覇を達成し、これは前人未到の偉業として今も残っている。その年には、癌に苦しむ子供たちのためにロックス・オブ・ラブというチャリティ団体に髪の毛を三六センチも切って提供した〔髪を失った子どもたちのためのカツラを作る〕。どうということのない行為かもしれないけれど、今までこんなにさっぱりした散髪はなかった。

どのレースも、僕にとっての宝物だ。でもレース前の数週間も同じように貴重な時間だった。地元紙に追いかけられるダスティは、いつも新聞記者にうまいコメントを返していた。二〇〇三年にオーバーンジャーナル紙が、誤って「ウェスタンステーツ五連覇のスコット・ジュレク」という見出しの記事にダスティの写真を載せてしまったときも、ダスティと僕は大笑いをして、表彰式で最初にダスティに表彰台に上がってもらった。ウェスタンステーツの実行委員会はいい顔をしなかったけれど、僕らのお気に入りのエピソードだ。

夜は、ダスティと一緒にシエラネバダの山でテントを張ってキャンプをした。気温がマイナス一℃まで落ちて寒かったけれど、寝る前に必ず二人で空を見上げた。僕を奮い立たせて走らせてくれるのはダスティなのに、そのことを彼と話すことはなかった。数々の成功が、全部僕のものになってしまっていることも言葉にはしなかった。僕らが一緒にいることが、お互いにとっていろいろな意味で現実から脱出する大切な時間になっていることは、黙っていても分かっていた。数週間のあいだだったけれど、ダスティは大工の真似事をしながらのギリギリの生活や、雪片を追いかけてミネソタ州とコロラド州を放浪する生活から脱出できた。僕は思ってもみなかった責任を背負わなければならない人生から束の間、避難することができた。

大きな夢を抱き、借金を抱えながら、スノーモビルのトレイルを走っていた頃からまだ一〇年も経っていなかった。あの頃はとにかく精一杯走って、優勝することに賭けていた。ブルックスやプロテック、クリフバーといった企業からスポンサーシップを受けることも、講演会で話すことも、レースとレースの合間に各地のトレードショーに参加することも予想すらしていなかった。

でも、これこそウルトラランニングのコースフラッグのようなものなのだろう。ヒッピー・ダンが僕に探させようとした、道標なのかもしれない。あるいは、警戒を示すサインなのだろうか。僕には分からない。

でも僕はもっと欲しかった。もっと自分を追い込んで、自分の殻を破って中から新鮮な何かを発見したかった。新しいチャレンジを探していた。

Chapter 14

熱い修羅場

バッドウォーター・ウルトラマラソン
2005年

七転び八起き

――日本のことわざ

一九七七年、その年で一番暑い日となった八月三日に、アル・アーノルドという五〇歳の男が、カリフォルニア州バッドウォーターからデスヴァレーを渡り、標高四四〇〇メートルのホイットニー山の山頂目指して走りだした。身長一九五センチで体重が九〇キロもあるアルは、これまで二度挑戦して二度とも失敗に終わっていて、これが最後の挑戦だった。最後の四〇マイルについて、彼はこう語っている。「完全なる静けさだけが存在していた……私のためだけに」。一〇〇マイルを越えた地点での写真を見ると、彼の体からこの世のものとは思えないような光が発していた。この挑戦で彼は目的地に到達することに成功し、バッドウォーター・ウルトラマラソンの始まりとなった。

今、この一三五マイル（二一七キロ）のコースは、海抜下八五メートルに位置するデスヴァレーから始まり、標高二五〇〇メートルのホイットニー山の入り口まで舗装道路をまっすぐ辿る。四年前にリック・ミラーが話していたあの狂気のレースのことだった。

このバッドウォーター・マラソン（通称バッドウォーター）は海外でも知られ、何度かドキュメンタリー番組でも紹介されている。その理由の一つは、レースディレクターのクリス・コストマンがプロモーションの天才だからだ。プレス用のレース案内には、「世界で最も過酷なレース」と紹介されているけれど、僕はまったく信じていなかった。ロードのコースだし、ウルトラレースにしては比較的高低差がない。何よりも制限時間が六〇時間もある。それなら歩いてだって完走できるはずだ。ウェスタンステーツで暑い中を走ったことはある。トウェルブ・ピークスでトレーニングしていた頃、累積標高差三二〇〇メートルを上って下ったこともある。僕は人を驚かすことはあっても驚かされることは滅多になくて、バッドウォーターに対しても恐怖感はなかった。それでも好奇心がそそられた。今まで出てきた大会に比べて難易度はそれほどでもなさそうだけれど、このレースには一筋縄ではいかない魅力があった。それが何なのかを知りたかった。本気で走っている選手のほとんどは、ウルトラのレースとレースのあいだには最低一か月の間隔を置く。でも僕はウェスタンステーツで優勝した翌週ラスベガスに飛んだ。またレースに出るなんて無茶だとたくさんの人に言われた。ましてやこのレースに出るのは。

デスヴァレーに着いてトレーニングランに出かけると、鼻毛まで焦げるような暑さだった。まるで頭蓋骨に熱いアイロンを押し当てられて――しかも内側から――いる感覚だった。ホームデポまで運転してさっそく業務用のスプレーを購入した。レース中、氷水を入れて浸かれるように、ちょうど棺桶くらいの大きさのクーラーボックスをリックとバーブ・ミラー夫婦に手伝ってもらいながら作った。もちろん、ペーサー役はダスティにお願いした（現地の猛烈な暑さを知った彼は、レース後にラスベガスで数日遊ぶこと――もちろんストリッパーつきで――を約束にやっと引き受けてくれた）。

一番のライバルは、昨年二位に入賞したファーグ・ホークというカナダ人で、飛行場の荷物係の仕事をしていた。「バッドウォーターの前半は脚で走って、後半は気持ちで走るんだ」と語るような興味深い男だ。警戒するほどではないけれど、面白そうな相手だった。マイク・スウィーニーという五〇歳の男もいた。ダクトテープで製氷パックを貼りつけたベストを何着か持ってきていた。さらに大きいタッパーのボウルの中に小さいタッパーのボウルを重ね、そのあいだに三センチの厚さで氷を敷き詰めたものをドライアイスに入れて準備をしていた。どうやらレース中、この「帽子」を頭にかぶるつもりらしい（しかもそんな帽子を三つも用意していた）。スウィーニーは趣味でクリフダイビングをやっていて、頭骨を強化するトレーニングだと言っては、自分の頭を叩いているような男だった。

その他にヒラヒラのガーデニング用帽子をかぶった大きなドイツ人が三人いた。彼らはどうやら僕のことを知っていて、レース前にドイツ語訛りの英語で「お前なんか追い越してやる！」と大声で歌っていた。

ウルトラランナーには変人が多い。五〇マイル以上のレースを走り切るために毎日三時間ものトレーニングを課せば、痙攣や苦痛や孤独がつきものとなる。当然ながら、不信感や自己嫌悪を抱くことだってある。ウルトラは、あらゆる種類の求道者たちを惹きつけるようだ。アルコールや麻薬の元中毒者、占い師、賢者、奇抜な発想をする技術者、詩人、それにドン・キホーテのようなタイプの人間――もちろん、修行僧や聖職者だって参加する。

例えばシュリー・チンモイは、一九六四年にニューヨークにやって来ると、自己変革のための瞑想やライフスタイルを教えたが、その中で運動を積極的に取り込んだ。クイーンズを拠点にして、カルロス・サンタナやカール・ルイスをはじめ何千人もの信者を集めていた。チンモイは信者たちに禁欲生活やベジタリアンの食生活などを教え、麻薬やアルコールやタバコを自制するように説いた。多くの信者たちは、ジャマイカの「スマイル・オブ・ザ・ビヨンド食堂」やフラシングにあるベジタリアン・レストラン「ワンネス・ファウンテン・ハート」といった、チンモイが関わるビジネスで働いていた。

一九七七年に設立されたシュリー・チンモイ・マラソンチームは、数々のウルトラマラソンを企画運営していた。一番有名なのは、クイーンズの町中で開催される走行距離三一〇〇マイル［四九八八キロ］に及ぶセルフ・トランセンデンス・レースだ。このレースは世界で最も距離の長いレースで、一六四ストリートと八四番街のアビゲイル・アダムズ・アヴェニュー、一六八ストリートとグランド・セントラル・パークウェイに囲まれたブロックを走る。三一〇〇マイルという距離は、シュリー・チンモイの誕生年（一九三一年）を記念する数字だ。五二日間以内に（二〇一一年は暑さのあまり五四日に延びた）八八三メートルのコースを五六四九周しなければならない。マラソンを一日に二本走ることになり、毎日一七〜一八時間走り続ける人がほとんどだ。あまりにも過酷だし同じコースの繰り返しのために、参戦する人は極めて少なく、完走する人もあまりいない。二〇一一年には一〇人参加して八人が完走した。

しかし、現代のスピリチュアル系とされる長距離ランナーのグループの中でも一番有名な（そして悪名高い）のは「ディバイン・マッドネス」だ。このグループに入ったメンバーは毎月、金銭的な「義務」を要求される。創立者でリーダーでもあるマーク・タイザー（通称ヨー）は、集団生活とウルトラランニング、それにフリー・ラブを勧めている。グループメンバーがトレーニングをする際、ヨーは順応性を身につけるためと称して、わざと距離を途中で延ばすことが多かった。ランナーの腕を触って、彼らの問題を感じ取り、どのようなシューズを履くべきかから、誰と寝るべきかまでも命令した。彼らは床で寝食をともにし、バイトをしながら最低限の生活を送っていた。一九九六年に二人のメンバー、そして翌年には三人目がヨーに対して民事訴訟を起こし、睡眠を奪って絶食をさせ、孤立させることによってマインドコントロールしたと訴えたものの、けっきょくは和解した。性的暴力を受けたと警察に訴えた女性もいた。マーク・ハインマンという男性メンバーは、健康だったにもかかわらず、四八時間のレースのあとに、肺炎で亡くなった。まだ四六歳だった。

マイク・スウィーニーが一五マイル［二四キロ］地点で僕を抜かしたけれど、まったく心配しなかった。もし彼が自分の頭を殴って氷のヘルメットをかぶるようなクリフダイバーでなかったとしても、心配しなかっただろう。四〇マイル［六四キロ］からの登り坂を待っていた。そこが、彼を抜き返すポイントだった。そこから先は、このバッドウォーターを自分のレースにしてしまおうという作戦だった。

数マイル後に二位から四位まで順位が落ちた。ファーグに追い越され、クリス・バーグランドという名前を聞いたこともない男にも追い越された。僕は吐きそうだった。もっとゆっくり走れば大丈夫だとサポートクルーに励まされても、現実には格下相手に思い切りやられていた。スウィーニーは僕より二五分も先にいると報告があった。

この猛烈な暑さが問題だ。この暑さを乗り越えるには今までのトレーニングではまったく不充分だった。太陽が嬉々として僕を拷問にかけていて、呼吸をする度、熱い空気が乾き切った喉を焼きながら肺に刺さった。キンキンに冷えた水のボトルを前に、アクアマリンのプールサイドの大きな日傘の下でおろしたてのひんやりとしたシーツの上に寝転び、扇風機からの涼しげな風を感じている自分を想像した。それから、そこに辿り着くにはまずこの最悪な暑さの中をあと一一〇マイル［一七七キロ］我慢して走り続けなければならないことに思いを馳せた。

サポートクルーが棺桶クーラーを準備して待っている二〇マイル［三二キロ］先のストーブパイプ・ウェルズのエイドステーションまでの登り基調の道を走った。ダスティは黒いダウンジャケットを着て裸足で駐車場を飛び跳ねながら、「ホットポテト、ホットポテト！」と叫んでいた。きっと僕を楽しませて目の前の困難を忘れさせようとしたのに違いない。内臓が溶け出している感覚さえなかったら、笑って応えただろう。

ブルックス社特製の日除けパンツと長袖Tシャツを脱いで棺桶に入った。どこか遠くでクルーが先頭を走っているスウィーニーとの差について話しているのが聞こえた気がした。この棺桶から出なくてはと思ったのを覚えている。「とにかくやるんだ」とすれば、今こそまさにエイドステーションを出発するべきだと思ったことも覚えている。でも体はそう思わなかったようだ。冷たい棺桶の中は最高に気持ち良かった。ダスティがそろそろ行こうぜと声をかけても、体が言うことを聞かなかった。

やっと出たと思ったらまたすぐ棺桶に戻りたくなり、二マイル走ったところで僕はまた棺桶が必要だとサポートクルーに伝えた。するとあと二マイルと言われ、けっきょくあと三マイル走ったところでまたクルーと合流した。すぐに棺桶に入りたいと言うと、またもう二マイルと言われて、さらに三マイル走らされた。リック・ミラーはもうあの棺桶のことを忘れろと言い、ホームデポで買った業務用スプレーで水をかけてくれた。

どんなウルトラにも孤独感がつきものだけれど、バッドウォーターでのそれは強烈だった。大昔からの砂丘が谷底を波のようにうねり、何もない風景の中を巨大な岩が転がっている。チラチラと輝く塩原の危険な美しさに呼びかけられているようだった。

ウルトラマラソンの素晴らしいところは、どんなに状況が最悪で、どんなに体が痛んでも、何とか回復して這い上がるチャンスが必ずあることだ。やる気さえあれば最後には救われる。スウィーニーは僕の五マイル［八キロ］先を走っていて、僕は五九マイル［九五キロ］地点のタウンズ・パスの頂上に辿り着くまであと一〇マイル［一六キロ］残っていた。この急な登りの一〇マイルでは、高度が上がって砂埃もひどくなり、めっきり暑くなる。過酷な状況の中で新型モデルのパフォーマンスを試すには持って来いの場所として、自動車メーカーに人気の場所だった。砂漠好きのリック・ミラーでさえ音を上げて、ダスティが交代して次の一〇マイルを伴走してくれた。「すげぇなお前！　やるじゃねぇか、ジャーカー！　その調子だ！」とダスティが叫んだ。日没の直前に峠を越えた。ダスティは夜間の伴走を前に少し休むために黄昏の中へと消えていき、代わりにもう一人の友人ジャスティン・アングルがペーサーについた。

マウント・サイで身につけてきたダウンヒルの技術を、パナミントヴァレーへの下りで活かした。まるで浮いているような感覚で、「スピードを解き放て！」と叫びながらファーグを一気に追い越した。あとから振り返ると、そのときはマイル五分ペース［キロ三分八秒］で走っていた。真っ暗な谷に突入した。夜の帳《とばり》がドスンと落ちて粉々になり、空気は四〇℃まで涼しくなった。僕らはまるでダルースのけもの道を走っている気分で暗闇の中を進んだ。いったい何がいけなかったんだろう？

それは七〇マイル［一一三キロ］地点でやって来た。飛ぶように走れると思った次の瞬間に、死にそうに苦しくなっていた。僕は砂漠のガラガラ蛇を探しだした。蛇に噛まれたら、プライドが傷つかずにリタイアできるからだ。

パナミント・スプリングスを少し過ぎたところでファーグにまた抜かれた。僕は道路の横に座り込んだ。そして吐いた。さらに吐き続けた。サポートクルーがやって来ると、足を上げて休むように言われた。それから、この状態をファーグのチームに悟られないように僕をサポート車の裏側に移動して隠した。ファーグのチームはいつも僕の様子をうかがい、逐一ファーグに報告していた。リア、バーブとリックは僕を囲み、今までもっと大変な状況でも克服してきたじゃないか、もっと大変なレースがあったじゃないかと励ましてくれた。吐こうとしても何も出てこなくて、どこかから「もうここまでだ」という声が聞こえてきた。それは自分の声だった。

栄養や理学療法を勉強してきているので、今の症状がまずいことは自分でもよく分かっていた。ある意味、ウルトラはマラソンほど大変ではない。ペースが速くなる短いレースよりも心拍が少なく、肺にも負担がかからない。もちろん、普通のマラソンはデスヴァレーのど真ん中を通らないけれど、僕はそのための宿題は済ませたし、体をしっかり調整してきた。リックとバーブのところで何度も暑い中を走り、汗のかき方や血液の循環は効率良くなっていたはずだ。高い標高でトレーニングすることで、毛細血管が増え、エネルギーを生み出すのに必要なミトコンドリアも多くなり、酸素を体中の細胞組織に送り込むのに必要な2、3 - ジホスホグリセリン酸も増えた。人間の体の適応能力は本当に驚きだ。だから僕は、正しいトレーニング方法とサポートさえあれば、誰だってウルトラを完走できると思う。

でもマラソンのトップ選手たちがウルトラに出場しないのは、賞金や賞品に魅力がないことだけが理由ではない。走るペースはゆっくりでも、こんな運動を何時間も続けると、ウルトラのトップ選手でさえ、道の横に倒れ込んで胃の中のものをすべて吐き出すほど追い込まれることがある。特に問題となるのは、筋肉や骨にも負荷がかかって蓄積されることだ。足が地面を叩く度、大腿四頭筋とふくらはぎの筋肉が衝撃を吸収するために伸びる。裸足であろうがブルックスを履いていようが、歩いていても走っていても、踵着地でもフォアフット着地でも、それを一〇〇マイルものあいだ何度も繰り返せばかなりの負担となる。下り坂ならなおさらだ。バッドウォーターのゴールでランナーたちが足を引きずる理由は、走るのに疲れ果てたからではなく、着地をすると足裏が痛いからだ。

食べ物を吐き出すほどひどい状態にはならなかったとしても、いずれは肝臓や筋肉に貯蓄されているグリコーゲンが不足して、よく言われる「壁」にぶち当たることになる。マラソンの場合、この壁はレース終盤に現れる。ウルトラでは、中盤よりもっと早くに現れるばかりでなく、何度もこの壁にぶち当たることになる。脳に充分なエネルギーを送り込むために、脂肪やたんぱく質だけでなく、自分の筋肉までも分解する異化作用が体内で何時間も続く。

こうした持続的な身体運動に反応して、ストレス関係の一連のホルモンが体内に大量に分泌される。ウルトラを走ったあとに血液を検査してみれば、心筋逸脱酵素の上昇、腎損傷、そしてコルチゾールというストレスホルモンや、インターロイキン6と呼ばれる炎症性化合物や、筋破壊から発生する有毒副産物のクレアチンキナーゼの上昇が見られる。これでは免疫システムにかなりの負担がかかってしまう。ウェスタンステーツを走ったランナーの四人に一人がレース後に夏風邪を引いてしまうのはそのためだ。

何より、ウルトラの長い距離を走るあいだは、苦しいほど孤独な時間が延々と続く。頭の中で流れる曲はノリが良くなければならない。自分に言い聞かせる話も前向きなものじゃなければならない。マイナス思考でいられる余地なんてまったくない。途中で多くの人が諦めてしまう理由は、体が問題なのではない。

　僕の気持ちの問題なんだろうか？　もっと他にやりようがあったのだろうか？

＊＊＊

「倒れて顔を土に突っ込んだままじゃ、このくそレースを勝てないぞ。ジャーカー、いい加減にしろ。立ちやがれ！」

　何とか立って走ろうとして、転びそうになった。

「いいかジャーカー」とダスティが言う。「まずはちょっと歩いてみようぜ。俺たちは砂漠をちょっとお散歩するだけなんだ」

　しばらく歩いたら、「じゃあ、六メートルだけ走ってみようぜ」とダスティ。「ノルディックスキーの練習みたいにな。スキーで歩く《ヴォーキング》ような感じでさ」。僕らの昔のロシア人コーチのアクセントを真似て「ウォーキング」ではなく「ヴォーキング」とダスティが言うと、僕は思わず笑ってしまった。おかげで水を少し飲むことができた。

　スウィーニーはもうずっと先にいた。あのクレイジーなカナダ人にさえ追いつくことができない。「いったい何やってんだ」そう僕はダスティにぼやいたと思う。

「俺らは一歩ずつ進めばいいんだ」とダスティは言った。「一歩一歩な」

誰かに追いつこうなんてことはもう忘れていた。ゴールすることさえ忘れていた。次の曲がり角まで何とか辿り着くこと以外すべてを忘れた。ダスティは僕の暗い表情を見て、こんなの死ぬほどのことじゃないんだから、そんな顔するな、と言った。

一歩一歩。つづら折りの曲がり角から曲がり角へ。ポツンとそびえる小丘の、ジョシュアの木が点々と生える頂上にやっと着いた頃には、胃の調子が少し良くなっていた。僕がちょっと走りだすとダスティも走りだした。少しペースを上げた。ダスティもペースを上げた。「リズムとフォームだぞ、ジャーカー。リズムとフォーム。おい、もっと伸ばせよ！　お前、何者かになりたいんだろう？　行くぜ！」

僕らは走った。八五マイル［一三七キロ］を走り、デスヴァレー国立公園との境に位置する起伏のある高原を抜けた。サポートクルーからの情報によれば、ファーグが途中でスウィーニーを追い越し、スウィーニーはかなり弱ってきたらしい。ダスティと僕は飛ぶように走った。マイル八分［キロ五分］で飛ばし、次のマイルは七分半で、さらに次も七分半で走った。永遠に走り続けられる気がした。

アスリートとして運が良い人なら、この感覚を経験しているかもしれない。それは「ゾーンに入る」状態、あるいは予期せぬ瞬間に突然生まれる禅的な「悟り」で、しばしば体を限界まで追い込み続けたときに現れる。あるアメフトのランニングバックの選手は、そのゾーンに入ると試合がスローモーションで展開し、敵のプレイヤーを避けながら走っているとき、周りがまるで漫画のようにのろのろと動いて見えると説明をしていた。あるバスケットボールの選手は、ゴールのリングが大きく見えるだけではなく、本当に大きくなるんだと証言する。宇宙に吸い込まれる感覚になるとか、道路際に生えている雑草に人生のすべてが凝縮して見えると言うランナーたちもいる。

僕が幸運にもその感覚を経験するのは、レースの負荷や勝利へのプレッシャーや痛みがもう耐え切れないレベルに達してしまった瞬間だ。すると、自分の中で何かが変わる。痛みよりももっと大きなものが自分の中に見つかる。そして、一切頑張らなくても楽に走れる感覚になる。

「悟り」を求めることはできても、それを抱き続けることはできない。この壮大な至福の感覚を得た数歩あとには、膝の痛みや尿意やライバル選手の動向を気にし始めてしまう。そういう気持ちや欲望を撃退することはできないけれど、それが大事ではないと分かっている。大事なのは、究極のリラックスした状態、無我の境地だ。この神秘の領域に辿り着くにはいろいろな道があるのだと思う。例えば祈りを捧げたり瞑想をしているときかもしれない。自分の場合は、絶対的な自分の限界に至ってそれを超えたときに辿り着ける。体力的にも心理的にも自分の中のすべての警告灯が赤色に点滅した段階、そしてそれを超えたとき、あのスイートスポットに当たる。五マイルのジョギング中や、真剣にニンジンを切っているときにそこに辿り着く人も知っている。僕もたまにそんなことがある。でもウルトラマラソンでは、そのゾーンに到達するのは決して手の届かないことじゃなくて、ほとんど当たり前のことだと言っていい。夜中の一二時半になると魔法が解けた。スウィーニーはいったいどこだ？　午前一時、月のない星空の下で、ジョシュアの木の茂みに囲まれた場所で、ダスティと僕は彼の唸り声を聞いた。ベストに貼りつけた氷は溶けてしまい、今や一〇キロの重りに変わっていた。氷でできた帽子は冷た過ぎて捨てていた。彼は自殺的なペースで走っていた。水を飲み過ぎ、さらに腎臓障害で体からその水分を充分に排出できなくなって低ナトリウム血症に陥っていた。ヨレヨレと歩き、顔も異常に腫れていた。

スウィーニーを抜かすとき、その顔に強い意志を感じた。普通だったら前進するどころか立っていることすらできない状態のはずだった。その夜から、僕はマイク・スウィーニーに大いなる敬意を抱くようになった。そして、バッドウォーターのレースにも。

ダスティと僕は、九〇マイル［一四五キロ］地点でファーグを抜かしたものの、半マイルも走ると彼が抜き返してきた。

「悪いな、スコット。カナダのみんなのためだ」

レースのこんな後半になって本当にレースをするのは、エンゼルズ・クレストでベン・ハイアンとトミー・ネルソンと競って以来だった。この五年間、ウルトラマラソンを走っていて、八〇マイル地点まで辿り着いていればいつも勝ったも同然だった。でも今回は違った。ファーグ・ホークは僕が本当に尊敬するウルトラランナーの一人となった。

数分後、再び僕が抜き返し、今度は最後まで先頭をキープした。

親友と一緒に朝日に照らされながら、オーエンズ湖の乾いた湖底を走った。暗闇が赤から茶色に変わってきた頃、ダスティのペースが急に落ち、突然ピックアップ・トラックに乗り込んで姿を消してしまった。熊バエがたかってくるローン・パインまで走り、今度はホイットニー山に向かった。一〇〇マイル［一六一キロ］地点を通り過ぎて、今まで走った最長距離に突入した。バッドウォーター・ベンという伝説的な男が、車の中から走る僕を見ていた。一四年前、バッドウォーターを走っていた彼は死体を見つけ、レースを中断して検死解剖したらしい。その彼が、車中から僕を見て、ここまでの走行距離とペースを考えると心配だと仲間に言ったそうだ。

僕はスタート地点から一三五マイル［二一七キロ］先にあるゴールラインを二四時間三六分で走り抜けた。これは最速のコースレコードで、しかも二週間しか離れていないウェスタンステーツ100とバッドウォーターの両方で優勝した初めてのランナーだった。

レースを終え、松葉の敷き詰められた地面に座ると、もう一生歩けない母さんのことを考え、僕の走りを見たことがない父さんのことを思い出した。今まで僕をサポートしてきてくれたコーチや、僕にモチベーションを与えてくれたランナーや雑誌ライターのことを思い浮かべた。滅多に互いに口をきかない妻のリアと親友のダスティが、今回協力し合って僕をサポートしてくれたことについても考えた。

「おい、ジャーカー！」

ダスティがいつものように僕を空想から引っ張り戻した。

「いつベガスに行くんだ？　いつストリップを観に行く？　約束しただろ！」

時間を作ること

定期的に走るなら、毎日三〇~六〇分でもいいので時間を作らなければならない。もしそれがとても無理だと思ったら、自分にこう訊いてみよう。毎日どのくらいテレビを観ているか、ネットサーフィンしているか、買い物をしている時間は? その時間の一部を活用して、もっと自分のためになることをしよう。それでも時間を作るのが難しかったら、他の用事にランをプラスする手もある。会社の行き帰りの通勤ランはどうだろう。最近の会社は運動をしたい従業員のためにシャワー室や更衣室を準備しているし、運動するための補助金を提供してくれるところもある。けっきょくは社員が健康な方が会社にとってコストがかからないからだ。片道でもいいので会社まで走ってみよう。走ってスーパーに買い物に出かけ、帰りは誰かに迎えに来てもらうのもいい。いろいろな用事とランニングを組み合わせ、一つの用事から次の用事まで走ることで、仕事を片づけながら運動ができる。すでに普段から運動をしている人でも、こうすればさらに体力がつくはずだ。

Chapter 15

また奴らか？

コッパーキャニオン・ウルトラマラソン 2006年

地球の上を走り、地球とともに走れば、
いつまでも走り続けられる

――ララムリのことわざ

二〇〇五年の半ば、パソコン画面にあるメールが表示された。カバーヨ・ブランコ（スペイン語で「白い馬」という意味）という男からだった。あとになって知ったことだけれど、彼は以前はマイカ・トゥルーという名前で呼ばれ、ボクサーで家具運搬の移動労働者で長距離ランニングの達人でもあった。けれど彼のメールから分かったのは、彼が僕の経歴を調べていたことと、何か僕に提案があることだけだった。

カバーヨはメキシコの奥地に隠れた峡谷にある干しレンガ造りの小屋に住んでいて、近くには「ララムリ（走る人たち）」、または「タラウマラ」と呼ばれる先住民のグループが住んでいた。カバーヨが言うには、タラウマラは地球上で最強のランナーだという。この峡谷で企画されている五〇マイル〔八〇キロ〕の壮大なレースに参加して、世界的なランナーの一人としてこの最強のランナーたちと戦ってほしい、というのがカバーヨの提案だった。優勝すれば五〇〇キログラムのトウモロコシと七五〇ドル〔当時で約九万円〕がもらえるという。その部族のことは覚えていた。民族衣装のトーガをはおった中年のタラウマラたちが、エンゼルズ・クレスト１００のレースの前にタバコをプカプカと吸っていた。彼らはダウンヒルが苦手だった。あれで地上最強のランナーだって？

僕は旅行が好きだし異文化に触れるのも好きだ。トーガを着た部族にも興味がある。だけど行ったら僕のスケジュールはむちゃくちゃになる。僕はオースチン・マラソンに向けたトレーニングの最中で、その直後に五〇マイルを走るなんて無理な相談だった。スペイン語も分からないし、そこへの行き方も知らない。しかも、それほど大切な勝負だとも思わなかった。何といっても僕はもうあの部族に一度勝ったんだから。

カバーヨのメールには、彼が知っているタラウマラは、僕がエンゼルズ・クレストで打ち負かした男たちとはモノが違うと書いてあった。また、僕のスピリッツには、タラウマラに通ずる純粋さがあるのを感じているとも書いていた。タラウマラは難しい環境で生き延びるために奮闘していて、アメリカからランナーが来れば彼らのためになる、とのことだった。

僕は、タラウマラの窮状を助けたい気持ちはあるけれど、物理的に難しいと返事を書いた。これが間違いだった。

数日後カバーヨからメールが届いた。「窮状だって？　タラウマラは別に困ってなんかいない。あんたの情けは要らないよ！」

僕は、「ワオ、この男は本当にハマってるんだ」と思って、そのまま忘れていた。その後も彼らは何度もメールが来て、そこには秘境コッパーキャニオンの神秘に包まれた「走る民族」のことや、世の中の誰も知らないようなことをなぜ彼らが知っているのか、ということが書かれていた。

もしそこに行く手段が見つかれば行ってもいいかもしれないな、と思い始めた頃、宇宙はちゃんとその手段を見つけ出してくれた。

僕は、クリストファー・マクドゥーガルという作家からもう一通の招待メールを受け取った。彼はタラウマラのランナーたちについて本を書いているところで、しかもスペイン語に堪能だという。彼もまた、タラウマラたちといい勝負になるはずだからと、このレースを勧めた。

僕は行くことに同意した。でもそれはレースが面白そうだったからではない。面白いレースならいくらでもあった。ホワイト・リバー50マイルを走ったし、ミウォーク100Kもウェイ・トゥ・クール50Kも難関のワサッチ・フロント100も走った。東部では、マウンテン・マゾキスト50マイルやヴァーモント100にも出場した。日本のハセツネ・カップではチーム優勝を果たし、香港トレイルウォーカーでは新記録も打ち立てた。僕には理学療法士の仕事があったし、ランニングコーチの仕事もやっていて、週に五〇時間以上も働いていた（それでもギリギリな生活だった）。ウェスタンステーツの数週間前から、テクニックやメンタル面で僕の知っていることを伝えるためのランニングキャンプを始めていた。キャンプでは栄養たっぷりのヴィーガン料理を振る舞った。僕は好きなことをやって生計を立てていた。僕は人に教えていた。ランニングからこんなに多くのものを得ている人間がかつていただろうか？　問題は、僕が欲張りなことで、さらに大きな問題は、何をどこまで欲しいかが分からないことだった。僕はマクドゥーガルに、エル・パソで会おうと答えた。

僕らは全部で九人だった。マクドゥーガルと彼のコーチのエリック・オルトン、カバーヨに僕。ヴァージニアから来た自由奔放なウルトラランナーの新人ペアのジェン・シェルトンとビリー・バーネット。テッド・マクドナルドは、最近シューズを履かずに走り始めたことから自分のことを「裸足《ベアフット》のテッド」と呼んでいた。それに僕の友人でカメラマンのルイス・エスコバーとその父親だ。

カバーヨは、レースはウリケという村からスタートすると言った。そこに辿り着くには、切り立った峡谷の峰を越え、自動小銃で武装した小隊がガードするマリファナ栽培農園の土地を抜け、泥の小屋に住むタラウマラにしか分からない見えざるルートを五六キロも歩き通さなければならない。カバーヨは、タラウマラのグループもあとで合流するかもしれないと言った。

三時間歩いても、ララムリたちには出会わなかった。ガイドを務めるカバーヨが言うには、原因不明のウイルスがある村を襲ったという噂を聞いたので、それが他にも広がったのかもしれないということだった。辛抱強く待たなければならないが、同時に彼らが現れないで僕らだけで歩くことも覚悟しなければならない、と彼は言った。僕らは川を渡り、サボテンの生えた尾根を越え、ロバが通るトレイルを歩いた。そこは僅かな踏み跡しかなく、カバーヨがいなければ間違いなく迷っていただろう。

午前九時、川の土手に木や干しレンガでできた平屋建ての建物が並ぶ場所に僕らは到着した。峡谷の淵から一五〇〇メートル下にあるコッパーキャニオンの底に辿り着いたわけだ。陽は高く上り、僕らはぼたぼた汗をかいていた。カバーヨは、タラウマラがここで合流するかもしれないのでしばらく待とうと言って、タラウマラはとても内気なので、もし彼らが現れても大声を出したりむやみに近づいたりしてはならないと警告した。握手をするのもダメだった。彼らの挨拶は互いに指先をかすかに触れるだけだそうだ。お土産を持ってくるのが礼儀だとも言い、コカ・コーラかファンタはどうかと提案した。

ショックだった。僕は先住民のアスリート集団に異性化糖《HFCS》〔でんぷんから得られるブドウ糖をより甘みの強い果糖に異性化したもの。清涼飲料などに使われ、肥満の原因とも言われている〕たっぷりのジュースの入ったプラスチック容器を渡すために、はるばるここまで来たわけじゃない。そんなんじゃ天然痘菌のついた毛布をあげるのと同じじゃないか〔かつて西欧人が意図せずに持ち込んだ天然痘によってアメリカ大陸の多くの先住民が命を落とした〕。でもカバーヨは、コーラがいいんだと言い張った。

僕らは深い峡谷を突き刺す強い日差しを避けようと、水滴のついたコーラの瓶を抱え、小さな店の日よけの下に集まった。カバーヨが、タラウマラはトレイルの途中で合流するかもしれない——あるいは合流しないかもしれない——ので、そろそろ出発した方がいいと言いだした。森の中や曲がり角からは誰も現れる気配がない。誰もいないトレイルを進むと次の瞬間、スカートと明るい色のブラウスを着た五人の男が突然近づいてきた。まるで野生の鹿の群れのように。

僕らは言葉も交わさず指先で挨拶し、峡谷の上を目指して一五〇〇メートルを登り、上に着いたらまた降り始めた。その後一〇分から四〇分経つあいだに――誰も気づいていなかった――タラウマラがさらに六人加わっていた。彼らはまるで煙のように森の中から忽然と姿を現した。

その中の一人が、とりわけ僕に興味を持って見つめていた。僕も彼を見つめ返した。彼は他の仲間よりも強そうだった。その眼に宿るプライド、自信、あるいは警戒心が見て取れた。僕も同じだったからだ。彼の髪の毛は真っ黒で、映画に出てくる警官のように力強い顎の線と登山用のロープのような筋肉を持っていた。それがアルヌルフォで、「走る民族」の中で一番速いタラウマラのチャンピオンだった。マクドゥーガルが僕にそのことを教えてくれた。カバーヨはアルヌルフォに、僕のことを偉大なチャンピオンだと伝えていた。

カバーヨを先頭にアメリカ人と先住民がひとかたまりになって峡谷を登っていった。サボテンや小さな灌木の地帯を過ぎ、砂漠樫の生えるエリアを抜け、リュウゼツランが点在する乾燥した荒地に入った。短い休憩のあいだ、ジェンやビリー、テッドと僕がボトルから水を飲んでいると、タラウマラがまるでふくらはぎの腱が切れたかのように地面に横たわった。最初に見たときはびっくりしたけれど、彼らはそうやって休んでいて、それはエネルギーを温存するにはとても効率的な方法だということが分かった。彼らが登るときの足の使い方を見て、いかに無駄な動きがないかに気づいた。僕は、この古くからの民族の秘密の一つを学び始めた。それは効率性という秘密だった。

＊＊＊

タラウマラは水筒を持っていなかったものの、自然の中にあるあらゆる水場を熟知しているようだった。水場に近づくと素早くそこに向かい、屈んで水を何口か含むとすぐにトレイルに戻ってきた。僕らがコーラの贈り物を勧めると言葉もなく受け取り、中身を一気に飲み干すと空き瓶をトレイルの脇に投げ捨てた（彼らが環境問題に無関心だからではなく、ただ微生物が分解できないものという概念を持ち合わせていないからだ）。

峡谷トレックの終わりに、ウリケの村まであと五マイルのところで道路にぶつかった。そこには保安官と彼のピックアップ・トラックが待っていた。僕らアメリカ人は突っ立って顔を見合わせた。神秘的な一日を車で終わらせて台無しにしたくなかったからだ。するとタラウマラたちはさっさとトラックに飛び乗った。彼らはここでも効率的だった。それからの五日間、僕らはタラウマラについて多くを学んだ。僕らがエナジージェルやバーを取り出すと、彼らは笑って互いに何事か話していた。そしてケープに手を突っ込んで、ピノーレ（トウモロコシを焼いて粉末にしたもの）を水に混ぜたものを取り出した。それはトウモロコシでできたゲータレードのようなものだった。豆入りのトルティーヤも食料として携帯していた。彼らが食べるものはすべて自然のもので不純物を含まない。この旅のあいだに、僕はアボカド一つにどれほど多くのエネルギーが含まれているか実感するようになった。彼らと食事をともにするときには、ワカモレが用意されるテーブルの端に座ることも学んだ。タラウマラとワカモレのボウルのあいだに入るととんでもないことになってしまうからだ。僕はアルヌルフォのことを見ていた。彼も僕のことを観察していた。

僕がここにやって来たのは、タラウマラに興味があったからであって、もちろんたまたまその時間があったからだ。僕はこの旅を学習のための休暇だと考えていた。だけど次第に、このレースはレジャーとかお楽しみと言えるものなんかじゃないと考えるようになった。特にタラウマラに対してはそうだった。僕は全力を出し切ることにした。そうでなければ失礼にあたるからだ。

レースは五日後の朝八時に始まった。この先住民たちが五日前に川沿いの道路に突然現れたときから僕が疑っていたことがすぐに理解できた。エンゼルズ・クレスト１００で僕が対戦した男たちはタラウマラの二軍だった。タラウマラの男が三人、まるで五キロのレースを走るかのようにスタートから飛び出していった。彼らは二〇代で、誰もタバコは吸っていなかった。水も持たず、食料を持っているとしたら、ケープの折り目の中のはずだった。

僕は余裕を持って勝ちに行くペースでスタートした。三八℃の中で誰もこんなハイペースを維持できるわけがないと分かっていた。一〇マイル［一六キロ］を過ぎても先頭のペースは落ちなかったけれど、僕は心配していなかった。距離が長くなれば人間の体に何が起こるか分かっていた。自分のペースを守り、いつものように一時間に二〇〇から三〇〇キロカロリーを補給した。水ボトルを二本持ち、オレンジとバナナを食べた。一か所のエイドステーションでピノーレも試した。

二〇マイル［三二キロ］を過ぎ、僕はタラウマラたちをごっそり抜かしたけれど、まだ何人か前にいることにちょっと驚いていた。そこから一〇マイルを走る頃には、さらに驚いていた。三五マ

THAI CABBAGE SALAD WITH RED CURRY ALMOND SAUCE

タイ風キャベツサラダのレッドカレー・アーモンドソース

レシピ→312ページ

タイ料理を食べるようになってからピーナッツソースに興味をそそられるようになった。でも、多価不飽和脂肪が含まれ加工された油であるピーナッツより、アーモンドの方がカルシウムが豊富で単価不飽和脂肪が含まれていると聞いてから、ピーナッツバターの代わりにアーモンドバターを使うことにした。生姜とカレーペーストを入れるとタイ風味になり、アガヴェシロップ（あるいはメープルシロップ）で甘さを調整している。もし僕のようにキャベツが苦手だったら、調理しないのがお勧めだ。ローフードの方がよっぽど美味しい。

TAMARI-LIME TEMPEH AND BROWN RICE

たまり醤油とライム風味のテンペの玄米丼

レシピ→313ページ

植物主体の食事について一番よく聞くコメントは、調理が難しいことだ。時間がかかりすぎる。手間がかかる。こんな人には、ご飯さえ炊けていれば20分以内で手早く準備できる料理を紹介したい。玄米にはナッツの食感があるし、体に必要なアミノ酸を摂ることができる。テンペは1gの脂質に対してたんぱく質が3gも含まれ、大豆食品の中でもっとも脂質が少なくたんぱく質の含有率が高い（トレーニングを増やし、たんぱく質の摂取量も増やさなければならないときに便利だ）。さらに発酵していて消化しやすいので、大豆食材が苦手でも食べやすい。

アボカドは、ヘルシーな単価不飽和脂肪の優れた摂取源であり、ハラペーニョは程良いスパイスを加える（アボカドは潰す前に種を取り出し、辛みが苦手な人は唐辛子の量を半分にするといい）。二つはそれぞれ価値の高い食品だが、両者を組み合わせることで人類史上最も素晴らしい発明の一つが生み出された。ワカモレは間違いなく僕の大好物の一つだ。ワカモレを加えることで良くならない食事なんてほとんど思い当たらない。特にメキシコ料理なら皆無だ。スプーン1杯を口にすれば、すぐに納得してもらえるはずだ。お手軽で健康的なスナックとして、温かいコーントルティーヤと合わせてどうぞ。

HOLY MOLY GUACAMOLE
ホーリーモーリー・ワカモレ

レシピ→313ページ

KALAMATA HUMMUS TRAIL WRAP

カラマタ・フムス・トレイルラップ

レシピ→317ページ

素晴らしく簡単でトレイルでも持ち運びやすいこのスナックは、ギリシャのオリーブとメキシコのトルティーヤと中東のフムスで作るものだ。僕が初めてフムスのことを知ったのは、ベジタリアンの料理本を読み始め、世界中の料理を勉強しだしたときだ。それからカスケード山脈での長距離トレーニングに出かけるときにはこのラップを作るようになった。ゴマのバター（タヒニ）はなめらかな感触で、歯ごたえのいいトルティーヤと塩っぽいオリーブを組み合わせると、いろいろな風味が積み重なって多国籍でありながら調和の取れた美味しい一品になる。トレイル上で食べるなら、ニンニクを省いてもいい。

イル［五六キロ］を過ぎ、暑くて疲労がたまって喉が渇いていた僕は、眼の前にローブを着てゴムのサンダルを履いたタラウマラが二人いることに気がついた。僕は驚いただけでなく、すっかり舌を巻いた。そして初めて心配になった。先頭にいたのはアルヌルフォで、真紅のランニングシャツを着ていた。

マイル七分［キロ四分二一秒］にスピードを上げた。以前そのペースで、レース後半に他のウルトラランナーたちを抜かした経験がある。抜かすときに見た相手の目からは、こんな速さで抜かされたことで心が折れた様子がありありと見て取れた。ところがタラウマラたちにはまだ追いつかなかった。

僕はプロのランナーとしてほとんど一年中鍛えている。キャリアの絶頂にいる。このタラウマラの男たちは、テンポ・ランとかインターバル・トレーニングなんて聞いたこともないはずだ。彼らの本当の秘密に思い当たったのはこのときだった。彼らは走るための準備をしない。走るのは勝つためでもメダルを賭けているからでもない。何かを食べるのも走るためではない。彼らにとって食べることも、走ることも、それは生き延びるためだ。どこかに行くために、彼らは脚を使う。脚を使うためには健康でなければならない。タラウマラ族の耐久力と速さと壮健さの最大の秘密は、走ることと食べることがともに彼らの生命にとって不可欠だからだ。そして次に重要な秘密――僕が毎日思い出そうとしていること――は、タラウマラはある地点から次の地点へ移動するときに、地理的感覚を超越し、五感さえも超越したゾーンに入って旅をすることだ。

タラウマラの走りは――そして生き方も――最高に効率が良く、余計なことは一切考えない。

彼らは格好いいからとか政治的ポリシーからテクノロジーを否定することもしない。もしテクノロジーが利用可能で彼らの生活がそれで効率化するのであれば、喜んで受け入れる。交通手段としてピックアップ・トラックの荷台にだって飛び乗る。彼らが履くワラーチ・サンダルだって、古タイヤのゴムを使って改良したものだ。それは僕が目指している方向性――テクノロジーを直感と融合させる――とまったく同じだ。

きっと、はっきりと自分のことを伝えないタラウマラの人々に対する僕の思い込みなのかもしれない。でも彼らと一緒にいると、彼らが安らぎと平穏を体現しているような気がしてならない。走ることを通じて、それに極々シンプルな生き方を通じて、第六感ともいうべきゾーンに辿り着き、最も純粋な形で世界とつながっている。そのゾーンこそ、僕が長らく求めているものだ。

ララムリは、教科書に出てくるようなフォームで彼らの世界を行き来している。その走り方は柔軟で経済的だ。ストライドは短く、ミドルフットからフォアフット辺りを使ってほとんど優美なくらいの姿で着地する。横に流れる無駄なエネルギーはなく、姿勢は肩が引けてまっすぐに伸び、リラックスしている。

タラウマラは、その後マクドゥーガルの『BORN TO RUN 走るために生まれた』の中で「スーパーアスリート」と紹介されたことで不朽の名声を得た。でも僕がそれについて屁理屈を言うなら、彼らは「スーパーエフィシェント（超効率的）」だ。体と環境を本当に上手に調和させている。ストップウォッチやらスポーツフードやら高機能シューズのおかげで僕らが忘れてしまったことを彼らは知っている。

コッパーキャニオンでタラウマラとともに一週間を過ごしたことで、一〇代の頃に参加したチーム・バーキーのスキーキャンプ以来ずっと考えていたアイデアを研ぎ澄ますことができた。タラウマラとのレースのあと、「BORN TO RUN《走るために生まれた》」は多くの人々にとってのキャッチフレーズとなり信条となった。人類は地上を速やかに移動するようにできている。人類はもともと走り方を知っている。生まれながらの能力に立ち戻るだけで、かつて捨て去ってしまったフォームを取り戻し、痛みや疲労や怪我なしに走ることができる、とそのセオリーは続く。最新のシューズを脱ぎ捨てることが、ランニングの楽園に帰る最初のステップというわけだ。

けれど、タラウマラが偉大なランナーなのは、素足だからではない（彼らはワラーチを履いている）。ランニングで大事なのはフォームだ。ベアフットランニングは、正しいフォームを身につけるのには役立つけれど、それは目的のための手段に過ぎない。もしシューズを履かないで走るのが好きなら、それは素晴らしいことだ。もし足に何かを履いて走るのが好きなら、それも素晴らしい。僕は、近代化がランニングに悪い習慣や予期しない副作用をもたらしたことを否定しない（過剰にクッションのあるシューズに頼り過ぎていることがその最たるものだし、ランニングは選ばれた一部の者だけのもの、という感覚もその一つ）。食事だってそうだ。ファストフードや大量生産、恐ろしいほどの一皿の量は、それ自体が僕らを病気にする。もちろん近代化は、僕らに電気やペニシリンや開胸手術をもたらしてくれた。ますます人を怠惰にする近代化の流れや、誰もが気軽に食べられるようになった加工食品、それに画期的な延命治療技術の普及は、全部ひっくるめて長生きで不健康な人々を増やしてきた。

僕がタラウマラに見るのは、祖先が走ったり食べたりしてきたその同じ方法で走ったり食べたりする人々の姿だ。彼らは、困難があろうと地元で採れる食料に頼っている。そうと意識しないでもたくさん走る。肉は食べるけれど、たまに手に入ったときだけで、かつての世代と同じようなやり方で食べる。肉はいつでも手に入る主食ではなく、貴重なものだ。

僕は植物ベースの食事を取ることで、より健康で、より長く速く走ることができる。でも肉を食べる友達や、バターやサワークリームをベークトポテトにたっぷり塗って食べる人を非難するつもりはない。食べるものとその影響に関心を払えば、だれでも自然と植物に向かい、そして健康になるはずだ。

運動はもっとシンプルで、同時に複雑でもある。僕らは体を動かさなければならない。ではトレーニングとは本能に任せた自由なものであるべきか、それとも系統立った科学的なものであるべきだろうか？　僕の場合、科学をトレーニングに取り入れながらも、ランニングに対する動物的な喜びをいつでも感じたいと思っている。もし休みが必要だと思ったら、トレーニング計画から外れても休みを取る。ウルトラランナーはトレーニングにすべての知識を詰め込まなければいけない。でも予定に厳格であり過ぎてはいけない。一〇〇マイルのレースで一つ予想できることがあるとすれば、それは必ず予想できなかった事態にぶち当たるということだ。

肉体的な不確実性に対処することはかつて生活の一部だった。トレーニングもそうであるべきだ。僕らは食料を求めて走り、外敵から逃げるために走った。食べ物にありつけるかどうかは季節任せだった。歩くことと眠ることに多くの時間を費やしていた。

現代では僕らは座っている。運転してネットをして、テレビを観る。そうすれば当然ながら病気になる。米国疫学ジャーナルの最近の研究によれば、一二万三二一六件の症例を一四年間追いかけた結果、一日に六時間以上座って過ごした男性は、三時間以内の男性より一七パーセント死亡率が高かった。女性の場合では三四パーセントも高かった。この死亡率の上昇は、喫煙習慣や肥満、そして僕がショックを受けたことに、運動する量にも関係ない。

人間は一日中座っているようにはできていない。それに、今日の専門的な仕事の多くが要求するような繰り返しの小さな動作にも向いていない。僕らの体は、体幹から動き出すような変化に富んだ大きな動きを求めている。キーボードを打ったり、食料品の値札をスキャンしたり、バーガーをひっくり返したり、コンピュータのマウスをクリックしたりするような小さな反復動作を一日中繰り返していると、体のバランスが崩れてくる。

だから系統立ったトレーニングの目的の大半はこの状態を補うことだ。走り方自体を学ぶ必要があるというよりは、現代のライフスタイルで身についた悪い習慣を取り除き、崩れたバランスを正す必要がある。

コッパーキャニオンのレースは、峡谷の底の乾燥した埃っぽい道を抜け、グレープフルーツとパパイヤの木が生えたトレイルを六〇〇メートル登り、そびえ立つ岩々を越えるコースを何度か周回するものだった。地元の人々がワイワイと飲んで笑い、楽しげな音楽を奏でる楽団《マリアッチ》の音が聞こえてくる町を三度走り抜けた。

　真剣に走るつもりではなかった。そもそも休暇のはずだった。マイル七分のペースを保った。僕はトレーニングを積んでいたけれど、この民族にとっては人生そのものが日々トレーニングだった——彼らがそう考えていないとしても。僕もタラウマラのように、ランニングと食生活を自分の日常生活の中に自然に取り入れたかった。そして、このレースに勝ちたかった。彼らも勝ちたいと思っていることは分かっていた。僕にとって勝利はとても名誉なことだけれど、彼らにとっては、このレースに勝つことは、村中の人々が一年間食うに困らないトウモロコシを得ることを意味していた。

　ペースを上げた。すると曲がり角で青いランプの光を捕えた。それは伝統的なタラウマラの衣装を着たシルヴィーノだった。彼に近づいた。サボテンの花の甘い匂いの中で息を吸う。赤いつぼみを頭につけたとげのあるオカティーリョを走り過ぎた。四〇マイル〔六四キロ〕地点で彼に追いつくと、僕の後ろをついて来るよう合図した。僕らは言葉を交わさなかったけれど、二人でアルヌルフォに追いつこうと思っていた。三人一緒にゴールまでデッドヒートしたかった。でもシルヴィーノはそこでおしまいだった。

　最後の折り返しでアルヌルフォを見つけた。彼は疲れていた。目を合わせると、彼の目に疲労と脱水症状を見て取った。僕にはそれが分かった。と同時に何か別のものも映っていた。闘志だ。彼は諦めていなかった。あと五マイル〔八キロ〕を残して、彼は七、八分リードしていた。僕は行けると思った。折り返しを過ぎ、純粋な競争心から野生の本能に火がついた。でも今回はそれだけではダメだった。アルヌルフォも同じものを持っていたからだ。

彼は僕より六分速くゴールした。差は一マイルもなかった。

僕は彼をハグしたりはしなかった。英語で「とても感動した、あなたはとても強い」と語りかけた（彼は理解していなかったはずだ）。スペイン語で「とても強い《ムイ・フォルテ》」と何度も何度も繰り返した。

そして彼にお辞儀した。尊敬の気持ちを込めて。

のちに人々は、僕が異文化を理解するために、あるいは善意を示すために、わざと負けたんじゃないかと言ったけれど、そういう人たちは、僕にとって勝利がどれほど大事なのか分かっていない。アルヌルフォは正々堂々と戦って僕に勝った。だから翌年僕はリベンジに戻ってきて、このときは一八分差で彼を負かした。賞品のトウモロコシと七五〇ドルはララムリたちに進呈した。

EAT & RUNコラム⓫

裸足の真実

裸足《ベアフット》あるいは最低限《ミニマル》のシューズで走ることの素晴らしさは、体の自然な自己受容感覚、つまり空間の中で自分のポジションを感じる能力を使って動くところにある。自分と地面のあいだを隔てるものは何もなく、着地する度に即座に感覚のフィードバックを得て、体重を足にかけ過ぎずに軽く正しいフォームで走れるようになる。故障上がりの人や、体に構造異常がある人、あるいは単にシューズが好きな人は、シューズを履いたままで構わない。シューズを履いていても素足でも、肝心なのはフォームに注意を払うことだ。裸足で走ることがそれを容易にするのなら、やってみる意味がある。

今すぐベアフットランニングを試したい？　シューズを投げ捨てて一〇キロ走りだす前に覚えておいてほしい。まずはゆっくり、のんびりと行こう。あまりに性急かつ長い距離をやり過ぎると、故障を引き起こすことが多い。

まずは芝生か砂地の場所を探して、週に一度か二度、五〜一〇分走ることから始めよう。じっくりだ。スピードは気にしない。ランニング・フォームに集中することだ。気持ちが良ければ、一回ごとの距離を延ばしていって、週に一度、二〇〜四五分間裸足で走れるようにする。僕はのんびりランニングの日や、トラックでの運動のあとのクールダウンのときに、トラックの内側や公園で三〜五キロ裸足で走るようにしている。

ゆっくりのんびり始めるということ以外に、大事なことを二つ覚えておいてもらいたい。まず効果を上げるのにいつも裸足で走る必要はない。そして完全に素足で走る必要もない。ミニマル・ランニングシューズやレース用の底がフラットなシューズで走っても、裸足で走るのと同じ種類の感覚を得られるし、フォームを矯正するのに役に立つ。僕は、長距離のトレイルランやウルトラのレースを走るとき、ここ一〇年近くブルックスのレース用のフラットシューズを履いている。バッドウォーターやスパルタスロンもそれで走った。レース用のフラットシューズやミニマルシューズは、履き心地とパフォーマンスのいいとこ取りをしてくれる。

Chapter 16

セントラル・ガバナー

ウェスタンステーツ100
2006年

必要なものは、すべて己の中にある
——マーク・デイヴィス〔アメリカの中距離走者〕

僕ほど勝利に飢えている男はいない。でも僕がウルトラから学んだことは、どんなに全身全霊を傾けてゴールまで辿り着いたとしても、勝敗は結果でしかないということだ。勝ち負けより大事なのは、そのために何をどうしたかだ。準備は整っていたか？　集中していたか？　体調管理に気をつけていたか？　しっかり健康的に食べていたか？　トレーニングは適切だったか？　しっかり自分を追い込んだか？　こういう類いの問いこそが、僕のキャリアの指標になってきたし、何かの目標に向かっていく人にとっても——つまり誰にとっても——指標となるはずだ。仕事で出世したいとか、恋人が欲しいとか、五キロマラソンで自己ベストを出したいとかでも同じ。ただ、自分の望んだものが得られたかどうかであなたの価値が決まるわけじゃない。自分の目標にどう向かっていったのかで決まる。

ウルトラは冷酷な正確さでそのことを教えてくれる。僕は二〇〇六年のウェスタンステーツでそのことを思い知らされた。自分が走ってさえいないのに。

レースの一か月前、友人でありランニングパートナーでもあるブライアンから、ウェスタンステーツでのペーサーを頼まれた。

ブライアン・モリソンとは一年ほど前に知り合った。僕が二〇〇六年にメキシコにトレッキングに行く前の冬から春にかけて、よく一緒に走っていた。彼は二七歳で、シアトル・ランニングカンパニーのマネジャーだった。僕らはグリーン湖までバスに乗って出かけては、テンポ・ラン（最大心拍の八五パーセントで五〇～六〇分走ること）で一周五キロの湖をぐるぐると回った。クーガー山の森の中のトレイルを一緒に走り、僕はトウェルブ・ピークスや、自分で開拓した六五キロの「ガラガラ蛇からクーガーへ」と名づけた新しいトレーニングルートを彼に教えたりした。ブライアンは、ウェスタンステーツの渓谷や暑さや必要な登りの練習についていろいろと僕に尋ね、そんなブライアンに僕は何でも答えた。僕は秘密なんて必要ないと思っている。誰かを負かしたり、誰かに負かされたりするための秘密やノウハウなんてものはない。トップレベルで勝つには技術や戦略が求められるのは当然だけれど、一番大事なのはハートだ。ブライアンはそれを充分に持ち合わせていた。強い野心を持っていて、いろいろな面で僕自身を思い起こさせてくれた。

スタートラインに立ちながら、叫んだり先頭集団で走って行かないのは妙な気分だった。手持ち無沙汰になるのを避けるため、そして自分を育ててくれたこのレースにものすごく大きな借りがあるような気になって、自分が走らないウルトラレースでいつもやるように、ゼッケンを配ったりボランティアを買って出たりした。他のランナーの進行を追ったり、過去七年間、僕を助けてくれたエイドステーションのボランティアを訪ねたりするのは妙な気分だった。でも楽しかった。なんとも軽い言葉だけれど、これまでのウェスタンステーツで体験した激しい浮き沈みや、押し潰されそうなレースの重圧と比べれば、まったくもって言葉どおりだった。楽しかった。そして楽しさ以上のものを与えてくれるブライアンの存在があった。僕はレースの前に彼に、勝つのに必要なものはすべて己の中にあると言ってやった。僕は、レースの最初の五五マイル〔八八キロ〕をコースの別の場所から見ていた（ペーサーは六二マイル〔一〇〇キロ〕地点までは走ることを許されない）。彼の走りは僕の期待を一切裏切らなかった。彼は五位につけていて、疲れた様子も見せずリラックスしていた。ところが五五マイル地点で様子がおかしくなった。気温が四〇℃にまで上昇するウェスタンステーツ特有の気候で、それがブライアンの体調に間違いなく影響を与えていた。スピードが落ちた。ペーサーである僕が合流して何をすべきか明らかだった。ペースを上げなければならない。でも僕は朝の三時から起きていて、自分が引っ張れるかどうか自信がなかった。自分がウルトラを走って勝つ自信はある。でも誰か他の人の勝利を請け負うとなるとちょっと不安だった。そんな気持ちになるなんて想定外だった。合流する前にこの不安をどうにかしなければならない。

　そこで、二〇〇一年のウェスタンステーツで足がいかれたときと同じ方法をとった。簡単な四つのステップだ。第一に、不安を抑え込まない。第二に、現状を見積もる。これまで一日中走ってきた仲間と合流して三八マイル［六一キロ］のトレーニングランをするようなものだ。ものすごく大変というわけじゃない。第三に、この状況を改善するために何ができるか自問する。簡単な話だ。ペーサーとしての役目をしっかり果たすこと。最後に、悲観的な感情を目の前の問題から切り離す。悲観的になっていても現実は変わらないと分かっていれば、この最後のステップは一番簡単なはずだ。

　僕がブライアンに合流すると、アナウンサーが「スコット・ジュレクがペーサーとして合流しました！」とマイクに向かってがなり立てた。僕はただ誰かの手助けのためにここにいるのに、こんな大声で自分の名前が呼ばれると、体中をアドレナリンが駆け巡った。さぁ、役目を果たすときだ。

　六二マイル地点でブライアンは四位につけていた。ここから一六マイル［二六キロ］先にあるラッキー・チャッキーの川を渡る渡渉ポイントまでに、先行するランナーを全員抜くんだと彼に言った。そこで先頭に立ったらそのままゴールまで行こうと。

　ブライアンにスイッチが入り、別人のようなランナーになった。彼は何も喋らなかった。ランナーがたいがい無口なのは、レースのためにそのエネルギーを温存したいからだ。だけど僕はダスティのように多弁になった。ブライアンの二番目の頭脳になって彼を励まし、おだて上げ、必要なときには必要な要求をした。一二マイル［一九キロ］も行くと僕らは前を行く選手を全員抜かして先頭に立った。渡渉ポイントに辿り着くと、ブライアンは雄叫びを上げた。茹で上がるような暑さの中で、ブライアンは絶好調だった。僕はあえてブライアンを追い込み、それでも追い込み過ぎないように気を配った。小川で彼を座らせ、水をかけてやった。水たまりの中に横になるとそれが馬のし尿だったことがある。僕はすぐに気がついたけれど、動かなかった。二人ともオーバーヒートの状態で、エイドステーションに着くと僕はブライアンに多過ぎもせず少な過ぎもしないだけの水を飲ませた。七八マイル［一二六キロ］地点で後ろを振り返ると、誰も追ってきていなかった。不安ではなかったけれど、先頭を走っているときには、ライバルに「追いかけるだけ無駄だ」というメッセージを送りたくなるものだ。

僕はブライアンに言った。「ペースを上げよう。マイル八分［キロ五分］を維持して、ときどき七分半［キロ四分四〇秒］を混ぜたら、このレースは僕らのものだよ」

ハイウェイ49の九三マイル［一五〇キロ］地点に着いたところで、僕はサポートクルーのチーフでブライアンの婚約者アンドレアに、代わりのペーサーを用意してくれと頼んだ。ブライアンのことばかり気遣って自分の補給がおろそかになり、胃の調子が悪く疲れ果てていた。脱水状態でふらついていては、ブライアンの足を引っ張ってしまう。アンドレアは、あと三マイル［四・八キロ］のノー・ハンズ・ブリッジまで頑張ってと言った。そこまで来ればゴールまであともう三マイルで、ブライアンの勝利は確実だ。僕はそこでやめればいい。

砂埃と熱気の中を僕はもう三マイル走った。ブライアンがダウンヒルを走るのが痛いと言ったけれど、僕はそんなものは一時的なものだから我慢しろと答えた。僕らはほとんど言葉を交わさず、その必要もなかった。ゴールまであと三マイルの地点まで、僕はブライアンをできる限り追い込んで、交替のペーサーのジェイソン・デイヴィスが現れると、「大丈夫だ、残り一マイルのロビー・ポイントで会おう。君のウェスタンステーツ初勝利につき合うよ」と声をかけた。

ブライアンとジェイソンは、ダート道の二マイルを駆け上っていった。僕は車に乗り込み、オーバーンの道路で二人を待ち構えた。ブライアンはときどき視線を道路から上げて周りを見ていた。辺りには車や家が並び、人々は庭でパーティをしながら優勝者のゴールを待っていた。肉体的にはブライアンは大丈夫そうだった。これで決まりだ。あとはゴールラインまでの道路をジョギングするだけでいい。ついにそこまで来た。けれど声をかけると、彼はあまり自信がなさそうだった。「後ろとはどれくらいの差がある?」と言いながら肩越しに後ろを振り返った。怯えているんだ。僕は笑って「落ち着けよ、心配ないさ」と答えた。僅かな上りを走るブライアンの姿は力強かった。マイル八分のペースを守る彼に、そんなに速く走らなくてもいいよ、でもそのペースでゴールしたら、それはそれで格好いいな、と僕は言った。

「後ろはどれくらい離れてる?」ブライアンがまた訊いた。「差はどれくらい?」

僕自身もレース終盤で幻覚に襲われたことがあるので、自分が動揺しないように、そしてもちろん彼が動揺しないように努めた。

僕の友人であるカメラマンのルイス・エスコバーと、ペーサーのジェイソン・デイヴィスが一緒に走っていた。僕らは最後の下り坂で速度を緩めると、観衆の声が聞こえ、灯りが見えた。「どこだ、どこだ?」とブライアンが叫んだ。レースはオーバーンのプレーサー高校の校庭でフィニッシュとなる。僕ら三人は、「着いたぞ。やった、勝ったぞ!」と叫び返した。

午後一〇時、僕らはコーナーを曲がり、フェンスの切れ目の小さな入り口から校庭に足を踏み入れた。人々が歓声を上げた。でもルイスとジェイソン、それに僕の声はそれにも負けなかった。「着いたぞ。やった、やった!」「ブライアン、ウェスタンステーツのチャンピオンだぞ!」

校庭のトラックに入って七歩進んだところで、歓声は沈黙に変わった。ゴールまであと三〇〇メートルというところでブライアンがぶっ倒れたのだ。

「どうした、ブライアン?」と僕。

「立ち上がれない」とブライアン。

僕は最後の下りでブライアンがまっすぐ走っていないのに気づいてはいたけれど、自分もレースではそういうことがよくあった。ウルトラはそれほど過酷だ。

「立ち上がるんだ、ブライアン。立ち上がれ!」

ジェイソンと僕が彼を立たせたけれど、歩けない。「前に進むんだ」。僕はまたダスティになった。けれど今度はそれも通用しなかった。

おそらく僕らはブライアンをそのままトラックに留まらせるべきだったのだ。彼は自分では立っていることができず、わけの分からないことをブツブツ呟いていていた。

今思い返すと馬鹿げた失敗だった。ジェイソンと僕はブライアンに肩を貸してゴールラインに向かって歩きだした。僕らはトラックを横切って医療テントに向かうのでなく、トラックを回っていないのだ。咄嗟の行動だった。僕は、大変なことになっている誰かを助けなければならないというサバイバルモードであると同時に、ペーサーモードであり、レーサーモードでもあった。ブライアンが望むとおりにしてやりたかった。ゴールラインに連れて行ってやりたかった。だからそうした。

僕らは彼をゴールラインまで連れて行き、そこから医療スタッフが引き取った。医者の一人が、レースに勝ったのは誰か分かるかとブライアンに尋ねた。

「スコット・ジュレク」とブライアンが言った。

「いや、君だ。君が勝ったんだよ」と医者はそっと笑いかけた。

一五分もしないうちにブライアンは救急車に乗せられた。救急車に担ぎ込まれるとき、僕は彼の傍らに立っていた。ブライアンは僕を見て言った。「スコット、やったよ。ウェスタンステーツに勝ったんだ」

僕はその後もゴールに残り、いつものようにゴールしてくる選手を祝福した。彼らは僕が迎えるのを見て喜んでいた。ところがしばらくして観客や大会実行委員会のメンバーが何か言っているのが耳に入った。ブライアンが失格になるという。彼がトラックを回るのを僕が助けたせいだというのだ。ついに実行委員の一人が僕に歩み寄ってきて、ブライアンの勝利は取り消しで、助けを受け入れたために失格となると告げた。

それはおかしい、ランナーにとって失格はとても不名誉なことで、もし制裁を受けるとしたらそれは僕であるべきだ、と言った。もしブライアンの優勝が認められないのだとしたら、せめて棄権扱《DNF》いにしてくれ、と訴えた。

「ダメだ、失格」。実行委員会が自分たちのエゴを正当化し、レースの格を誇示するためにそうしているとしか僕には思えなかった。翌日オーバーン病院を訪ねた。ウェスタンステーツ実行委員会からは誰も来ていなかった。ブライアンの病室に入ると、彼が切り出した。

「スコット、表彰式に間に合うよう退院できそうにないんだ。僕の代わりに出てもらえるかい？」

僕は正直に話した。昨夜一晩中ゴール会場にいたこと、実行委員は君が自力でゴールしなかったことを重大視して失格にしたこと、ブライアンに一二分遅れてゴールしたグラハム・クーパーという選手が繰り上げ優勝となったこと、実行委員会の決断を覆すことができなくて申し訳なく思っていること、トラックを横切ってまっすぐ医療テントに連れて行けば良かったこと、君がどれほど頑張って、どれほど優勝に近かったか、僕はよく分かっていること、「惜しい」というのがどんな気持ちか理解しているつもりだということ（つい最近アルヌルフォに僅差でかわされた）、でも君の痛みは想像するしかないこと。こんなに辛いことは今までなかった。

シアトルに戻ると、インターネットでレースについていろいろな会話が飛び交っていた。中には信じられないような内容のものもあった。曰く、僕がブライアンをコーチのように追い込み過ぎた。彼に水分補給を充分させなかった、逆に水を飲ませ過ぎた。他人にスポットライトが当たるのが気に入らなくて、僕がブライアンのペーサーをサボった、といったものだ。

僕は二〇〇六年のウェスタンステーツで多くのことを学んだ。それは予想していなかったことだった。何をしようと自分を嫌う者がいる。禅の教えでも、誤った理由から他人を偶像視する人ほど厄介なものはない、と言っている。他人が自分をどのように見ていようが関係ない。自分自身に正直であることが大切だ。

人々は、いまだにブライアンに何があったのか尋ねる。簡単に答えるなら、僕にも分からない。もっと丁寧に答えるなら、多くの要因が重なったんだと思う。肉体的な原因だとは僕は思わない。少なくとも一般的な意味ではそうだ。きっとブライアンの脳がゴールを見て、「やった、やり遂げたんだ。さあ、休んでいいぞ」と体に伝え、体が停止してしまったんだと思う。どんなに脚が強くても、肺や腕や筋肉が強靭でも、心には勝てない。

ウェスタンステーツの担当医たちは、どうしてブライアンがトラック上の最後の最後に止まってしまったか、いくつかの理由を挙げている。まず、ブライアンが方向感覚を失い、体が機能しなくなったことは、低ナトリウム血症の症状に一致する。彼は脱水症状に陥り、血中の糖分が低下し、心臓にも何か異常を来してしまった可能性もある。けっきょくは筋肉全体の疲労が原因かもしれない。高校の校庭のトラックに辿り着くまでの最後の数マイルであまりにも無理をし過ぎて、単純に脚の筋肉が過労で動けなくなってしまったのだ。医療的な見地から言えば、ゴールに近いかどうかは関係ない。人体の常識的な知恵として、自分に無理をさせ続ける能力は、最大酸素摂取量（有酸素運動で使える酸素の量）や、LT値（筋肉が乳酸を蓄積する量が、除去する量を上回るポイント）などといったフィットネスレベルに制限される。そのフィットネスレベルをどこまで上げられるかは、筋肉や骨格の回復力とともに、効率性が関係してくる。ウルトラの場合、これに水分と栄養補給を維持することが加わる。そうした見方からすれば、ブライアンの体はちょうどその限界点に達してしまったのだろう。あのとき彼に起こったことは、このどれもが要因であった可能性がある。

　科学は客観的な測定数値に関するものであり、従って測定可能なものを重視しがちになることは理解できる。誰かをトレッドミルの上で走らせて、最大酸素摂取量や血糖値を見てそれが低いと言うのは簡単だ。でも意思の持つ不思議な力を測定することはできない。『ランニング事典』〔日本ランニング学会・訳、大修館書店〕の中で著者のティム・ノックス医師は、僕らの体がどうやって運動に耐えるのかについて独自の理論を提唱している。それによれば、脳の中の中枢機能《セントラル・ガバナー》が運動タスクを把握し、どれだけの筋肉繊維を動員すればいいか判断する。ランニングの場合には、脳はゴールまでの距離を測り、過去のトレーニングと比較し、事故を防ぎ体が故障なしに稼働し続けるペースを設定する。無理をすると、脳は疲労や苦痛の感覚を上げて、ペースを落とすように体に脅しをかける。一度これを理解すれば、速く走れるように自分をプログラムし直すことが可能だ。ノックスは、「ゴールまであとどれくらい」というようなネガティブな考えに耳を傾けるのはやめるようにと説く。

　セントラル・ガバナー・モデルには異論があるけれど、僕のこれまでの経験に合致する。僕はいつも自分の身体能力やマラソンのタイム以上のパフォーマンスで走ってきた。ウルトラはメンタルなゲームだと言ってきた。だからブライアンがゴールに到達する直前に突然止まってしまったのは、必ずしも偶然だったとは思わない。過酷な生理的ストレスの下で、ブライアンのセントラル・ガバナーはゴールラインを見つけてレースが終わったと思い込み、プラグを引っこ抜いたのではないかと思う。一〇〇マイルのレースにおいて高校のトラック一周は決して長い距離ではないけれど、ブライアンの脳がいったんそのような結論を出してしまうと、それはとてつもなく遠くなる。船長が船を飛び降りたら、船は沈むしかない。

ブライアンの一件は劇的で、医学的視点からも興味深い事例だ。でも、ブライアンの価値を決めるのはそこじゃない。全身全霊で頑張って、あと少しのところで目指していたものに手が届かなかった経験がある人なら、誰でも分かっているはずだ。勝利まで三〇〇メートルのところで倒れたブライアンは、ウェスタンステーツ100の歴史に素晴らしい足跡を刻んだけれど、それが彼のすべてではない。

ブライアンは、ウルトラに持てる力のすべてを注ぎ込んだ。彼は王者だった。僕にとっては、そして多くの人々にとって、その年の王者は彼だった。

姿勢

長く速く効率良く走るためには、正しい姿勢で走らなければならない。肩を後ろに張り、腕は肘のところで四五度に曲げる。腕は自由に振っていいけれど、体を左右に二等分する架空の垂直線は越えないようにする。これで胸が開き、呼吸が楽になってバランスが良くなる。

前屈みの姿勢で腰は立てる。頭からつま先まで棒が通っていると想像しよう。その棒が地面から心持ち前傾するように保ち、骨盤はまっすぐに。全身がうまく使えると、重力を利用した走りができる。ランニングがコントロールの効いた落下だということを忘れてはいけない。

Chapter 17

ワサッチの俊足ヤギに追いかけられる

ハードロック100
2007年7月

世界には誰をも苦しめるようなことが起きる。
でもそのあと、その苦しみの場所から
もっと強くなれる人たちもいる。
――アーネスト・ヘミングウェイ

「足首のことなんて考えるな！」

ダスティがまた僕に怒鳴った。互いに白髪になって杖をつくようになっても、奴は僕を怒鳴るんだろうか？

「しっかりしろ、ジャーカー。足首のことなんて考えずにとっとと登れ！」

僕は三本のまともな手足でつるつるした雪面から滑り落ちないように留まるのに必死で、彼に答えている余裕はなかった。僕らはひっきりなしに降る雨の中、コロラド・ロッキーの入り口に当たるオスカーズ・パスと呼ばれる一三〇〇メートルの途方もない急斜面を登っていた。雪混じりの雨が氷雨に変わった。僕らはヘッドランプを消していた。ここまでの七〇マイル［一一三キロ］をずっと後ろからついてきていた大会記録保持者のランナーが、僕らに追いつくための距離を測ることができないようにするためだ。時刻は午前二時で、ときおり光る雷の稲妻以外は真っ暗だった。ダスティは山の上にすっくと立って僕を見下ろすと、（もちろん）怒鳴っていた。僕はよじ登っては滑り落ち、骨が折れていないことを願いながら壊れた足首を引きずって、またよじ登った。

　ここから四〇マイル［六四キロ］手前の寒い風の吹き荒れる小さな谷で、ダスティは四〇歳になるカール・メルツァーに悪態をついていた。

「お前なんか、グレープフルーツみたいに足首が腫れ上がった奴に勝てないだろう」

メルツァーは微笑むだけだった。彼はワサッチ１００を六度制し、「ワサッチの俊足ヤギ《スピードゴート》」として知られていた。またこのハードロック１００マイル・エンデュランスランにも四度優勝していて、大会記録保持者でもあった。彼は別名「ハードロックの王者」とも呼ばれていた。

「このレースの勝負はテルユライドからだ」とメルツァーが言った。ダスティと僕は、テルユライドから雪原を登り始めた。僕は肩越しに振り返った。

「登れ！　大した雪じゃない。お前はノルディックスキーヤーだろう。もっと深い雪だってあったじゃないか。お前ならできる」

　僕はそこまで自信がなかった。二〇〇〇年のハードロック１００では、たったの四二マイル［六八キロ］でリタイアしていた。そのときは、ウェスタンステーツの二度目の優勝のあとで努力が足りなかったと反省していた。それに標高をなめていた。さらにミネソタ育ちの僕らの無邪気さや若さゆえの甘えがあった。大会の前日にダスティが僕をデンヴァーの空港で拾って、シルバートンまで八時間車で移動した。ダスティが車を運転し、僕は後部座席があったはずの場所で建設資材が散乱するゴミ箱の上にはまっていた。夕方六時に現地入りすると、食事と仮眠を取って、朝六時のレースに向かった。

七度目のウェスタンステーツ優勝のあと、きちんと環境に順応してトレーニングを積めば、ハードロックに勝てるだろうと思った。二〇〇七年六月、僕はレース一か月前にコロラド州シルバートンに到着した。

ところがレースの二晩前に足首を捻挫してしまったのだ。

僕は標高三三五〇メートルにあるモーラス湖でキャンプした。薄い空気を吸うと、自分の髄液が大気より濃い酸素を含んだ赤血球を吐き出してしまうのではないかと思えた。朝は未舗装のブレア通りにあるアバランチカフェで地元の人々や他のランナーたちとたむろしていた。お金を節約するため、朝食を自炊してマテ茶を淹れた。昼近くになると、コースの秘密を探るために山に分け入った。僕のガイド兼ラン仲間は、カイル・スカッグスという二二歳の売り出し中のウルトラランナーで、彼は夏のあいだ、高地の生態系や気候を調べる山岳調査研究所というNPOの調査助手として働いていた。

カイルとその兄のエリックはともに前途有望で、いずれはこの世界でアイドル的存在になるランナーだった。痩せたごついイケメンでやんちゃなこの二人は、「ヤングガン」とか、「トレラン界のジョナス・ブラザース〔三兄弟によるポップ・ロックバンド〕」と呼ばれていた。最近のこの競技に対する女性の関心の高まりには、間違いなくこの二人が一役買っている（カイルがオレゴンのローグヴァレー・ランナーズショップで働いていたとき、彼に歩き方を見てもらおうとする女性の長い行列ができていたのは有名な話だ。そのくせ誰もシューズを買おうとしないのだ）。兄弟はニューメキシコの田舎町で生まれ育ち、山での生活への思い入れや環境主義への関心から、自然とレースの世界に足を踏み入れ、陽気で前のめりにレースを楽しむその姿勢は、昔からのランナーたちを驚かせた。

　カイルは二〇〇七年のハードロックには出場していなかったけれど、コースの山々を熟知していて、レース戦略も知っていた。僕らは一緒にコースの難所に挑み、無限に続くスイッチバックを上り、尾根を駆け抜け、巨岩エリアを下り、もし滑ったら間違いなく命を落とす五〇度の急斜面やいくつもの雪原を渡り歩いた。

　ハードロックには、今までのレースと同じようにたくさんの危険があったけれど、その危険の度合いは今まで経験したことがないレベルだった。いろいろな点で、このコースは僕が知る中で最も過酷であると同時に、最も美しくもあった。僕らは青緑色に輝く湖を走り、紫色のオダマキや真紅のヤナギトウワタのあいだを抜けていった。鮮やかな緑のツンドラや目もくらむ白い雪原、金色や赤の岩、延々と続く登りや絶景、深く包み込まれる谷、鋭く雲を切り裂く山頂《ピーク》を走った。

　晩にはカイルの山岳調査研究所の同僚で、インドからやって来た三〇過ぎのイムティアーズとよく過ごした。僕らは研究所の台所で一緒に晩ご飯の支度をした。カイルがマッシュルームのケサディーヤを作り、イムティアーズがインドのバスマティ米とナスのカレーや豆のカレーを作った。僕らがトマトとズッキーニを生姜とクミンとマスタードシードでソテーすると、台所はよだれが出そうな香りに包まれた。僕らはインド料理のスパイスの繊細さや、アーユルベーダ〔インド民間治療法〕の効能について語り合った。

長年植物だけを食べている僕は、シンプルな食事と極力加工食品を避けることが、健康維持の最良の方法だと信じている。初めてのインターンシップで老人とその病院食を見てひらめいて以来、病気や怪我を可能な限り自然な方法で治そうとしている。食べ物は僕にとって薬でもある。こういった薬は他の長距離ランナーがよく口にするイブプロフェンのような抗炎症薬も避ける。痛みをごまかしてしまうので、本当は走るべきでないときも走ってしまい、もっと深刻な怪我を引き起こす可能性があるからだ。それに大勢のランナーがイブプロフェンの飲み過ぎで腎臓をやられるという話も聞く。これは早く回復させようとするときにありがちな副作用で、いろいろな面で典型的な西洋医薬の問題と言えるだろう。

一か月のトレーニングとシンプルな生活と多くの新しいヴィーガン料理のおかげで、レース直前の僕は、四〇〇〇メートルのピークも五〇キロの距離も、呼吸が苦しくならずにこなせるようになった。二二歳の若い筋肉で二か月間の高地トレーニングを積んできたカイルでさえ、毎週のケンドール登山で僕がペースを上げるのを見て驚いていた。高地？　僕なら準備ＯＫだ。

そうでなくちゃならなかった。ハードロックには一一のピークが含まれ、そのうち六個は四〇〇〇メートルの上りで、四三〇〇メートルの上りも一つある。累積標高差は上り下り合わせて二万メートルにもなり、エベレストを海抜ゼロから登って下りるよりも長い。大会実行委員会ご自慢のポイントだ。

レースの二晩前、僕は町の古い墓地からそう離れていない草の茂るグラウンドで、青少年向け薬物依存防止教育プログラムDAREのサッカーゲームに参加した。そこで七歳の子供からボールを奪おうとして足首の靭帯をやってしまった。

僕はウコンを入れた豆乳を何杯も飲み干し、腫れ上がった足首の周りに氷の袋を巻きつけて何時間も横たわっていた。炎症を止めるアルニカ・モンタナの生薬とパイナップルのブロメライン酵素を飲んだ。でもそれでも足りなかった。電気的な痛みが僕の交感神経を刺激した。これではレースは走れっこない。僕が足を引きずりながら台所に入ってくるのを見て、イムティアーズが足を見せてくれと言った。彼は黒コショウ一さじにウコンと小麦粉と水を加え、濃いドロドロした液体になるまでよく擂《す》り、そのペーストをペーパータオルに載せると、僕の足首に巻きつけた。

その格好で足を引きずりながら自分のテントに戻ると、ダスティが足首の湿布を見て言った。

「ジャーカー、今度ばかりは抗炎症薬を考えた方がいいぞ」


僕が雪原に辿り着いた時点で、その足首で七九マイル［一二七キロ］を走っていた。でも最難関はこれからだ。「ワイルドでタフ」と喧伝されるようなレースコースは、捻挫したばかりの足で走りたいとは思えない。コースはときにけもの道を行き、ときにはガレた坂や雪原の道なき道にただマーカーだけがあった。その一九時間半前に、僕はシルバートン高校の体育館でイムティアーズ特製の新しい湿布を貼り、プロテックの足首サポートで挟んでさらに足を固定するエアキャストを装着した。さらにその上をダクトテープで何重にもぐるぐる巻きにしたので、厚みが五センチにも膨らんだ。二日間治療したあとでも、最後に見た自分の足首は雷雲のように紫色に光り、腫れがひどくて足首の骨が見えないほどだった。

怪我は負けたときの絶好の口実になったけれど、そんなものは要らなかった。本当のことを言えば、この大会に関しては、たとえ足首が万全であっても、怖がるとまではいかないまでもひどく不安な気持ちで走っていたはずだ。サンファン山脈を知る者ならみんな同じだろう。一九九八年のハードロックでは、ジョエル・ザッカーというランナーがレース後に脳動脈瘤で亡くなった。その後も多くのランナーが負傷している。ハードロックに出場するランナーはみんなそれを分かっていて、それでもレースに参加する――血液が毛細管から肉に漏れ出して両手がキャッチャーミットのようになり、両足がピエロ靴のようになるまで。

ハードロッカーはそれでも走り続ける。常連はそんな姿を見て笑い出すくらいだ。一方で、血液が肺に沁み込む肺水腫は致命的だ。過去に何人かのランナーがゼーゼー言いながらレースを完走し、すぐさま肺水腫でモーラス・パスを越えてデュランゴの病院に搬送されたと聞いている。何人ものランナーが胃腸を壊すし、嘔吐は珍しくもなく、幻覚は当たり前だった。選手たちは巨岩がスバル車に変わり、木が無数の笑う虫に化けるのを見る。木の切り株がヘラジカの生首に見える。遅いランナーは睡眠不足が著しいためなのか、もっとひどい幻覚に悩まされる。ハードロックの制限時間は四八時間だが、歩いているランナーは最後の数マイルでハイカーの幽霊と道連れになる可能性が高い。しかもそのお化けはときどき冗談まで言う。

レースが始まった一九九二年には、エントリーした四二人のうちたった一八人しか完走できなかった。ランナーたちはコースを遮る木の枝をかき分けて進み、優勝者はゴールに立つトレーラーハウスのドアを叩いて、レーススタッフにゴールしたことを知らせなければならなかった。

今でこそレース運営委員会はコース上に何か所かのエイドステーションを設けているけれど、他の一〇〇マイル山岳レースと比べるとその数はかなり少ない。ハードロッカーはたまに、レッドヴィル・トレイル100といったもっと有名で人気も高く、スポンサーがたくさんついている大会のことを「いくつかの丘を走るような」レースだと見下して言う。ウェスタンステーツは面白くて有名なレースだけれど、カリフォルニアの連中があれを最も過酷なウルトラレースだって自慢するのはおかしい、というわけだ。ハードロッカーは、地元意識がとても強い。

ハードロックの見どころはというと、最低一晩は寝ないことと、腰まで水に浸かる渡渉が通常でも二か所あることだ。標高に苦しめられること、固定ロープを使う難所、雪原・ツンドラ・岩場歩き、道なき道のクロスカントリーもそうだ。さらには、簡単に足元が崩れるガレ場もある。

人間の体をここまで無慈悲に痛めつけるイベントなら、おのずと健康志向の食事が重視されてきたはずだと思いたいところだけれど、実はそうでもない。典型的な昔気質のハードロッカーに比べれば、満腹知らずの大食漢ですら食事に気を使って見えるほどだ。特に一九九〇年代、初期の頃の選手たちは朝食にドーナツをガツガツ食べて、追加でベーコンやソーセージをしこたま平らげていた。ランチとディナーには、たいていペパロニのピザと脂っこいチーズバーガーがあった。レースになってもハードロッカーぶりは変わらない。シルバートンから山を越えてすぐにあるコロラド州ユーレイに住む伝説のウルトラランナーのリック・トルヒーヨは、マウンテンデューのソーダとオレオクッキーだけで一九九六年の大会を制した（彼はその後もこの無茶な食事を続けていたが、二〇〇七年、五九歳のときに胸痛で病院に担ぎ込まれた。最近の彼はもっとサラダを食べるようになっている）。

ハードロック出場者の完走率は半分に満たない。各ステーションの関門時間（トータル四八時間の制限時間に基づく）に間に合わなければ、選手はそこでレース終了となる。とりわけ六〇、七〇、八〇マイル走ったあとに「タイムアウト」を宣告されるのは本当に辛い経験だし、多くのランナーがレースを続けさせてくれと懇願するため（なかにはエイドステーションのクルーを脅かす選手もいる）、レース運営委員会は、ハンドブックに「みなさんは経験豊富なウルトラランナーのはずです。だからして関門時間でエイドステーションのスタッフと争わないようにお願いします！」と明記している。

「ここは危険なコースです！」大会ハンドブックには難解な統計が並ぶ異様な概要とめまいがするほど詳細なコース説明、それに髪の毛が逆立つほどの危機に対して恐ろしいほど控えめな表現が添えられている。

例えば嵐の最中にピークを越える誘惑に駆られたときについて、マニュアルはこう助言している。

「二～四時間谷に身を潜めていれば、それでも完走できます。でももし雷に打たれたら、その瞬間あなたのランナー人生は終わってしまうのです」
「些細な問題点」として、マニュアルはスタッフに次のように助言する。
「また、レース終盤では、糖分や水分を使い果たしたランナーを見かけるかもしれません。彼らは極度に疲労しており、嘔吐しているかもしれない」

それにこうも書いてある。「トレイルランニングに加え、（手を必要とする）初歩的なロッククライミングや凍える小川の渡渉、雪上歩き（夜間や早朝は固く凍って滑りやすく、日中は溶けて膝の上まで潜ってしまうことがある）、絶壁渡り（落ちれば一〇〇メートルほど真っ逆さまなので、手すりとして固定ロープを使うこと）があります。地図を読みながらコースを進んで下さい」（ボランティアが毎年コースに設置していたプラスチックの旗は、マーモット〔大型のジリス〕が齧ってしまうので今は金属製の反射板マーカーになっている）。

僕が雪を乗り越えてダスティと合流したのは、オスカーズ・パスだった。僕らは一三〇〇メートルを登ってきた。もしコースをよく知らなければ、つかの間の安堵を感じていてもおかしくない場面だ。でも僕にはよく分かっていた。ダスティが山の裏側のチャップマン渓谷と呼ばれる恐ろしいクレバスに向かって駆け下りていくのを追った。無数の大岩が散らばるスイッチバックを跳ぶように下りた。ときどき振り返るダスティは、僕が足首固定用のエアキャストで岩と岩のあいだにくさびを打つように走っていたとのちに言っている。僕はそのときは自覚していなかったけれど、おそらく神経回路があまりに多くの危険信号に興奮し過ぎていたんだと思う。両足がまともでもそんな走り方をしたら痛かったはずだ。

でもこうした険しい岩だらけの下りは今までだって駆け抜けてきた。僕にとって未体験の挑戦は谷底で待ち構えていた。畏敬の念を抱くほど恐ろしいコース最難関の登りの始まりだった。誰をも絶望の淵に追い込む残酷な険しい登りは、巨石と砂利と崩れそうなガレ場がグランツ・スワンプ・パスまで続いていた。

一九九八年、ハードロックを二度制覇しているデイヴィッド・ホートンがこのセクションを登っていると、先を登っていた選手が落としたメロン大の岩が彼の右手を直撃した。ホートンはレースレポートに「ほどなく僕は、グローブから血が沁み出してくるのに気づいた」と書いている。レース完走後、彼は（当然ながら）手を複雑骨折していることを知った。

ホートンの話は衝撃的だけれども、そんな話は他にもある。ハードロックは最も過酷なウルトラレースだからこそ、最もタフなウルトラランナーたちを惹きつけている。

ローラ・ヴォーンは唯一出場した一九九七年のハードロックで女子大会記録を打ち立てた。彼女は、ワサッチ・フロント100を大会史上初めて一〇年連続で完走すると同時に、女性で初めて二四時間切りを果たした。彼女はもちろん速い。でも彼女がタフだったのは、そして正真正銘のハードロッカーになったのは、一九九六年に息子を出産した九週間後にワサッチに出場し、エイドステーションで授乳しながら走ったことだ。彼女の大会一〇年記念リングには、「授乳をするローラ」と刻印されている。

タフだろう？

キャロライン・アードマンは、一九九七年に初めてハードロックに出場した。四八歳だった。八五マイル〔一三七キロ〕まで走ったところで関門時間に引っかかり、大会スタッフからストップをかけられてしまった。

一九九八年に彼女は再エントリーしていた。その四週間前にウォーミングアップにユタ州オレムの五〇マイル〔八〇キロ〕レースを走ったとき、三マイル走ったところで転んで左膝を擦り剝いた。出血して少し痛かったが、大したことはないだろうと思いそのままレースを走り終わってから膝を見ると、真っ白な膝蓋骨が剝き出しになっていた。驚いて病院に行くと、救急看護室の医者に脚を切断しなくて済んでラッキーだったと言われた。彼女はそのまま入院し、静脈に抗生物質を打って一週間を過ごし、二度の外科手術を受けた。

その翌年彼女はまたハードロックを走り、九二マイル〔一四八キロ〕でタイムアウトとなった。次の年、最後の挑戦では、七七マイル〔一二四キロ〕でタイムアウトになった。

タフだろう？

カーク・アプトは初めてハードロックに参加したとき、六七マイル〔一〇八キロ〕地点で嘔吐し、三時間経ってもまだ吐き続けていた。次の挑戦では七五マイル〔一二一キロ〕地点で大腿四頭筋が攣《つ》ってしまい、残りの二五マイル〔四〇キロ〕は足を引きずりながら走った（アプトは二〇〇〇年にレースを制した。僕がリタイアしたときだ）。彼はこれまでハードロックを一六回完走していて、まだ記録を更新中だ。

岩は雪より始末が悪く、過酷な登りだった。ここまで二二時間レースを続けてきたけれど、まるで一生続けているような気がした。本当のレースはテルユライドから始まるだって？　僕は岩だらけの地面を踏みしめて、捻挫していない方の足が最後までもつことを願った。ボロボロのガレ岩は足元から崩れるため、一歩前進しようとしても半歩しか進まない。必死に登ってもほとんど進まない。メルツァーはどこだ？　彼もヘッドランプのスイッチを切っているのか？　きっと、勝負に徹して非情にならなければ四度もハードロックで勝てるわけがない。

タフだろう？　「とにかくやるんだ！」

何とか上り切ってピークに到達すると、反対側の斜面を下り始めた。いつしか足首の痛みは消え、感覚自体がなくなっていた。明け方の四時、さらにピークをもう一つ越え、とうとう地面が姿を現した。漆黒の闇がだんだんと明るくなり、見事な夜明けを迎えた。山の中で新しい一日の始まりを見るのは、ほとんど宗教的な体験だった。それほどの疲労と苦しみの中で、ハードロックのウルトラランナーが景色を楽しむことができるのかといぶかる人もいる。最後の危険な下りを進みながら、僕はただ単に楽しむだけでなく、大いに堪能していた。朝日が僕らを包んでいた。川のせせらぎが聞こえてきて、二人ともそれが何を意味するか分かっていた。シルバートンのゴールまであと残り二マイル［三・二キロ］だ。

「とっととこいつを片づけようぜ」とダスティが言った。「昼寝がしたい」

僕らは午前八時八分、二六時間八分でゴールし、それまでのメルツァーの記録を三一分更新した。座り込んで厳重にガードした足首のプロテクションを外すと、患部はまだ紫色でいつもの二倍に腫れ上がっていた。僕は高校まで何往復かして、トイレに行ったりシャワーを浴びたり何か食べたりちょっと眠ったりしたけれど、それからの二一時間と五二分二九秒のほとんどの時間は、ゴールで他の九六人の完走者を迎えた。特に同じミネソタ出身で、ウルトラの女傑クリッシー・モールを出迎えたかった。クリッシーはメルツァーに遅れること僅か二五分の三位でゴールし、女子の大会新記録を打ち立てた。ウルトラランニングでは、山々も断固たる意志も性別を分け隔てはしない。

Chapter 18

フェイディピデスの足跡を辿って

スパルタスロン
2007年9月

汝の食事を薬とし、汝の薬は食事とせよ
――ヒポクラテス

二か月後には捻挫も治り、足を怪我していても一〇〇マイルの山岳レースを優勝できるという楽観的な思いと喜びに浸っていた。でもそれは束の間の幸福な時間だった。今度は一五二マイルのレースを骨折した足指で走ろうとしていたからだ。

そのレースはスパルタスロンといって、前年には、バッドウォーターで二度目の優勝をした数か月後に走って優勝していた。でも昨年と違って今年は前回覇者として臨むので、その順位を維持するのは難しいだろうと分かっていた。

二四五・三キロを走るスパルタスロンは、アテネのアクロポリスをスタートして、スパルタのレオニダス像の前がゴールだ。コースは九五パーセントが舗装道路で、四パーセントが砂利の林道、山道は一パーセント。海抜ゼロから一二〇〇メートルまで山越えを何度かするコースは、累積標高差が二四〇〇メートル以上もあった。コースの長さはもちろん、ギリシャの強烈な日差しと沿岸の湿気もランナーの敵だ。昼間の気温は三二～三八℃まで上がった。

レースの制限時間は三六時間で、全部で七五か所あるコントロールポイントをそれぞれの制限時間内に通過しなければならない。毎年三〇〇人ほどいる参加者のおよそ半分しか完走できない。エイドステーションにはボランティアが水、果汁ジュース、ソーダ、パン、ヨーグルトなんかを準備してくれていて、ドロップバッグ〔予め替えのウェアや食料を入れておいた自分のバッグをそこで受け取れる〕も置いておくことができるので、サポートなしでも走ることができる。ペーサーはつけられない。

僕はスパルタスロンの評判を聞いて二〇〇六年に初めて出場した。その体験とレースの歴史を学んだことで、また二〇〇七年にも出ることを決めた。

ギリシャに起源を持つ一番有名な長距離レースはマラソンだ。紀元前四九〇年にギリシャがペルシャを倒したことを伝えるために、ある使者がマラトンからアテネまでの困難な四二・一九五キロの道のりを走った。でも、その使者は目的を果たしたあと、あまりの疲労のためにその場で倒れて死んでしまった。彼の偉業を祝うのがマラソンだ。この使者はフェイディピデスだったとよく勘違いされるけれど、古代の著述家プルタルコスによれば、この高貴で破滅的な旅を実際に果たしたのはエウクレスというランナーだった。

こうした古代歴史学者たちによれば、フェイディピデスの本当の物語はずっと素晴らしく、ハッピーエンドで、現在のスパルタスロンのきっかけとなるものだ。

ペルシャ軍は勢いに乗って勝ち続けていた。ギリシャの島々を略奪し、都市国家エレトリアを占拠して、今度はアテネを落とそうと目指していた。アテネ軍はミルティアデス司令官に先導された小さな部隊を、海からの侵入口を封鎖するためにマラトン湾に送り込んだ（ちなみにマラトンという名は、その地域に自生していたと思われるウイキョウという植物に由来する）。古代歴史学者ヘロドトスによれば、自軍よりはるかに数で勝る侵略軍に対抗するため、ミルティアデス司令官が大都市スパルタへ増援部隊を要請するために派遣したのがフェイディピデスだった。

フェイディピデスはアテネを出発した翌日にスパルタに到着したものの、要請は聞き入れてもらえなかった。スパルタ人たちは、同じギリシャ人としてアテネの状況に同情はしたが、ちょうどアポロを祭る重要な祝祭の真っ最中だったため、次の満月まで戦争をすることができなかったのだ。この悪い知らせを伝えるためにアテネまで戻る二四五・三キロの道のりは長かったはずだ。でも幸い、フェイディピデスには他にも伝えるべきものがあった。

古代都市テゲア（スパルタスロンのチェックポイント第60）を見下ろす山々を走っていたとき、自然の神パーンが見えたという。パーンは神々の伝令役であるヘルメスの息子で、羊飼いや妖精や農牧の神だった。人々のあいだに「パニック」と呼ばれる恐れを引き起こす力を持っていたので、大きな戦いの際は味方につけたい神だった。この神がフェイディピデスの名を呼び、「アテネの人々にはいつも好意を持っていて、これまでも力になってきたし、これからもそうしたいのに、なぜ誰も気づかないのかアテネの人々に訊いてほしい」という伝言を頼んだ。

注意深く読むと、フェイディピデスの話にはランニングについて知るべきことが、すべて含まれている。四八〇キロ以上走り、その半分の距離を一日余りで走ったにもかかわらず、欲しかったものが手に入らなかった！　長く走っているとそういうことは多々ある。定量的な目標を設定してそれを目指しても、けっきょく達成できなかったり、それが無意味なものになったりする。ランニングの見返りは、いや、あらゆることの見返りは、自分の中に存在するものだ。競技の中でさらなる見返り、さらなる勝利を目指してきた僕が、それこそ何度も何度も学んできたことだ。モチベーションを自分の外に置くことはありがちだけれど、思い出してほしいのは、自分に喜びや平穏を与えてくれるのは、優勝そのものじゃなくて、それを達成するためのプロセスだ。ポスターや自動車のバンパーに貼ってあるステッカーによく書いてあるように、人生は旅であって目的地じゃない。フェイディピデスは走り続けることで、結果としてさらに良いもの、人間界では得られないような経験を手にした。自然そのもの――パーンはその化身だ――がフェイディピデスの名前を呼び、この偉大なるランナーに聖なるメッセージを与えて人々に持って帰らせた。ここから読み取れる自然からのメッセージは普遍的なものだ――自然に対してもっと関心を払えば、これまでいつもそうしてきたように、これからもあなたを助けましょう。

フェイディピデスからこのメッセージを受け取ったアテネの司令官たちは、それを真摯に受け止め、戦いのあとパーンに敬意を表して寺院を建立した。けっきょくスパルタ人が来るのを待てずにアテネ軍はペルシャ軍に攻撃を仕掛けた。のちに語り草となるほど勇敢な戦いによって、アテネ軍はペルシャ軍を破って勝利を収めた。マラトンでのこの思わぬ勝利が、ペルシャ戦争の転換点となってギリシャの黄金時代の幕開けとなった。

スパルタスロンは、ジョン・フォーデンというオーストラリア人の空軍中佐が英国空軍をちょうど定年退職する間際に発案し、最初に開催されたのは一九八三年だった。フォーデンは空軍での四〇年のキャリアの過程で朝鮮戦争、スエズ動乱、ブルネイの反乱、そしてキプロスへのトルコ軍の侵攻に従軍し、アマチュアのアスリートでもあり、古典にも精通していた。ある日、ヘロドトスを再読していたとき、フェイディピデスの伝説的な走りは現代のランナーにも可能だろうかと思うようになった。

そこで、ジョンと英国空軍の仲間四人で挑戦することにした。アイルランド人のジョン・マッカーシーの言葉を借りれば、「古代の軍道、巡礼路、乾いた川底やヤギ道などをつなぎ合わせながら、当時の政治的同盟関係や回避するべき敵地を考慮しつつ、歴史的に正確で信頼できるルートを辿った」。一九八二年一〇月八日に五人のランナーがアテネを出発し、そのうち三人の「ジョン」がスパルタのレオニダス像に無事辿り着くことができた。ジョン・ショルテンは三五時間半、ジョン・フォーデンは三六時間、そしてジョン・マッカーシーは四〇時間ちょうどでゴールした。

その後彼らは、本来のオリンピックの精神にのっとって、賞金や営利目的でなく、国際交流と協調の精神を推進するレースとして毎年開催するようになった。実際、ウルトラランニングの世界でもスパルタスロンは最も割安なレースの一つで、五二五米ドルの参加費には、レースエントリー、どこよりも素晴らしい表彰式、六日分の宿泊と食事が含まれ、さらに博物館へのツアーやバスの交通費とエイドステーションでの飲食まで含まれる。

一九八三年には、一一か国から四五人の選手が参加して、一九八四年からはレースの運営をする国際スパルタスロン協会が立ち上げられた。

フォーデンは定年後、ウルトラランニング界で活躍し続け、世界中のレースに出場した。彼が書いた「初めてスパルタスロンに参加する人のための準備と戦い方」という小冊子は、特にレースに初めて出るときにとても役に立つ。七〇代になっても彼は大会で年代別記録を更新し続け、二〇〇五年にはドイツのシュレースヴィヒから北デンマークのヴィボーまでの三〇〇キロを七日間で歩くハーヴェイヴァンドリング・ウォークに最高齢で参加した。

僕が戦ってきたウェスタンステーツや他のウルトラでは、アメリカ長距離界のトップランナーが参加していたけれど、スパルタスロンは世界で最も強いランナーたちを惹きつけていた。二〇〇七年に出場した際は、二〇〇一年度の覇者で、ブラジルから来たヴァルミール・ヌーネスもいた。彼は僕のバッドウォーターでの大会記録を破ったばかりで、一〇〇キロレースでは世界三位という記録の持ち主だった。他にもすごい元チャンピオンがたくさんいた。二〇〇〇年の優勝者の大滝雅之、二〇〇二年優勝の（そしてのちに二〇〇九年のチャンピオンになった）關家《せきや》良一が日本から来ていた。オーストリアから来た二〇〇三年の優勝者マーカス・テールマンもいて、二〇〇四年と〇五年に優勝したドイツのイェンス・ルーカスもいた。僕は前年に北米人として初めて優勝した。でも最も偉大なスパルタスロンの王者は、今でも、そしてきっとこれからも、地元出身のイアニス・クーロスだ。三人のジョンたちが一九八二年に初めてスパルタスロンルートを試走したとき、当時二六歳だったイアニス・クーロスは、トリポリ近郊のグラウンドの管理人として質素な生活を送っていた。フェイディピデスのルートを辿るという彼らの使命を聞いて、文学に興味を持っていた彼はすっかり魅了されてしまった。彼は、その時点でマラソンを二五回完走し、自己ベストは二時間二五分となかなかのものだった。ちょうどその先の何かを探していたときだった。クーロスは、一九八三年に彼にとって初めてのウルトラマラソンとなるスパルタスロンを二一時間五三分で完走するという驚きのデビューでウルトラマラソン界に衝撃を与えた。二位のランナーから三時間以上も速く、あまりにもずば抜けたタイムだったため、主催者は彼が不正を働いていないか確認するまで二日間も彼にトロフィーを渡さなかったくらいだ。

その後、クーロスはスパルタスロンでさらに三回優勝し、二〇時間二五分〜二一時間五七分という彼の四度の優勝タイムは、現在でも歴代大会記録のトップ４だ。フェイディピデスさえ勝てなかっただろう。僕も大会記録を目指したけれど、自己ベストは歴代大会記録の五、六、七位でクーロスの一番遅いタイムよりさらに二三分遅かった。

クーロスはウルトラの現役から半ばリタイアしてしまったけれど、世界クラスの一〇〇マイル以上のウルトラレースにおける彼の記録は誰にも破られていない。一二時間以上のロードとトラック競技では、いまだに数々の世界記録を保持している。

クーロスは、古代ギリシャの伝統を今に引き継ぐ哲学者アスリートだ。彼の記録は、精神から溢れ出るエネルギーに根ざしたものだろう。彼は絵を描き、詩を作り、歌を録音し、『ヒーローの旅（*A Hero's Journey*）』という映画でフェイディピデスの役を演じたこともある。「個人の成長を超えて、世界に結束と友情と調和をもたらすために、人間の持つ無限の能力を自ら発見し利用できるように、人々の目を開かせ、インスピレーションを与える」演説をすることもあった。

僕もクーロスにインスピレーションをもらい、フォームの限界を広げられるようになった。彼はがっちりした体形でランナーに見えないくらいだけれど、無駄なく走り、走りながら食べたり飲んだりもしている。上半身はまるでスプリント選手のように発達していた。あのパワフルな胸筋や三角筋にきっとさらなるエネルギー源を見つけたのだろう。強い上半身が、テクニックとスピードに有効だと知っているランナーはたくさんいる。でもクーロスは、腕の推進力を脚に転換していく秘密を発見したようだった。

クーロスは、究極的にはウルトラは超越した次元に達するための訓練だと教えている。それは生まれ持った運動能力やトレーニングとは関係なく、「形而上学的な特性」が試されるものだと言う。彼曰く、それは二四時間以上の連続ランでなければならない。「ランナーが昼間から夜中まですべての時間帯を経験し、その変化の中で走り続けなければならない。長時間にわたって、いずれは筋肉が消耗され疲労し、そこで自分が生まれ持った運動能力や体力に関係なく走れるかどうかが証明される」。五〇マイルのレースやステージレース〔複数日に分けて開催されるレース〕は競技としてはいいけれど、生まれ持った運動能力やトレーニングを重ねた人を優遇するため、本当のウルトラとは呼べないと断言している。本当のウルトラランナーは、睡眠を奪われ、全身の筋肉疲労に耐えなければならない。「燃料が全部なくなって初めて新たなエネルギーを探し出せるのだ」。

ウルトラマラソンの痛みに耐えられる人には至福が待っている、というクーロスのメッセージに助けられることになったのは、レースの九日前、夜起きてトイレに行く途中に足の小指をぶつけたときだった。翌朝見てみたら、小指が青くだらんと垂れていた。絶対に折れていると思った。レースまでの一週間、小指を他の指にテープで巻きつけて固定してみたり、添え木を括りつけて海岸を歩いてみたり、硬いインソールを使ってみたりもした。そして、人間の体は九日間もあれば奇跡を起こせるんだと自分に言い聞かせた。

最後には、このような怪我に感謝するべきだと自分に言い聞かせ、そもそもウルトラマラソンをなぜ走っているかを思い出した。最高記録を出すためではなく、単純に物理的な楽しみのためでもない。もっと深くにある何かのためだった。一〇〇マイルを走るのは、体が壊れ、精神が破壊される寸前まで追い込むことで、意識が変容状態に入れる領域に辿り着くためだ。もっとクリアに世界を見るためだ。僕のヨガの先生が言うように「怪我は最高の先生なのだ」。

ウルトラマラソンを走る人々の多くは、精神安定剤を摂るのと同じ理由で走っていると思う。もちろん、走ることによって得られる友情や達成感や自然を身近に感じることが重要じゃないと言っているわけではないけれど、遠くへと長く走れば走るほど、僕は自分が追いかけているのが精神的な状態――決してなくならないと思っていた心配事も消え、時を超越した美しい宇宙と今という瞬間が鮮明に見えてくる状態――だったんだと気づく。こうしたヴィジョンを得るため走り始める人はあまりいないと思う。少なくとも自分はそうじゃなかった。でもウルトラランニングをある程度真剣にやっている人なら、きっとそこに行ったことがあるはずだ。そこに辿り着いたときに、ヴィジョンに気づくことがポイントだ。骨折した足指のおかげで、僕は気づくことができた。

レースが始まる時点でも、歩く度に足指が痛んだけれど、その痛みを無視しようとした。他に考えなければならないことがたくさんあった。例えばブラジルのヴァルミール・ヌーネス。そして日本から大滝雅之と闞家良一やオーストリアのテールマンもいた。その他に、装備を積んだ改造乳母車《バギー》を押しながら故郷ポーランドからギリシャまで走って来たピョートル・コールヨというポーランド人も気になった。彼はローマに立ち寄って教皇を見てきたという。そのひたむきさには敬服するけれど、すでに疲れているのが見て取れた。きっとライバルにはならないだろう。

スパルタスロンのコースは、アップダウンはあるものの、傾斜が急ではないことが逆にきつい。例えば、ハードロックの急なセクションでは一番強いランナーたちでさえ歩かなければならない。でもスパルタスロンでは歩くことは弱いランナーの言い訳でしかなかった。だから走った。予想したとおり、テールマンとヌーネスが先頭を走った。二〇キロ地点で、あのポーランド人がヌーネスを追い抜かして差をどんどん広げていった。

ペーサーがないレースなので、初めてサポートクルーに会えるのは八〇キロ地点だった。僕はエナジージェル、ポテト、バナナやエナジードリンクをたまに取りながら次の一歩とその次の一歩に専念し、安定したペースを維持した。午後五時で気温は三二℃だった。海から遠ざかって上り、オレンジの果樹園をジグザグに走り抜けながら古代からの円柱が残るコリントを通った。夕日が辺りを霞がかった赤に染めながら目の前にそびえ立つ大きな丘の後ろに沈んでいくと、その夕日に向かって走った。僕はできるだけ考えないようにした。これほど長くて、暑くて、これほど昼が渇いてしまうレースでは、考えるのは危険だ。自分が今どこにいて、あとレースはどのぐらい続くのかといった冷静で合理的な判断は、合理的な降伏につながってしまいがちだ。僕は、思考を超越した領域に向かおうとした。ウルトラランナーが至福を感じる領域へ。

長い距離を長時間走るときに何を考えているのかとよく訊かれる。ランダムな思考はウルトラランナーの敵だ。思考は基本的で重要なことに使うのが一番いい。最後にいつ食べたのか、次のエイドステーションまであとどのくらいあるのか、他のライバルは今どこを走っているか、自分のペースはどうなのかといったことだ。こういうことを考える以外は、何もない「今」という瞬間にどっぷり浸かることが大事だ。

僕は何とか三位の順位を保つのに必死で、ものすごく喉が渇いていた。人を見かける度、「パゴス、ネロ・パラカロ!(氷と水を下さい)」とギリシャ語で叫んだけど、村人も、ワイン畑の労働者も、木陰に佇む老女も、誰も理解してくれなかったようだった。ようやくポツンと佇む白っぽい軽食堂《タベルナ》から、紺色のドレスを着た背中が曲がったおばあさんが出てきて僕の方に近寄ってきた。「パゴス、ネロ・パラカロ!」とまた言うと、今度は奇跡的に理解してもらえた様子で、家の入り口に立っていた男に何かを叫んでコップで飲む動作をした。

おばあさんは腕も足首も太くて、日焼けして荒れた顔をしていた。旦那さんが氷の入った大きなコップを彼女に渡し、彼女はそのコップを僕に渡した。この氷はもしかして、魚を冷やしておくための氷だったのかもしれないけれど、そんなことはもうどうでもよかった。僕にとって、大きな氷のかたまりはダイヤモンドより貴重だった。彼女は自分の庭からバジルの葉を取って僕の手に押し込んだ。水を飲み終わって礼を言うと、ジェルや食料を入れた僕の腰のウェストパックを指さした。バジルをそこに入れろということか。ウェストパックを取って入れようとしたら、バジルの葉っぱを一枚ちぎって僕の耳の後ろに置いて頰っぺたにキスしてくれた。

突然、気持ちが軽くなり、力強さを感じた。それはあのおばあさんの親切のおかげなのか、水なのか、あるいはバジルだったのかは分からないけれど、心の中で何かが変わった（あとで知ったことだけれど、バジルはハーブの王者で、ギリシャ語の「バシレウス（王様）」に由来する。ギリシャでは強さと幸運のシンボルとして崇敬されている）。僕はウルトラマラソンの中でこういう瞬間が大好きで、そのために走っていた。すべてが絶望的で、前に進むなんてもう無理だと感じているときに、ちょっとした温かい行為、小さな一歩、一口の水によって気づくことがある。無駄なことなんて何もない、前に進むことこそ——とりわけそれが馬鹿らしく思えるときにこそ——世の中で最も意味があることなんだと。多くのランナーにとって、こうした明確なヴィジョンを得るのはレースやトレーニングが終わってすべてを出し切り疲労困憊したときだ。ウルトラランナーにとってそれは、いつだって約束されている。

状況は何一つ変わっていなかった。軽い脱水症で、折れた足指のために足を引きずりながら走っていた。暑くて、疲れていて、まるで野球のバットで叩かれたようにふくらはぎと大腿四頭筋が痛んだ。でも、気分は別人のようだった。

CAROB CHIA PUDDING

キャロブとチアのプリン

レシピ→317ページ

僕がこのプリンを作り始めたのは初めてウエスタンステーツ100を走った年だ。自分が山の中でキャンプすることは分かっていたので、夕方のトレーニングランのあと、手っ取り早く摂取できるたんぱく源になって、夕食の楽しみになるおやつが欲しかった。甘くてチョコレートのような風味は、生のキャロブから来る（もしキャロブが嫌いなら、それはきっと焼いたキャロブしか食べたことがないからだろう）。コッパーキャニオンに行ったあとで、僕はレシピにチアシードを追加した。これがタピオカのような食感を与えてくれる。このプリンを食べても、とても豆腐が入っているとは思わないだろう。

SMOKY CHIPOTLE REFRIED BEANS

スモーキー・チポトレ・リフライドビーンズ

レシピ→318ページ

タラウマラの人々は、このリフライドビーンズをコーントルティーヤにつけて食べる。コッパーキャニオン内奥のレース会場まで向かうあの大変な50キロのトレッキング中に食べていたし、レース前後やレース中にも食べていた。僕は、普段は新鮮なトルティーヤと一緒にスナックとして食べたり、チリライスやワカモレとサルサを加えて一食分にすることもある。もし残ったら、冷凍して昼食や夕食用に取っておける。

SALSA VERDE
サルサ・ヴェルデ

レシピ→319ページ

この最高に美味しいグリーンサルサは、調理したテンペや豆腐や米など幅広い食材に刺激的な味を加えてくれる。僕はローフーズが大好きだし、ものによっては生の方が断然好きなものもあるけれど（例えばキャベツやキャロブ）、この料理で使う野菜は焼くことでさらに素晴らしい味が染み出てくる。このサルサは冷凍もできるところが実用的だ。マイルドな味が良ければハラペーニョを入れなくてもいい。

XOCOLATI (SHOCK-O-LAHT) ENERGY BALLS

ショコラート・エナジーボール

レシピ→319ページ

いい小説と同じように、美味しい食事には満足できる結末が必要だ。僕は何年もこのレシピを改良してきたけれど、やっと完成できたと思う。生のカカオに含まれているカフェインは衝撃的で、さりげなく混ざっている唐辛子のフレークとシナモンはどんなに要求の高いデザート好きな人でもきっと満足させるだろう。美味しくてエネルギーが補給でき、食後の楽しみでも長距離ランのあとでもぴったりなデザートだ。

メスキートパウダーを最初に使ったのは、デスヴァレーに住むショショーニ族などの先住民の人々だ。インターネットや自然食品店で手に入る。なくても大丈夫だけれど、あった方がほのかな甘みが出てよりコクのある仕上がりになる。

ペースを上げた。ヌーネスとテールマンは遅れ、ポーランド人が先頭を走っていた。経験がないランナーが、こうしたレースで一五キロ地点から先頭を走るのは自滅的な行為だ。四〇キロ地点で先頭を走るのも同じように自滅的だけれど、そこには重大な決意が見て取れる。だけど八〇キロ地点でもまだ先頭を走っているのは、正気の沙汰とは言えない。きっと彼は経験がないわけじゃないのかもしれない。いずれにせよ、彼は危険人物だ。

ブドウ畑を通り抜けながら先頭を走るコールヨのことを考え続けた。あまりにも差があって、彼の姿すら見えなかった。

彼に勝たなければならないけれど、それを考え過ぎるのは良くない。同じように、自分のすべての力を振り絞ってゴールに何とか辿り着かなければならないけれど、ゴールのことだけを考え過ぎても良くない。八〇キロ地点にやっと着いて、あと一六〇キロも残っているなんて想像したくもなかった。その事実を忘れる必要があった。前に進みながら今に留まること。そのために、レースを細切れの消化しやすいパーツに分けて考えることにした。あと五キロ先にある次のエイドステーションのことや、次の木陰まで走ることや、ときには次の一歩を進むことだけに集中した。

「とにかくやるんだ」という言葉の本当の意味は、「結果は考えずに、自分の体と自分自身を信じ、宇宙を信じろ」ということなのだろうか？　父さんは、ただのミネソタの頑固親父だっただけではなく、本当は神秘家だったのだろうか？　そう考えるとちょっと笑えてきた。一一三キロ地点でヌーネスが追いついてきた。僕は前方を指さして肩をすくめた。いったいあのバギー男は何者だ？
ヌーネスは英語をあまり喋れず、僕もポルトガル語を話せなかった。でも彼は「スコッチ、君、強い」と言って僕の前に出ると、ついて来いと手を振った。ポーランド人に追いつこうと五〇キロほど一緒に走った。太陽に焼かれて乾燥し切った土の上を駆け抜け、遺跡を走り抜けた。小さな村では暗い路地や古めかしい家のドアから子供が飛び出してきて、叫んで笑いながら僕らを追いかけてきた。もっと速く走れと叫んでいたのか、ただふざけていたのか分からなかった。子供の頃、行き止まりの未舗装路に住んでいた日々を思い出して、もし大人の男たちが自分の家の前を走ったら僕はいったいどうしただろうと考えた。このギリシャの子供たちは近所の丘を駆け上っているだろうか。なぜ世の中はこうなんだろうと考えているだろうか？

一六〇キロ地点で男から花をもらった。彼は花を僕に渡しながら涙を流していた。ギリシャで会う人は、みんな情熱的で生き生きと輝いて見えた。それはきっと、ここの土地と水、それに植物と深くつながっているはずだ。ギリシャ神話で、アテネが建設されたとき、この美しい新都市のパトロンを誰にすべきかについて神々が議論したと言われている。知恵の女神アテナか、海の神ポセイドンの二人のうちどちらかに決めることになった。ゼウスは二人にこの都市の人間たちに何か贈り物を作れと命令し、より優れた贈り物をした方にパトロンになってもらおうと宣言した。ポセイドンは、アクロポリスから水が大量に流れるようにした。でも海水だったために塩辛くて使いものにならなかった。アテナは、人間に果実と油と木材を与えてくれるオリーブの木を作った。菜食をベースとしているアスリートとして、植物が今でも象徴的なパワーを持ち、体を治すためにハーブが使われる文化には感動を覚える。けっきょくのところ、それは彼らの歴史そのものだ。ギリシャは近代医学の父といわれるヒポクラテスを生んだ土地だ。彼は食事と運動が健康の柱だということに気づき、「汝の食事を薬とし」と書いている。『古い医術について』でヒポクラテスは、「すべての医者は、医者としての義務を果たすために、自然についての知識を身につける努力をし、熟練する必要がある。人間の体と人間が食べたり飲んだりするものとの根本的なつながりを理解しなければならない。……単にチーズが体に悪いというのではなく、その食べ物が体にどのような影響を与えるか、なぜそうなるのか、そして体のどの部分に害を与えるのかを知らなければならない」と述べている。公平のために言うと、ヒポクラテスはチーズを完全にやめろと主張しているわけではない。チーズを食べても大丈夫な人と、体に悪い影響が出て食べられない人がいることを言っている。おそらく、彼は乳糖不耐症のことをその頃から理解していたのだろう。

　ギリシャでは、ザクロやイチジクや山で採れる「オルタ」と呼ばれる青菜と、もちろんオリーブもたくさん食べた。ここは採食者の楽園だった。トレーニングで走っていると、必ずブドウ畑やアーモンド、シトラスとマルメロの木のそばを通る（その場で実をとって走りながら食べた）。ギリシャ人の食事はシンプルで、何よりも健康的だった。

　一七二キロ地点でフェイディピデスが幻影を見た峠を越えた。現代の科学者たちは、それは疲労と睡眠不足がもたらした幻覚だと言うかもしれないけれど、あの峠の上には霊的な空気がある。峠ではかがり火を焚きながらたくさんの村人たちが応援してくれていた。町へ下って行くと、残りはあと八〇キロ足らずだった。調子は最高に良かった。

折れた足の小指はもう気にならなくなっていた。体は痛かったけれど、もうどうでもよかった。それが数あるウルトラマラソンの偉大なる喜びの一つだ。耐えられないほど痛いと思っていても、そのまま続けるといずれ痛みはどうってことなくなる。ウルトラではそんな復活を三回も四回も五回も経験する。ゴールまであと六四キロもあった。でもここでも一〇〇マイル（やそれ以上）走るランナーには嬉しいことがある。どんなに遅れて絶望的になり、大失敗だと思ってさらに絶望しても、またチャンスがやってくるからだ。救いは手が届くところにある。でも考えたり、頭で理解しようとしたりしてもその救いは来ない。「とにかくやるんだ」

一九三キロ地点でテゲアの町を通った。あのポーランド人がつい一分前に通ったばかりだと誰かが言っていた。エナジードリンクとクリフショットのエナジージェルを摂った。前方に赤い光が見えた。レース中に先頭につく警察のエスコートだった。埃と潰れたブドウと歴史の香りのする救いだった。そして光っていた。僕はその光に向かって走り、コールヨを追い越した。彼はほとんど動けなくなっていた。僕は精一杯走った。

「その調子だ」と自分に言い聞かせながら、もっと速く走ろうとした。このペースを長く維持するのは無理だと分かっていたけれど、追いつけないほどのペースで誰かに追い越されるほど凹むことはないということも分かっていた。彼の勇気と執着心を尊敬するし、ここまでお互いに頑張ってきたことでの親近感もあったけれど、ライバルを挫かせるチャンスがあれば、そのチャンスを摑まなければいけない。僕はそのチャンスを摑んだ。

一マイルばかり思いっ切り走ってから後ろを振り返った。誰もいなかった。警察のエスコートは僕についていた。それから一〇キロほど行っても、後ろから誰も来なかった。すると突然ヘッドランプがものすごい勢いで近づいて来るのが見えた。ペースを上げようとしても上がらない。また後ろを振り返った。「奴は本当にタフだな。今すぐなんとかしなくては」。すべてを振り絞って必死に五キロ走った。キロ四分二〇秒ペース。こんなペースについて来られるはずがない。後ろをまた振り向いた。ライトはまだ近づいてきた。さらにペースを上げて走った。自分の奥に秘めた、ふつうは一生使うことがないパワーの蓄えを探し当てた(これもウルトラマラソンの贈り物だった)。自分を追い込んで走り続けていたら、車が一台、僕の横に来た。レースの実行委員だった。

「スコット、心配するな」と言った。「あのランナーのことは心配する必要がない」

そう言われても、「いったい何を言っているんだ? 後ろにいるのは恐ろしくタフなポーランド人だ」と思っていた。さらに三キロを全力で走った。また同じ車が寄ってきた。今度は「スコット、心配するな。あれは選手じゃないんだ」と言った。「何を言ってるんだ、すぐそこにいるじゃないか!」と僕は頭の中で叫んだ。

次のエイドステーションで真実を知った。後ろから追いかけてくるヘッドランプは、選手ではなく一九三キロ地点からコースに勝手に飛び出して走っている男だった。まだ三五キロも残っていたのに、二〇九キロ地点から全力で一五キロを走ってしまっていた。頭の中のあの四つのチェックリストを引っ張り出すときだった。1:完全に疲れ切っていた。その真実を体と心に受け止めさせた。２：今の状態を確認した。心配しなくてもいい相手を引き離すために無意味なエネルギーを使ってしまったことに少し怒っていた。疲れ果てていたし、動揺していた。でも致命的なことじゃない。３：今の状況を良くするために何ができるか自問した。やめることはできるけれど、それは問題外だ。答えは、とにかく動き続けること。４：ネガティブな思考と現実を分けること。現実の助けにならないことならくよくよと考えない。僕は動き続けた。

忍耐力とはそんなにシンプルなものだろうか？　人の意思はこんなふうに単純化できるものだろうか？　こうしたチェックリストを持っているのは僕だけではないはずだ。他の人が止まってしまうときに僕はなぜ前に進み続けられるのだろう？

最近の研究によると、続けられる人と続けられない人との違いは、脳だけではなく脳が分泌する化学物質にまで及ぶと言われている。

エール大学医学部のアンディ・モーガン博士は、ノースカロライナ州のフォート・ブラッグス陸軍基地内にあるレジスタンス・トレーニング研究所で、模擬の拷問訓練の被験者となった兵士たちの脳内化学物質を研究した。特殊部隊の兵士たちのグループは、一般の兵士たちに比べて、ニューロペプチドＹ（ＮＰＹ）が大量に放出されていた。ＮＰＹはアミノ酸で、血圧、食欲と記憶力が規則正しく働くために必要とされる。さらに、アドレナリンの影響を和らげ、大きなエネルギーが無駄に消費されないようにする作用もある。

特殊部隊の兵士たちは、拷問中、他の兵士たちよりＮＰＹを多く分泌しただけではなく、二四時間後、他の兵士たちのＮＰＹが枯渇していたのに、特殊部隊のグループでは正常のレベルに戻っていた。
他の研究では、強い人間と本当に一握りの強靭な人間との差はそこまで出ていない。ケネス・カムラー博士はその著書『極限に生き残る（*Surviving the Extremes*）』で、世界の過酷な環境下における敗者と勝者の違いの要因を研究している。一九九四年のサハラ・マラソンで九日間サハラ砂漠を生き延びたマウロ・プロスペリの事例や、一九〇五年に八日間もモハベ砂漠でさまよったメキシコの探鉱者パブロ・バレンシアの話がそこには書かれている。二人とも発見されたとき、体重に対して二五パーセントもの水分を失うという、普通だったら致命的な脱水症になっていた。

カムラーは、この男たちが超人的に生き延びた理由として四つの要因を挙げた。一つは彼らの知識、二つめは砂漠などの厳しい環境に耐えるために体を鍛えていたこと、三つめは運が良かったこと、そして最後の最も重要な要因が、「生き延びる強い意志」を持っていたことだ。プロスペリは第一線のアスリートで、並外れて強い生存本能の持ち主だった。バレンシアは、無能なガイドに激怒していて、復讐してやりたいという強い気持ちがあったことで、ギリギリまで生き続けることができた。

僕はあのニセのランナーにそこまで怒っていたわけじゃない。ＮＰＹやＤＨＥＡ（デヒドロエピアンドロステロン）〔主に副腎で産生される性ステロイドホルモン〕のレベルが異常に高くなっていたのかもしれない。でも僕はついにここまで来て、先頭に立っているのだから、そのままこの位置に留まろうと思った。

レースの最後の四八キロは、スパルタまで続く狭い二車線の高速道路だった。前半は上りで後半は町に下って行く。上っているあいだ、警察のエスコートが後ろからついて来てくれた。前は真っ暗だった。ときおり犬のうなり声が聞こえ、車が通り過ぎる度に熱い風を感じた。こんなにひどく疲れたことはなかった。坂道を上りながら何回も居眠りをしそうになり、目を覚ますためにときどき自分の頰を叩いた。そのときだった。道の真ん中の黄色い車線にカメラマンがしゃがみ込んで僕の写真をパシパシ撮り始めた。トラックに轢《ひ》かれるんじゃないかと心配し、どくように手で合図をしてみたけれど、彼はそのままカメラのシャッターを押し続けた。首にかかった二つのカメラのうち、望遠の方で写真を撮っていた。カメラマンのひげまでくっきりと見えた。近づくにつれて彼の姿がより明瞭に見えてきて、彼もより激しくシャッターを押し続けた。ついに追いつくと突然彼が消えた。現実を把握するのに一瞬かかったけれど、あのカメラマンはもともといなかったんだ。

二三時間一二分でゴールしたとき、若い女性たちに囲まれた市長が僕の頭にリースを置き、誰かが星条旗を肩に掛けてくれた。昨年の僕の優勝タイムより二〇分も遅かったけれど、あの偉大なるクーロス以外にこのコースを僕より速く走り切った選手はまだいなかった。北米の選手でこのレースで優勝した選手も他にいなかった。少しのあいだ、医療テントに寄って睡眠を取り、それからゴールする他の選手を応援してから、また寝に戻った。

レースのあと、ウルトラランナーがよくやるように、頭の中でレースの展開を思い返した。特に、もう続けられないと思ったときにどうやって続けたのかを考えた。エール大学の研究では、特殊部隊の兵士が普通の兵士と違うことは証明したものの、なぜ違うのかについては理由を述べていない。彼らの素晴らしい能力はトレーニングで学んだものなのか、それとも運良く生まれ持ったものなのだろうか？　一流のアスリートになれるかは、生まれ持って決まっているのだろうか、それともトレーニングによるものなのだろうか？　さらに言えば、自分の限界とはなんだろう？　限界を超えずして、その限界を発見することなんてできるだろうか？　この最後の質問は、ウルトラレースのあとに必ず自分に問いかける。どんなウルトラランナーも、それに自分の殻を運良く破って外に出られた人なら誰でも、この同じ質問を自らに問いかけ、答えを探し出せるはずだ。僕はこの二度目の厳しいスパルタスロンでその答えに近づいた。これからも答えを探し続けるつもりだ。

怖気づいてしまったとき

競技として走っているランナーのほとんどが、やめたいと思うときを経験している。僕もそうだ。皮肉なことに、一流のアスリートになれる資質、例えば集中力、努力や最新の技術も、怖気づいてしまったときにはまったく役に立たない。

走りたいという気持ちを取り戻すには、技術を忘れて、結果を気にしないで、ただ自由に走ることだ。ランニングは苦しいとか何かの罰だなんて考えないようにしよう（バトンを落としたりダブルドリブルをしたからといってコーチに走らされた記憶はすべて捨ててしまおう）。子供の頃走ったのと同じ理由から、つまり楽しむために走ってみよう。腕時計は外そう。ジーンズを穿いていてもいい。犬と一緒に走ったり（犬は怖気づくことなんてないはずだ）、違う世代の人と走ってみよう。そうすると世界が違う角度から見える。少なくとも僕はそうだった。

今まで走ったことのないトレイルを走ってみよう。新しい目標やレースを選んでみたり、天気が悪くても気分良く走れるルートを探してみよう。そんなことを全部、もしくはいくつかでも頻繁にやっているうちに、そもそもなぜランニングを始めたかを思い出すだろう。僕らは楽しいから走っているんだ。

Chapter 19

ロスト

ミネソタ州ダルース
2008〜10年

どんなものにもひびがある。
だからそこから日が射すんだ。
――レナード・コーエン〔カナダの詩人、小説家、シンガーソングライター〕

母さんにウェスタンステーツでの初優勝の話をして、「ミネソタ！」と叫びながらゴールしたことも話した。マウント・サイの雨やデスヴァレーの灼熱の暑さのことも話した。母さんの目はもう三日も閉じたままだった。

クリス・ジェンセン介護施設のスタッフが、母さんがもう長くないことを電話してきて、僕はすぐさまダルースに飛んだ。着いた日、母さんは僕に何か話しかけようとしたけれど、病気が彼女の声を奪い、唇から微かな音が漏れるだけだった。僕を見つめる目に母さんの愛情を感じ、同時に彼女の怖れや痛みも感じた。母さんの横に座って手を握りしめ、愛してるよ、と言った。次の日、母さんは目を開かなかった。

僕は、妹と弟、それに母さんの妹も一緒だと伝え、いつもそばにいるよ、愛してる、と伝えた。熱を鎮めるために母さんの額に冷たい濡れタオルを置いた。口をスポンジで濡らし、鼻に差し込まれたチューブを調節した。母さんの肌は滑らかで輝いていた。母さんは人生の長い時間を、僕らなら何でもないことすらできずに過ごしてきた。僕は母さんの髪の毛を梳《す》いてヘアバンドで結った。

母さんはいつも、今持てるものに、そして人生そのものに感謝しなさいと言っていた。母さんはいつも喜びを口にしていたけれど、抱えた痛みから逃れられればどんなにほっとするだろうと僕は思っていた。

もし僕が家の近くに住んでいて母さんの面倒を見ていたら、彼女はもっと幸せだっただろうか？　それは前々から思っていたことだった。僕は母さんなしでどうやって生きていけばいいのだろう？　僕に自信や支えを与えてくれたし、本物の強さや、物事を受け入れることを教えてくれた。それでも、僕だって彼女がこの苦痛から解放されるのなら、きっと安堵するだろうと思う。

僕は、年に二度は母さんを訪ね、映画（特にジュリア・ロバーツ主演のもの）に連れて行き、その後はレッド・ロブスターに行って彼女が好きな海老のスキャンピを、飲み込みやすいように潰してあげた。別れ際にはいつも心配しないでとたしなめられ、自分のことを楽しみなさいと言われた。私は大丈夫よ、ジュリア・ロバーツの映画を楽しんでいるわ、テレビのリモコンがあれば大丈夫よ、と言っていた。

僕が帰らなければならない時間になると、「さようなら、お前を愛しているよ」と言ってくれた。だけど最後の言葉はいつも決まっていた。「私は強いのよ。心配しないで」。その言葉は、僕がレンタカーに乗って介護施設を立ち去ったあとも、ずっと耳に残っていた。

けれどこの五年ほど、母さんはリモコンのボタンを押せなくなり、食事は流動食になって、声もだんだん小さくなっていった。恥ずかしいことに、昔セント・ローズ・カトリック教会で、僕と弟と妹が座る最前列に必死に父さんと歩いて来る母さんをイライラしながら待っていたときのことを思い出した。また、二五年前のこと、まだ母さんが若く元気で美しい女性だった頃、初めて物を落とすようになったときのことを思い出した。母さんはフランス旅行から帰ってきた友人を出迎えていた。ルルドの泉の奇跡の水を浴びられるのが待ち遠しくて、恋人を見るような輝いた顔で天を見上げた母さんを思い出した。

母さんはそれほど信仰に厚い人だった。それなのに神様はどうしてこんな仕打ちをするんだろう?

「とにかくやるしかない」ときだってある。でも今度ばかりはどうしていいか分からなかった。この二年間分からないでいた。

レアと僕はしょっちゅう揉めていた。彼女は、僕らは結婚が早過ぎたと言った。僕はつまらない人間だ、一緒にいて楽しくないと。他の男の方がいいとも言われた。僕は一緒に何とか努力しようと約束した。何かがうまく行かなくなったら、そうするしかない。何とかする。前に進む。

特に結婚については、諦めるわけにはいかない。そんなとき、彼女から他の男性を好きになったので別れてほしいと切りだされた。僕らは二〇〇八年の二月に離婚した。

僕は大人になってからほとんどずっとレアと一緒だった。僕はリック・ミラーに泣きながら電話した。物事が起こるには必ず何か目的がある、とリックは言った。オレゴン州アシュランドにある、友人のイアン・トーレンスとハル・コナーのアパートの地階で何週間か過ごした。ハルとはウェスタンステーツで五、六年戦った仲で、イアンとのつき合いは、一〇年以上前のゼイン・グレー50マイルに遡る。しばらくすると、僕が借金を返すために皿洗いをしているとか、シスキュー山脈の麓で何百マイルも走り込んでいるといった噂が広まりだした。ハードロック１００仲間のカイル・スカッグスがその噂を聞きつけて本当のところを知り（ウルトラの世界は狭い）、アリゾナ州のフラッグスタッフに来て一週間ほど彼と彼の友人のトニー・クルピチカと一緒に過ごさないかと誘ってくれた。トニーは前途有望なランナーで、高校時代には僕のことを好きなランナーのトップ３に数えていた。カイルはさらにすごくて、僕に似せた灯明をこしらえて、ジェン・シェルトン〔『BORN TO RUN』にも登場するアメリカの女性ウルトラランナー〕にあげたことがあるという。彼が言うにはそれはウルトラランナーの守護聖人を表すそうだ。

僕らはその春グランドキャニオン国立公園の外でキャンプして、グランドキャニオンの絶壁のへりから底までのあいだに広がる台地を走った。その一部はトント・トレイルと名づけた。こんな驚くほど雄大で荒れ果てた土地は今まで見たこともなかった。

そこは当時の僕の気分にぴったりだった。僕らは四晩キャンプして、初日に五五キロを走ると、あとの三日間はもう少し短い距離を走った。僕はテンペのタコスと新鮮なワカモレを作り、軽量の寝袋を持って焚火のそばで体を休めた。気温はマイナス八℃まで低下した。愛は永遠に続くとは思わない、みんな真剣に考え過ぎだと僕が言うと、トニーは僕が間違っている、愛がすべてだと反論した。カイルは車に寝泊まりしていて、このキャンプ旅行を終えたらシルバートンに向かうことになっていた。その年ハードロックを走ろうと考えていたのだ。カイルは自分の身の回りの品をすべてラバーメイド社の容器に入れていて、仲間内では「ラバーメイドの放浪者」と呼ばれてもいた。

ランを終えて、焚火の周りでテカテビールを飲み、ビーンズとトルティーヤを食べ終わると、僕はカイルの自由さだけでなく、二人の生き方をうらやむ自分に気がついた。僕らはその日ちょっと道に迷い、予定より二〇キロほど余計に走ることになった。排水路を出たり入ったりしながら、渓谷の裏側を通ってようやく正しい道に戻ったのだ。僕らは脱水状態になり、サウス・カイバブ・トレイルを一〇〇〇メートル上り返して南側のへりに出た。

走り終えたあと、二人の若者の笑顔を見て、自分が一〇年以上前にランニングに恋した頃の気持ちを思い出した。僕は、彼らがまだ小学生の頃にウルトラを走り始めたのだ。彼らの嬉しそうな顔を見て、当時の感覚や考えていたことを思い起こした。

僕らにはトレイルと新鮮な空気があって、この大地を動き回るための水と食料と健康な体がある。それで充分じゃないか。カイルとトニーの幸せそうな様子を見て、僕だってこれまでそれしか必要としてこなかったんだと思い出した。本当はみんなそれで充分なんだと思った。

僕はどうしてこんなシンプルな喜びから遠ざかってしまったのだろう？　カイルやトニーが苦もなく自然体で持っている純粋さや喜びを僕も取り戻したかった。新人の頃の大きく見開かれた目で、誰にも期待されず自由にただ情熱だけを持って走りたかった。

自由奔放に生きたい。キャンプをして、どこにでも好きなところに運転して行きたい。レアのことを考えたくなかった、ウルトラランナーとしてのキャリアを築きながら理学療法士やコーチとして生計を立てることについて、もう心配したくなかった。子供の頃からずっと働き通しだった。自分のための時間があったらどんなに良かっただろう。僕はずっと走っていたいし、今この瞬間を生きていたいし、自分の限界を試したかった。でも、もう義務は負いたくない。

シアトルに戻ると、数少ない独身の友人の一人ウォルターと一緒によく時間を過ごした。逃げ出したかったからだ。長距離を走っても、以前のようには平穏を感じなかった。ウォルターと僕はバーに出かけてビリヤードをやり、いつもより少し余計にビールを飲み、女の子とも遊んだ。僕には考える時間が必要だった。

オルカス・アイランドでレースのボランティアをした。コース上に幹がぽっかりとえぐれた木があって、その中にずっと座っていたらどんなに素晴らしいだろうと思った。自分が空っぽのような気がした。

僕は走ることで自分をアスリートだと定義づけてきた。走ることで克己心を鍛え、力を磨き、より健康で美味しい食事への道を拓いてきた。一心にゴールを目指すことができる資質は、僕に備わった最大の贈り物で、我を忘れてその瞬間に完璧に集中できたし、一瞬一瞬を感謝して受け止めることができた。でも今は、走ることとさえ自分にとっては意味をなさなかった。

ウォルターに精神科医を勧められたけれど、その女医から心理療法には半年かかると言われてやめた。

僕のことを知っている人間は、僕の気持ちを分かっていた。たぶんみんな分かっていた。それを話してくれたのはデイヴ・テリーで、彼はライバルであるばかりでなく良き友人でもあった。デイヴは僕の周りのどんな男よりも思慮深く、物事を深く考える質で、筋骨格系の放射線技師として働きながらも、いつも話す機会を作ってくれた。彼はどんな話題でも話せて、いつも辛口のジョークを織り交ぜた。彼の人生は周りの誰よりもバランスが取れていた。自転車に乗り、片道一六キロの通勤ランをして、食べることが好きで友達も多かった。それに女好きで、いつも周りには誰かがいた。

彼の家の台所で僕らはビールを片手に座っていた。

「スコット」とデイヴが言った。「僕らはときに暗いところに行くことも必要なんだよ。そこから物事は良くなって、僕らは成長する。君はまだ知らないだけさ」

あちこちのレースで五〇キロ、五〇マイルを走り続けた。このシーズン初めのレースで多くの自己ベストを記録した。ウェイ・トゥー・クール50Kや、そのすぐ翌週のチャカナット50Kもそうだった。それから僕はヨーロッパに渡ってモンブランの周囲を走るレースに出場したものの、膝の負傷でリタイアしてしまった。僕はそのままヨーロッパに残り、イタリアのドロミーティでずっとダスティと一緒に旅行したり走ったり、自転車に乗ったり、パーティしたりして過ごした。

それからギリシャに移って、スパルタスロンで三度目の優勝を飾った（自己最高タイムだった）。僕はアテネやスパルタだけじゃなくギリシャ中でヒーローとして扱われた。

ようやく二か月の旅を終えてヨーロッパから戻っても、じっとしていられなかった。ハルとイアン、それにコッパーキャニオンで友達になったジェン・シェルトンと一緒に、僕の三五歳の誕生日を祝うついでに五〇キロレースに出場するため、ラスベガスに出かけた。僕らは思いっきり遊びまくり、レースは三位に終わった。でも僕はまだ、暗いところから明るいところに抜けた気がしなかった。ランニングはいつだって答えと解決方法を示してくれた。今でもそうだろうか？

一一月、僕は今まで経験したことのない形式のレースに参加するためにテキサスに向かった。ほとんどのウルトラレースは距離とコースが決まっていて、タイムが個人の成功（もしくは屈辱的な失敗）の尺度になる。ところが一部のウルトラではこの尺度が逆になる。つまり、時間が決まっていて、選手は通常一マイルに満たないコースを何回も何回もグルグル周回する。制限時間は二四時間で、より長い距離を走った選手が勝ちとなる。

最もタフで速いウルトラランナーでさえ、二四時間の単調なレースは精神的にも心理的にも克服しがたいほどきついと言う。

肉体的な要求度や筋肉へのストレス、カロリー消費の面では、二四時間レースも他のウルトラマラソンと変わらない。ただし峠はないしイベントを美しく彩る野生の花もない。地平線や遠くに見えるピークもないので自分がどれだけ進んだかが分からない。レースを争うライバルがコースの前や後ろにいるわけでもない。一人で迎える夜明けも孤独な黄昏どきもない。一番の違いはフィニッシュラインがないことで、時間が来たらそこで終了となる。

週末ランナーが、何で世界にはフルマラソンなんか走る人間がいるんだろうと不思議に思っていた時代はそれほど昔のことではない。多くのマラソンランナーは、いまだに四二キロを超えて走るウルトラマラソンに眉をひそめる。そしてウルトラマラソン・ランナーでさえ、二四時間走り続ける意味が分からない。僕も一九九九年にジェイムズ・シャピロの『ウルトラマラソン』〔新島義昭・訳、森林書房〕を読むまではそれが理解できなかった。

超長距離ランの大会は、きっと本に書かれるよりもっと以前から存在していたはずだけれど、二四時間走の記録は一八〇六年に、アブラハム・ウッドとロバート・バークレー・アラダイスという二人のイギリス人アスリートが、ニューマーケットからロンドン・ターンパイクまでのあいだの周回で、六〇〇ギニーの賭け金を巡って対戦したことに遡る。大勢の観衆と降雨と不正疑惑によってこのイベントは台無しになってしまったものの、近代に新しい競技が誕生した瞬間だった。

二四時間レースの概念はもっと古く、人間がその耐久力を太陽の周期によって測った時代にまで遡る。古代ギリシャの歴史家は、夜明けから次の夜明けまで長い距離を走った走者のことを記している。ピーター・ナボコフによる『インディアン・ランニング（*Indian Running*）』によれば、アメリカ先住民の儀式的なランニングもまた、太陽に対するもので、「ランナーの動きによって空を横切る太陽の動きを強める」ためのものだった。

一八七〇年代には、二四時間イベントから枝分かれした六日間レースが発展し、選手はその時間内に徒歩でどこまで歩けるかを競った。だがその後、六日間レースは次第に廃れ、一八九〇年代にはほとんど姿を消したものの、ここ三〇年ほどいろいろな形で復活してきている。

けれど二四時間レースは、すっかりなくなったわけではなかった。一九五三年には、LSDトレーニングの生みの親である偉大なアーサー・ニュートンが、イギリスのアマチュアのロードランナー・クラブを説得して、二四時間走を開催した。それからというもの、この三〇年間で二四時間走はイタリア、南アフリカ、ニュージーランド、そしてアメリカで開催されている。初の本格的な国際大会も一九八一年にスイスのローザンヌで開催された。そのときは、フランス人のジーン＝ジル・ブシケが二七二・六二四キロを走った。

一九八四年には、ニューヨーク州クイーンズの大会で、ギリシャ人のイアニス・クーロスが二八三キロを走破した。彼の最後の一マイルは、二八分かけて歩いたものだ。でもこれは彼にとって始まりに過ぎなかった。翌年の同じレースで、ハリケーン・グロリアの強風（瞬間風速は二七メートルにもなった）と豪雨にも負けず、クーロスは二八五キロを記録した。今回は最後の一マイルを歩かなかった。

一九九六年に、クーロスはトラックで二九一キロを走り切り、九七年には三〇二キロを叩き出した。この距離はこれまでの二四時間のトラック記録を二七キロ上回るもので、フルマラソン七回分プラス八キロに相当する。彼の平均速度はというと、フルマラソンで三時間一九分に相当した。走り終えたクーロスは、「この記録は、これから一世紀は破られないだろう」と自信満々に宣言した。僕は彼の記録を破る気はなかった。彼の言うとおりだと思う。でも、少しでも近づきたかった。
僕は、ダラス‐フォートワース地域で行われたウルトラセントリック・エクスペリエンスに出場することにした。小手試しにちょうどいいし、国内記録くらいは出せるだろうと思っていた。大会主催者が約束していたように、コースが平らで簡単だと思っていたことも理由だった。でもそうじゃなかった。僕は疲れ果て、あまりの単調さに驚いた。でも、八時間、八〇キロで棄権したのはそれが理由ではない。国内新記録を出すのは到底無理だし、二四時間ただ平らなコースを走り続けるだけでも充分過ぎるほど辛いのに、一マイルの周回コースを二四時間グルグル回り、かつ一周ごとに一つどころか二つ丘を越えるなんて、辛いどころか気が狂うと思ったからだ。

僕は母さんに面会するためにミネソタに飛び、妹の家から南カリフォルニアに住む友人に電話をかけた。彼女はジェニーといい、八年くらい前からの知り合いだった。知り合った当時、ジェニーは僕がスポンサーを受けていたモントレイルで働いていた。ジェニーと僕には共通のランニング仲間が多く、よく同じ仲間内のパーティで顔を合わせた。彼女は長い黒髪で、笑顔が眩しかった。何でも率直に話す彼女は、僕にデートでランニングするといいと言ってくれて、何人かの女友達を紹介してくれた。それでも僕らはいい友達だった。

まだシアトルに戻る気にはならなかった。別なところに旅したかった。ジェニーはその頃パタゴニアのデザイニングの仕事でベンチュラに引っ越していて、そこに遊びに来るよう誘ってくれた。太陽とビーチは、雨ばかりの一一月のシアトルより魅力的だ。友人のルイス・エスコバーが主催するサンタ・バーバラの五〇キロレースでボランティアを引き受けていたし、そっちの方に引っ越そうと検討していたのでちょっと見てもみたかった。ミネソタから直接カリフォルニアに行くつもりだとジェニーに伝えると、移動ばかりだと疲れるから、シアトルの自宅で一息入れてからの方がいいんじゃないのと訊かれた。僕は「今は移動している方が心が休まるんだ」と答えた。

僕はジェニーの家に泊めてもらい、ビーチ沿いを一緒に走って人間関係や人生について語り合った。オレンジやザクロを採ってきて、一緒に料理を作った。彼女が仕事に出かけているあいだ、僕はずっとビーチで一人の時間を過ごした。心が平穏だった。幸せを感じていた。僕は満ち足りた気分でシアトルに戻って行った。

もし事態がすっかり変わってしまうと分かっていたなら、僕はそのときの気持ちを大事に抱え続けようとしたはずだ。

二〇〇九年の初め、足底筋膜炎になってしまい、足裏に伸びる筋膜が腫れ上がってひどく痛んだ。必死にリハビリをして、砂地や草の上でのベアフットランニングにトレーニング方法を変更し、アイシングや筋力強化を図った。ある日状態が良くても次の日には足が耐えられないほど痛くて、トレーニングの距離を短くしなければならなかった。

レアが電話をしてきたのはその頃で、弁護士を雇ったと伝えてきた。彼女は僕のビジネスの分け前を主張し、僕のコーチングや理学療法士やプロランナーとしての仕事の価値を見積もりたいというのだ。

トレーニングをして働いてレースに出て、それで稼いだお金を彼女にほとんど渡し、自分の家賃と最低限の生活費しか残らない生活を想像した。また借金生活に逆戻りだ。ほんの数年前にようやく借金を払い終えたばかりだった。頭に来たし、破産してしまうのではと恐ろしくなった。いっそ世捨て人になってしまおうかとも考えた。レースもやめ、今までのしがらみから逃れて、有機農場で働いて家賃と食費を稼ごうかとさえ考えた。そうすればもっと頻繁に母さんに会いにも行ける。

その前に、再びオレゴン州アシュランドにイアンとハルを訪ねた。僕らは一緒に走り、一緒の時間を過ごした。メドフォード近郊のアップルゲート・レザボアと呼ばれる周回二五キロのコースを走って、ブリトーの店でビールを片手にくつろいだ。

田舎の農場での一人きりの生活を考えていた僕は、その晩、自分にとって友情がどれほど大切なものか分かった。最も大切にしている友情が、一人で誰にも頼らず挑戦する孤独なスポーツから育まれたことは、何という皮肉だろう。ウルトラマラソンはチームで戦うものではないのに、この徹底した個人主義のスポーツを通じて培われた絆が、僕の人生で何よりも強いのだった。

イアンもハルも、この世界では経験を積み知識も豊かで、僕と同じように九〇年代半ばから二〇代のウルトラランナーとして活躍してきた。若きライバルたちにとって今や古株に当たる僕らは、このスポーツの純粋さを知っていて、そればかりか新しい連中がまだ知らないことも理解していた。本当に大事なことは、いとも簡単に見失ってしまうということを。優勝して名声を得て舞い上がってしまうのが、いかに簡単で誤ったことかを。きっと僕らの上の世代のベテランだって、同じことを僕らに言うはずだ。

あらゆるスポーツの、あらゆる年齢のベテランたちがするように、僕らはその晩ビールを片手に、伸び盛りの若手が分かっていないことをあれこれ考えた。僕らはインターネットやツイッターや携帯電話がまだなかった時代のことを話した。当時、知名度や、ましてやスポンサーからの協賛金を得るには、何か大きなことをしなければならなかった。例えば、ウェスタンステーツに優勝する——一度ならず何度も——といったことだ（ハルは二度優勝していた）。ところが今では、誰でも自分のブログに誰々はもうダメだとか（僕はよくそう書かれていた）、誰々は要注目だ（地元の小さなレースでたまたま優勝したり、マラソンが速かったりするだけなのに）と書き込むことができる。僕らはさらにビールを開けてあの時代に乾杯した。企業のスポンサーがついてもシューズやウェアをただでもらえるぐらいだし、もし本当にすごく成績が良くてすごく幸運だったとしても、せいぜいレースの遠征費を出してもらえるだけだった時代だ。波を追いかけるサーファーやヨセミテのクライマーは正しい、と僕らは語り合った。こうしたスポーツでも大金が動くけれど、真のアスリートはそのスポーツ自体が好きで、仲間が好きだからやっている。お互いに切磋琢磨して自分の限界を超えようとするために。

インターネットを使って匿名で誰かを批判するなんて安易だ、というようなことを僕が言うと、イアンは——彼は一九九九年のウェスタンステーツで僕のペーサーを務めてくれて、僕への悪口を直接聞いている——「あいつらを黙らせるために、もう一回レースに出て優勝するべきだよ」と言った。

そうだな、と僕は答えた。それも悪くない、でも僕はもういいんだ。そう言うと僕は、レースから引退して世間から離れれば、自分のビジネスやキャリアのことをもう考えなくても済む、という計画を二人に話した。

イアンが鼻を鳴らした。

「何だよ、ただ山に行って必死に走ればそれで終わりじゃないか。とっととケリをつけろよ」

その晩それからすぐに、僕のスポンサーを務めるブルックス・スポーツが、ウェスタンステーツ100を走らないかと打診してきた。人々を黙らせるためなのか、あるいはブルックスを喜ばせるためなのか自分の中でも判然としないまま、僕は了承した。

まだ痛む足底筋膜炎のせいか、トレーニング不足のせいか、レース数週間前にひいた風邪によるウイルスと熱のせいかは分からない。肉体的にはともかく、心理的、精神的にまだ立ち直っていなかった。四〇マイル［六四キロ］地点、デッドウッド・キャニオンを下ってアメリカン・リバーの支流を越える有名な吊り橋を走っている時点では、まだトップ5に入っていた。そこからはデビルズ・サムのエイドステーションまで二マイルで四五〇メートルを上るトレイルが待ち構えていた。そこからさらに三つ先のエイドステーションがフォレストヒルで、ダスティが待っていた。そこまで行ければ完走できる。完走できるはずだった。僕はまだトップ10に入っていた。フォレストヒルでダスティは、僕に向かって怒鳴りちらして悪態をつき、それからそっとなだめるはずだ。「一歩一歩だ！　何様のつもりなんだ？」

呻きながらトレイルを登る代わりにアメリカン・リバーの冷たい水に飛び込んで泳ぎだした。自分がウェスタンステーツの真っただ中に（あるいは他のどんなレースでも）レースを放り出して泳ぎだすなんてまったく信じられなかった。水は僕を生き返らせてくれて、心配事もどこかへ吹き飛んでしまった。仰向けに浮かびながら眩しい青空を眺めた。今度ばかりはダスティといえども黒魔術を使えなかった。僕のレースは終わった。

コースをブラブラと歩き、他のランナーを励まし、今まで一度も話す機会のなかったボランティアたちに感謝の言葉をかけたあとで、初めて観客の立場でレースを楽しもうとして、ラッキー・チャッキー川の渡渉エリアまで戻った。ボランティアで来ていたデイヴ・テリーもそこにいた。ベテラン二人、土手に並んで座ると、くだらないことを言い合った。レースをやめたと彼に言うと、大した話じゃない、それで何か証明できるわけじゃない、完走とか優勝とかが答えじゃないときもあるんだ、と彼は応じた。みんな大変なときを経験している、そこで一番学ぶんだ、それが僕らを強くするんだと彼は言った。大丈夫だよ、と言ってくれた。デイヴは常にトップランナーではあったけれど、優勝したことはなかった。だから人に優しくいられるのだろう。

物事がうまく回りだした。少なくともそう見えた。ジェニーと僕は恋に落ち、遠距離恋愛を続けた。シアトルの僕の家とカリフォルニア州ベンチュラの彼女の家をお互いに行き来しては、人里離れた温泉までハイキングに行ったり、ジョシュアツリー国立公園でクライミングをしたり、ロサンゼルスまで生演奏を聴きに行ったりした。僕らは早春にパシフィック・クレスト・トレイルに出かけ、そこで過ごした四時間ものあいだ、写真を撮ったり花の匂いを嗅いだり、草地に寝転がったり、空を見上げたり、美しい景色にはしゃいだりした。ジェニーは高校以来のベジタリアンからヴィーガンになっていた。僕がカボチャのタイカレーと、豆腐とアボカドの巻物と、八穀のストロベリーパンケーキを作ると、ジェニーは自分で粉を挽く人に初めて会ったと驚いていた。ベンチュラにいるときは、ファーマーズマーケットをぶらつき、地元のイチジクやグアバやアボカドを探し回った。ビーチを走り、近所で採れたオレンジから新鮮なジュースを絞って飲んだ。おかげで、その年は大きな大会に一度も勝っていないという事実を忘れることができた。

僕は、フランスで行われる一〇三マイル［一六六キロ］のウルトラ・トレイル・ドゥ・モンブラン（UTMB）で再出発することを決意した。

コースはモンブランを周回し、三か国にまたがる一〇三マイルを走り、累積標高差は上り下りとも九〇〇〇メートルに達する。毎年二〇〇〇人以上の参加者が集まり、一〇〇マイルのトレイルランの世界では、ツール・ド・フランスに当たるような大会だ。僕はこのコースにすでに二回打ち負かされていた。あるいは、自分自身に打ち負かされていた。二〇〇七年には、半分ほど走って棄権した。ハードロック直前に痛めた足首の捻挫から六週間足らずで迎え、怪我が完治していなかったからだ。翌年は、コースの前半五〇マイルしか見ていないからと、レースの数週間前に現地入りして、イタリア人の友人たちと三日かけて全コースを試走した。そしてフランス人からもコースについて教わった方がいいと思い、この三日間の試走を終えた僅か一二時間後に、ジュリアン・ショリエ、キャリン・ヘリー、アントワーヌ・ギュイヨンを含むチーム・ラフマとともに四日間の再試走に出発した。七日間でこれほどの距離と標高差を走ったことはかつてなかった（二〇〇マイル［三二二キロ］と一万八〇〇〇メートル）。やり過ぎだった。最後の日に僕は膝蓋大腿関節が痛くなり（いわゆるランナー膝）、それから一〇日間走れなかった。リハビリに手を尽くし、レース当日はずっと二位か三位につけていたものの、とうとう下りで膝の痛みに耐え切れなくなって、七五マイル［一二一キロ］でリタイアしてしまった。

二〇〇九年は体調も良く、気持ちも充実していた。ジェニーも走ることになっていて、ダスティが僕のサポートクルーを務めてくれた（レースにペーサーはつけられなかった）。計算外だったのは雨と、もっとひどいのは霧で、途中まで調子良く一〇位以内で走っていたのにコースをロストしてしまった。何とかコースに戻って三位まで上がったものの、そこで吐き気に見舞われ、脚も攣《つ》ってしまった。最後の二〇マイル［三二キロ］はほとんど何も口にできなかったけれど、今度こそは完走しようと心に決めていた。何とか二六時間ちょっとでゴールし、一八位に入った。

ゴールしてアナウンサーからマイクを向けられた僕は「ＵＴＭＢ完走者の仲間入りができて誇らしい」と言った。ダスティが、「ジャーカー、お前を誇りに思うよ」と言ってくれた。次の日もダスティはクルーをやってくれて、僕と二人でジェニーの初挑戦での完走を出迎えた。

ゴールすると誓ったレースを完走し、ジェニーと一緒に喜び合った。物事が良い方向に動きだしたそのとき、九月二五日にスコット・マコウブレーが電話をかけてきて、デイヴ・テリーが自殺したと教えてくれた。デイヴは最近足の手術をして、走れないでいた。彼がずっと鬱に苦しんでいたことを、誰も知らなかった。享年五〇歳だった。

デイヴの葬式に参列し、午後早くの埋葬に立ち会ったあと、彼の仲間――ほとんどがランナーだ――がスコット・マコウブレーのキャビンに集まった。そこはワシントン州で行われるホワイト・ウォーター50マイルのコースにほど近いクリスタル・マウンテンにあった。デイヴは、そのレースを一〇回以上走っていた。僕らは涙を流し、デイヴが辛い思いをしていたことに気づくサインがあっただろうかとお互いに話し合った。そして、彼がどんなに優しくて、僕らの人生を豊かにしてくれたかを語り合い、笑った。

ダスティもそこにいた。彼はいつものように(葬式の最中でさえ)僕に悪態をついたけれど、今回は言葉に棘があった。「本物のレースを走れよ。俺のマラソンタイムを破ってみろよ」とか、「俺の方が一〇〇キロでタイムが速いことを忘れるなよ」としきりに言った。さらに、彼が何軒家を持っているか僕に言わせたうえで(二軒だ)、僕が離婚してどれほど財産を失ったか嘲笑《あざわら》った。その集まりを境に、ダスティは僕に電話をかけてこなくなった。メールでは、「負け犬め」と書いてきた。

ダスティの別の友達が、その数か月前に自殺したことを知っていた。ダスティが悲しみのあまり僕に辛く当たっているのだと思い、笑って聞き流していた。

一か月後、僕はクリーブランドでレースに復帰することにした。そこで二四時間レースが開催されることになっていて、一マイルのコンクリートの周回コースを走るレースだった。僕はダスティとジェニーに一緒に来てもらおうと思って彼に電話したものの、答えがないのでメッセージを残した。それでも返事がないので、ジェニーがダスティに連絡した。

すると彼は、「俺はジャーカーのお供でいるのにもううんざりなんだ」と言って、一緒に行くのを断った。

高校時代のダスティはいつも僕より速くて、ずっと有名なアスリートだったけれど、スポーツで食べていこうとは考えなかった。ジェニーからダスティの言葉を聞いたとき、僕はこの一年くらいのことを思い返し始めた。『BORN TO RUN』が出版され、それが大評判になって僕はますます雑誌の記事に載るようになった。そのあいだ、ダスティと僕は以前のようには話さなくなった。もし彼が僕から遠ざかろうとしているなら、それは僕の名声への苛立ちからだろうか？　僕が、あの「ジャーカー」が、子供時代、自分より才能のなかったあいつが、と思っているのだろうか？　走ることについて僕が感謝していることの一つは、友情を強め深めてくれたことだ。でもそれで、一番大事な親友を失ってしまうのだろうか？

自分ができるのはただ、彼に干渉しないことだった。僕は電話をかけるのをやめ、手紙を書くのもやめ、レースの手伝いを頼むのもやめた。会いにも行かなかった。そして彼がいないことを寂しく思った。

冷たい雨が降る一〇月の週末にクリーブランドに到着した。レースは一〇五キロで棄権した。まだ足にUTMBの疲れが残っていて、心も気持ちもすべてのことに疲れ果てていた。

その五か月後、僕は介護施設からジェニーに電話し、彼女はミネソタに飛んできた。

「母さん、これがジェニーだよ。いつも話していたよね」。母さんは何も応えなかった。いや、応えられなかった。でも僕は、彼女が理解したことが分かった。ジェニーと僕は、母さんと最後の三日間を過ごした。僕が母さんの世話をするあいだ、ジェニーは僕がちゃんと食べているか、寝ているか、ときどき新鮮な空気を吸っているか、しっかり面倒を見てくれた。僕らは母さんお気に入りのセリーヌ・ディオンのCDをかけ、曲に合わせて歌った。

僕は母さんのそばの椅子で寝て、ジェニーは介護施設の地下にある夜勤用のアパートで寝た。最初の晩、母さんがとても怯えているのが分かった。母さんはいつでも人に、心配しないでと言っていた。彼女の具合を気にかける人に対して、「私は強いのよ」と決まって答えていた。けれど昏睡状態に陥る前、彼女はそれを自分自身に言い聞かせているようだった。しっかり自分で最期のときを迎えられる、乗り越えられる、誰もがみな恐れていることをやり遂げられると。

母さんは三月二二日に息を引き取った。最期のとき、僕はずっと彼女の髪を撫でて話しかけた。「心配しないで、僕はここにいるよ」。僕は、母さんのおかげで料理がうまくなったよと言った。母さんのおかげで新鮮な果物や野菜を食べているよと言った。僕は母さんがいたから走るようになったんだよ。子供の頃住んでいた道の突き当たりの小さな庭をまだ覚えているよ。ごつい木のスプーンの感触を覚えている。僕の手がそれを摑んで、母さんの手が僕の手を包んでいた。覚えているよ。母さんの手がどんなに温かかったか。母さんを愛している、いつまでも一緒だね。

僕が迷っていることは、母さんには言わなかった。

Chapter 20

ダーク・ウィザードの秘密

ヨセミテ渓谷
2010年

心を空っぽにして、形が定まっていない、
形のないものになるんだよ、水のようにね。
――ブルース・リー

目の前の木々と崖が揺れていた。一歩間違えば地面に落ちてしまうと分かっていた。両腕を広げ、右足を左足の三〇センチ前に置いて、ポンデローサマツと一〇メートル後ろにある筋だらけのカシの木のあいだに括りつけてある幅二・五センチのクライミング用ウェビング（ベルト）の上でバランスを取ろうとしていた。

僕の人生においては、ステップの間違いは転ぶことを意味した。でも今は、それが即落下につながる。ここでは、バランスを取ることはより良いパフォーマンスのためでなく、成功と失敗を分かつものだった。

「一歩ずつ進むんだ。一歩ずつ」

地面が揺れた。

僕の先生は普段から何千フィートの深さの断崖の上を歩いていた。安全装置なしで花崗岩の岩肌の淵を登った。彼は「freeBASE」と呼ばれるクライミング（万が一のためにパラシュートだけを背負って岩を登るフリーソロクライミング）を開拓した第一人者で、今は、崖から飛び下りて空中を舞い、パラシュートなしで着地する方法を考えていた。これは単なる物理学の問題だと言う。彼は「黒魔術」を実践しているとして、「暗黒の魔術師《ダーク・ウィザード》」と呼ばれていた。

彼の本当の名前はディーン・ポッターという。二〇一〇年の一月にジェニーの紹介で連絡を取ると、ヨセミテ渓谷にある小さい山小屋に僕らを招待してくれた。彼はその山小屋のことを「掘っ立て小屋《ザ・シャック》」と呼んでいた。

ディーンのことは聞いたことがあったし、読んだこともある。彼は極限的《エクストリーム》スポーツに挑戦することで自分の意識を変えようとしていた。ディーンは『BORN TO RUN』を読んで、僕のことを同じ精神の持ち主だと思っていた。

ヨセミテはジェニーの一番好きな場所だった。僕もここの自然が大好きだった。母さんが死んだあと、僕たちが向かう先としてもってこいの場所に思えた。ディーンの小屋は清潔でよく片づいていた。冷蔵庫にはチアシード、若いココナッツとスピルリナの青汁粉がぎっしり入っていた。壁には黄ばんだ古いイーグル・エレクトリック社の広告がかかっていて、そこに小さな文字でこう書いてあった。「完璧さは決して偶然ではない」

母さんの死を悼み、心を癒すためにこの渓谷でゆっくりしたかった。なぜ走るのか、その答えを知りたかった。これからも走り続けたいのかどうか決心したかった。答えを見つけ、決心を固めるために、僕は木と木のあいだに架かったウェビングの上を歩くことにした。このスラックラインというスポーツは、圧倒的な集中力が必要で、同時に柔軟でリラックスしていなければならない。人類が生き延びるために必要だった本能的恐怖を落ち着かせなければならない。このスポーツが教えてくれるのは、不安を取り除き、心の力だけを自分に信じさせることだ——どこか別のところにまだ力が潜んでいるはずだと。ディーンはまずは地面から一二〇センチの高さから僕に始めさせた。これがなかなかできなかった。ラインに乗ると、ブルブル左右に揺れて自分でバランスを取るのはほぼ不可能だった。一歩踏み出すどころか、そのラインの上に乗っていることさえ難しくて、遅々として上達しなかった。やっと、ラインを不安定にしているのは自分だと理解し、体と心をシンクロさせることで揺れを抑えられるようになるまで、僕は何度もラインに振り落とされた。

僕は以前にもやめることを考えたことがある。数年前にそれを人に話したこともある。相手はランナーではなかった。僕らは二〇〇八年の一一月に開催されたローズヴァレー33マイルという大会で、カリフォルニア州オーハイから九〇〇メートルの尾根上に設置されたエイドステーションにいて、ランナーを迎え、バナナを渡したり、ボトルに水を補給しながら選手たちを励ましていた。自分でも気づかないうちに、僕は心の中の不安を彼に話していた。

不思議そうに彼は僕を見つめた。

「おいおい、せっかく今まで頑張ってきた成果を生かした方がいいんじゃないか？　一生スコット・ジュレクでいられるわけじゃないんだ」と言われた。

自分はなぜこんなことをしているのかと自問しないウルトラランナーもいるけれど、僕はそうじゃない。なぜ僕は走るのか？　ウルトラマラソンは狂気の沙汰だろうか？　救いようもないほど自己中心的だろうか？　孤独と愛は両立するのだろうか？　勝つことには価値があるのだろうか？　僕は競争することに意義を感じるけれど、満たされるために本当に大切なのは、我を忘れて没頭する瞬間だと分かっている。自我なしで勝てるのだろうか？

僕は勝つことにこだわり過ぎているだろうか？　今という瞬間に留まることで逆説的に自分の最も大切な真価を見つけてきたのに、もうその方法を見失ってしまっただろうか？　あるいは、自分の不安や無気力は、単に脳内の化学反応に過ぎないのだろうか？

さまざまな研究によれば、運動するときに経験する「ランナーズ・ハイ」が起こる原因は、脳が大量にエンドルフィンや内在性カンナビノイドを作りだすからだ。ウルトラランニングをやっている人には元中毒患者が明らかに多いのも、それで説明がつくのかもしれない。

二〇〇一年にエンゼルズ・クレスト100のトレーニングのために南カリフォルニアにいたときに、ビル・キーというランナーに出会った。長い白髪に、鼻の下には両端が上がった白いカイゼルひげ。両側に炎が描かれたパンツを短く切って穿いていた。ベルトループからぶら下がった重い金属のチェーンの先には、ポケットにしまわれた財布がつながっていた。これが彼のランニングのユニフォームだった。彼は一・四リットルのゲータレードのボトルを二本持ち、レースが終わるとボトルを置いて、「チーム死《デス》」と刺繍された皮ジャンを着て大きな黒のシボレー・バンに乗り込み彼方へと走り去っていった。

キーがアルコールと麻薬を始めたのは一八歳だという。酒と麻薬の中毒生活——毎日フィルターなしのタバコ三箱、それに刑務所暮らしやその他諸々——はもう続けられないと決意するまでに一四年が経っていた。その頃彼は、トパトパ山脈の麓にあるカリフォルニア州オーハイに住んでいて、誰かからタバコをせしめようと毎晩そこの山々を歩いていた。ある寒い夜、車を麓に駐車して、家までの四分の一マイルを走ることにした。その後、友達にけしかけられて、五〇〇メートルも上る五キロの距離を走り切った。それからマラソンをけしかけられた。彼は自分でも何をやっているか分かっていなかった。何度か失敗し、それでも猛烈な速度でものにしていった。雑誌で読むまでは、ウルトラマラソンなんて聞いたこともなかった。

一九九九年に初めてのウルトラを走り、今は五四歳だ。一九八〇年にバイクの事故で腎臓を一つなくし、二〇〇五年からライム病を患っていた。それでもランニングを始めてからアルコールは飲んでいないしタバコも吸っていない。二〇〇一年に会ったとき、キーは僕に「スコット、ランニングは俺の新しい麻薬だよ」と言った。

キーのような人は他にもたくさんいた。モヒカン刈りで刺青だらけで、爬虫類の動物を連れ歩くベン・ヒーアンもそうだった。彼は向精神剤の中毒から手を引いて、長距離を走ることに集中力を傾けてからウルトラランニングの伝説の人物になった。今までに出会ってきたランナーの多くも、マリファナや摂食障害と闘い、トレイルを走っていないと平穏を手に入れられないと言っている。

ランニング中毒というのはあるのだろうか？　あるゾッとする実験では、走るのが大好きなネズミは死に至るまで走り続けるという結果が出た。あるネズミのグループ（回し車なし）に、一日一回、九〇分間だけ食べ物を与えると、ネズミたちは順応してその日に必要なカロリーを与えられた時間内に全部取るようになった。しかし、回し車がある檻の中にいるネズミたちは、毎日もっと走るようになり、食べる量がどんどん減って最終的には餓死してしまったのだ。

ウルトラランニングの伝説的なチャンピオンたちにも、燃え尽きたり、ある時点で諦めた人たちがいる。ウルトラのコミュニティには訓戒めいた物語はたくさんあって、レース前の朝食や、レース後の表彰式でランナーたちの口伝いに広まっていく。ちょうど、イカロスと蠟でできたその翼の話が野心的で心配性のギリシャ人のあいだに伝わっていったように。

僕のヒーロー、チャック・ジョーンズは、一九八八年に最後のウルトラを走った。そのバッドウォーター・ウルトラマラソンでデスヴァレーの上にUFOが浮かんでいるのを見て（脱水症による幻覚だったのではないかと、彼は後日言っている）、そのまま気を失ってしまった。

「僕は、今やサンセット・ランナーだ」と彼は言う。「太陽の下で一日中働くと（彼はアスファルトを敷く仕事をしていた）、そのあとはただ走って、リラックスして、体を休めたくなるんだ。自分の体がどこまでできるか見るためにね」と。

偉大なるアン・トレイソンは、ウェスタンステーツで一四回優勝し、一九九四年にはレッドヴィル１００でタラウマラに惜敗したことでも話題となった女性だ（この先住民たちには「魔女《ブルハ》」と呼ばれていた）。彼女はリタイアこそしていないものの、何回も怪我をして、ここ数年ウルトラマラソンの大会には出場していない。「ただ毎日走ることができたらいいのに」と彼女は記者に一度こぼしたことがある。「走ることを当然に思ってしまっていた。年を取ったらペースが落ちると分かっていたけれど、崖っぷちが待っているとは思わなかった」

二〇〇七年の夏に僕にサンファン山脈を案内してくれたあとハードロック１００を走るためにシルバートンに戻ったカイル・スカッグスは、前回のタイムを三時間も上回るコース新記録を叩き出した。ワサッチ・フロント１００でも、レーニア山のワンダーランド・トレイル周回でも、グランドキャニオンを端から端まで走るタイムトライアルでも、最高記録を達成した。

二四歳になると、彼はそこでやめた。今はニューメキシコの自分の農園で有機野菜を育てている。二〇〇八年からは、競技として走ることは一切なかった。

僕も自分の崖っぷちに来てしまったのだろうか？

体に休みが必要なとき、特に怪我をしているときには休むように気をつけていたし、体を正しくケアすることには意識的だった。でも燃え尽きること――あるいは明らかに自ら進んで走らなくなること――は、僕みたいに真剣にトレーニングしている選手には避けて通れない道なのだろうか？　ここまで集中しなくても成功できたのだろうか？　バランスの取れた生活を送っているんだと、ただ自分を騙していただけだろうか？

ジェニーは、このところの出来事を心の中で整理するためにも穏やかな場所で休息が必要だと言ってくれた。こうして、母さんが死んだ一週間後に、僕らはヨセミテまで六時間運転して来たわけだった。

ディーンとは三日間一緒に過ごした。

彼は陰と陽のバランスを取っているようだった。ライン上を歩いたり花崗岩の壁をフリー・ソロで登ったりするときの彼の動きは、実に繊細で柔らかい。僕らには見えない空気の流れを感じ、それに身を任せながら、岩や空に向かっているようだった。一方で彼のクライミングはとても激しく、きついトレーニングも欠かせなかった。恐怖を克服するには、こんな自我の力が必要なのだろうか。

ディーンは八年間の結婚生活ののち、二〇一〇年に離婚していた。さらに僕と同い年ということもあって意気投合した。彼は僕と同じように、三八歳で身体能力のピークに差しかかっていた。怪我も恐怖もまだ知らない無垢な若造クライマーたちのことを、彼はしみじみと語り出した。彼が「モンキー・チルドレン」と呼ぶこの新しい世代は、何でも簡単にこなしていた。僕はディーンのような人生の切り換え方が気に入った。ウィスパーという犬と一緒にヨセミテの小さな掘っ立て小屋に住み、自然と孤独感を満喫できるシンプルな生活だった。

僕らは、栄養のことや、僕の母の死や、彼が数年前父を亡くしたことについていろいろ話した。彼は大きな岩壁を二〇時間連続で登るとき、無線の周波数が聞こえてくるくらい、集中して瞑想状態に陥ると言っていた。僕らは神様のことや、技術の限界のことや、勝つためには勝利には意味がないことに気づかなければならないことを話した。

目の前の木まで辿り着けるとは思えなかった。今にも落ちそうだ。

「一歩ずつだ」。躊躇してゆらゆら揺れている僕に、ディーンが声をかけてくれた。「今という時に留まれ」

EAT & RUNコラム⓮

人とつながる

あなたもウルトラランナーとして、毎日何時間も一人で誰もいない人里離れた場所でトレーニングをしていたら、きっとランニングを孤独だと感じるだろう。でも、皮肉なことに僕がランニング人生の中で何より一番楽しかったのは、ランニングを通じて出会った人たちと共有してきた時間だ。ランニングから人々のつながりを得るにはウルトラランナーである必要はない。普段自分で走っているルートを友達と一緒に走ってみればいい。ランニングクラブに入って毎週一緒に走ってみるのもいい。五キロや一〇キロのレースに出てみるのもいい。ランニングのために何かをすることは、必ずしも走ることだけじゃない。レースのゴールやエイドステーションでボランティアをしたり、トレイルの整備をやってみたりと、ランニングに参加する方法はいろいろある。僕もこのような活動を通して、ランニングからもらったものに対して恩返しを続けたいと思っている。ランニングは孤独なスポーツだ。でもランニングは、想像以上に人とつながる素晴らしいきっかけを与えてくれる。

Chapter 21

自分のルーツに戻る

トント・トレイル、グランドキャニオン
2010年

我々が愛する美しさは、
我々のありのままの行動であるべきだ。
――ルーミー〔ジャラール・ウッディーン・ルーミー。一三世紀ペルシャの神秘主義詩人〕

ここにも足を止めるいい場所があった。荒廃した教会のように静かで寒く暗い場所。雪がサラサラと降っていた。自分のキャリアの中には、こんな場所はいくらでもあった。今回ばかりは屈服するかもしれない。第一線のランナーとして二〇年近く走り続け、ウェスタンステーツに出場してから一〇年が経ち、「とにかくやるんだ」をずっと守ってやってきた自分の人生。それでいったい何を達成したのだろう？　結婚も失敗したし、怪我もした。もう無理だと思ったことをやり遂げたけれど、それらが自分の人生を守ってくれたわけじゃなかった。ダスティと仲違いし、友人のデイヴ・テリーは自殺し、母さんも死んでしまった。これから一生、毎日、毎分とにかくやっていくことはできる。でもそれには意味があるのだろうか？

もう食料がほとんど残っていなかった。ヘッドランプの灯りも弱くなって、電池の寿命が残り少なくなってきたのが分かる。電話や道路から八〇キロは離れている。朝の二時にここで立ち止まるのは危険だと分かっていた。でもどこか自分の中に、どうでもいいという思いがあった。

もう二〇時間走っていた。眼下には深い割れ目があんぐりと口を開けていた。頭上は星だらけの黒いドームだった。そして僕の右側の岩壁に浅い洞穴があった。横になって暗さと寒さから逃れるのにもってこいの場所だった。ここで横になって休めば数時間で空が明るくなり、回転草《タンブルウィード》が足元を転がり、辺りに番兵のように立つサボテンの優しい姿も見えてきて、体も休まるし温まる。それから走ればいいんだ。そうすれば、いろいろできる。

「あまりいいアイデアじゃないな。寒過ぎる。一度横になったら、また立ち上がるのが大変だ。今止まったら、一生止まることになる」

続けろと何度言われてきただろう？　自分では無理だと思っても、立ち上がるんだ、動けと何度も言われ、その度にそれが正しかったじゃないか？

「行こう。あと数時間走れば太陽も上がってくる」

また賢明で前向きなアドバイスをしてくれる友達だ。でも僕はもう疲れ切っていた。予備ライトはキーチェーンについているような小さなＬＥＤライトで明るさも足りなかった。ちょっと横になれば調子が戻る。あの硬い砂岩はきっと疲れ切った筋肉には軟らかく感じるだろう。とてもいい場所だ。立ち止まりたい。

亡くなった母さんのことを想いながら気の赴くままに走り、企業スポンサーや優勝のバックルを受け取るために走るようになってしまう前の、ダスティと一緒にけもの道を走ったあの頃の自由な感覚を取り戻す計画だった。でもダスティとはもうほとんど口をきいていなかった。そこで、二八歳の友人ジョーを、トント・トレイルをサポートなしで一四五キロ走ってグランドキャニオンを縦断するのにつき合わないかと誘った。自分で食料と水を持って、一気にこのトレイルを走り切った人はまだいなかった。一〇年前に読んだジョン・アネリノの『ランニング・ワイルド（*Running Wild*）』とコリン・フレッチャーが書いた『時を超えた旅人――グランドキャニオン縦断』〔新島義昭・訳、冬樹社〕からインスピレーションをもらっていた。つい一年前に知り合ったジョーは、足が速くて新たな冒険を求めていた。何より、彼は僕が今求めているものを持っていると思った。彼も二年前、タラウマラと競走するためにコッパーキャニオンに行って優勝していた。

二人ともエナジーバーを七本、クリフショットのエネルギージェルを三〇個、そしてヘッドランプと予備ライトを持った。唯一のシェルターとして軽量の防水シェルも持った。ビーンブリトーを二本、クッキー、アーモンドバターのサンドウィッチと地図もザックに入れた。水はサウス・リムから流れている雪解け水を飲む予定だった。ただ、前世紀から残る廃鉱から流れ出たウランで汚染されている沢からは飲まないように気をつけなければならなかった。

最初の光が届いた。気温はマイナス七℃だった。グランドキャニオンは猛烈な暑さで知られているけれど、今は身を切るような寒さだ。最初は六キロで九〇〇メートル一気に下って断崖地帯を越え、ポンデローサマツ、それからカシとヤマヨモギ、そして最後にサボテンが両側を囲む細いトレイルを走った。岩と岩のあいだに何百万年もかけて作られた排水路も通った。雄大なコロラド川を一〇〇〇メートルから見下ろす広い台地にあるトント・トレイルに辿り着いた頃には、僕らのすねはもう傷だらけになっていた。

電話やメールやレースの申込書や旅行の手配からこんなに遠く離れた場所に来るのは久しぶりだった。空っぽの空、岩肌の地面、サボテンと僕たちだけしかなかった。気温はすぐに三〇℃に上がり、ここに砂漠の生き物たちが住んでいることを思い出した。僕が前を走ることもあれば、ジョーが前を行くこともあった。四〇〇メートルと離れて走ることはなかった。予定よりペースが遅くて、その日会った唯一のハイカーたちから聞いた情報によれば、想定より排水路にして四本分遅れていたけれど、まったく気にならなかった。水と食料をたくさん持っていたし、息を呑むような美しさがトレイルの先から次々と現れた。

午後になると影が消えて、暗い雲が大きく膨らみながら押し寄せてきた。低い呻き声のような音は、いつしか金切り声に変わった。ビュンビュン吹く風に運ばれた埃と砂が飛び散り、それから雨が降ってきた。岩に雨粒が叩きつけられる。七〇キロ以上の距離を一六時間走ってきたところで、雷が僕らの前にも後ろにも落ち始めた。殺風景な台地に逃げ場所はなく、走るしかなかった。石がゴロゴロと転がる排水路を下ると、まるで高速道路のようなブライト・エンジェル・トレイルとトント・トレイルが交差するところにある、インディアン・ガーデンというキャンプ場にやっと辿り着いた。ビュービューと吹き続く風と雨の中でボトルの水を補給した。ドーンと雷の音がして谷に響き渡った。細い土の土手が谷底までくねくねと続き、遠くにコロラド川の岸にある宿泊施設ファントム・ランチの灯りが微かに見えた。ここから上にはブライト・エンジェル・トレイルがあって、標高二〇〇〇メートルにあるサウス・リムに位置するグランドキャニオン・ロッジに向かって一〇〇〇メートル続いていた。

近くに無人の警備員詰所があった。今回のトレイル上で、途中で旅をやめられる場所の一つだった。ジョーはやめるべきだと思っていた。彼はこれから春にレースが控えている。僕はレースのためにやっているわけではなかった。まだ半分も来ていないのに、ジョーの食料が残り少なくなっていた。そのとき、彼が食べかけのエナジーバーを半分地面に落としてしまった。どっかりと座り込んだベンチでゆっくり体を曲げて砂まみれになったエナジーバーを拾った。大切なカロリーを与えてくれるはずの食料なのに、砂を拭おうともしなかった。完全に茫然自失となって、救いのないため息をつきながら藪の方に投げ捨てた。ここでリスクを取るより今やめた方がいいだろうか？　この嵐が止んでも、また嵐になったらどうする？　雨が続けば、二人ともこの台地から眼下の渓谷に流されてしまうかもしれないし、凍える夜の暗闇の中で低体温状態に陥ってしまうかもしれないと、二人とも分かっていた。

僕はリスクを減らすためにいつも計画を立て、欲望と危険を天秤にかける。もうこれ以上は悪くならないと思う、とジョーに言った。二人とも、もっと困難な状況を切り抜けてきたじゃないか。天気予報はこの嵐は通り過ぎると言っている。そう言うと僕は、真上に見える星の一群を指差した（そこにしか星が見えなかった）。

それから三時間走ると、雨が止んで雲も消えた。僕らは言葉を交わさなかった。一一〇キロ地点辺りでヘッドランプの電池が切れ、予備ライトもその一時間後に消えてしまった。見分けがなかなかつかないトント・トレイルを探しながら、乾いた谷底を一時間半も走り回った。ブリトーを二本、数え切れないほどのジェルと数本のクリフバーを食べたけれど、お腹はまだ空いていた。そして寒く、何より疲れ果てていた。

岩の張り出しを見つけると、僕はまた欲望と危険を天秤にかけた。結論はこうだった。ここは休むのに最適だ。三〇分ほどここで休もう。仮眠することにしよう。

ジョーはそう思わなかった（そしてジョーは明らかに正しかった）。

「行こう。太陽が出るまであと数時間だし、あと五時間でゴールだよ」と彼が言う。

けっきょく僕らはそのあと一二時間かかってゴールした。エイドステーションはなく、応援している人もいなかった。競争相手もなく、レースディレクターもいなかった。ただ地球と友人と空と自分の体だけだ。この景観の中で僕らはほとんど存在すらしなかった。自然は人間がいかにちっぽけな存在かを気づかせ、そして力を与えてくれる。自分がこれほど小さいと感じたことはなかった。こんなに大きな存在だと感じたのも初めてだった。

空はどんどん暗くなり、吐く息も白くなった。それからやがて影が戻ってきて、温かく歓迎してくれるサボテンと空も見えてきた。赤とオレンジと黄色が頭上の谷の壁で爆発するように輝き、周りの素晴らしい地形が照らされた。眼下にはぽっかりと割れ目が広がっていた。昨日が消えて、すべての過去も一緒に消えていった。未来について考えるのは、朝露が消えていくことに意味を探すのと同じくらい無意味だった。

ジョーと僕は、ときどき四つん這いになって文字どおり這うようにニューハンス・トレイルを進んで深い谷から一五〇〇メートルをよじ登った。スタートしてから三〇時間ばかり経って、偶然観光地を通りかかったので、そこでワカモレとチップスを貪り食い、ネグラ・モデロのビールで流し込んだ。ジョーはトイレに行くと、そのまま中で寝てしまった。トイレのドアをどんどん叩いて彼を起こすと、レンタカーのシートを倒して、二人で一時間半ぐっすりと寝た。その後フラッグスタッフにあるイアンの家に行き、どんなに素晴らしい旅だったかを彼に語った。

広大な台地を走っているときは、僕らにはこれがどんな旅になるかは分からなかった。古代から流れる川から五キロ、大勢の人間が訪れる峡谷の淵から一〇〇〇メートル下にある巨大な岩棚に僕らだけがいて、自分たちの影を追いかけながら走っていたのだ。

トント・トレイルを走っているあいだ、大地と空と自分たちの肉体しかなくて、その瞬間以外のことからすべて解放され、まるで崖と川のあいだを駆け抜けるように、過去と未来のあいだを漂っていた。そしてウルトラランニングに何を探し求めていたかを思い出した。何を失くしてしまったのかを思い出した。

EPILOGUE

24時間走世界選手権 2010年

最高な旅は必ずしも東から西へ、
あるいは地上から山頂への旅とは限らない。
心から頭へと旅をすれば、
その過程で自分の声を発見できる。
——ジェレミー・コリンズ〔アドベンチャー・アーティスト〕

誰だって負けることがある。誰だって欲しい物を手に入れられないことがある。友人や愛する人が去っていくこともある。後悔する決断をしてしまうことだってある。そして、それでも何とか、それを埋め合わせようと必死に頑張る。負けることが生き方を決めるんじゃない。負けたあとに何をするか、つまり負け方が大切だ。

僕は、もう一度二四時間レースに挑戦してアメリカ記録を狙ってみることにした。それで二〇一〇年のＩＡＵ二四時間走世界選手権のためにフランスへ向かった。

ブリーヴ・ラ・ガイヤルド村を通る硬く踏みしめられた土の道と舗装路からなる一・四キロのコ

ースを、何百人ものランナーたちがお互い一メートルと離れずに周回した。コースはうねうねと公園内を蛇行し、ヘアピンカーブで折り返して、飲み屋やレストランがずらっと立ち並ぶ一番長い直線へとつながっていた。コース上には約三メートルの高低差がある場所が二か所あった。応援している人たちはきっと気づかないだろうけれど、数時間走り続けてきたランナーにとって、この「山」は一周する度に苦痛を感じた。

＊＊＊

ウルトラランナーたちでさえ、いったいなぜ二四時間レースに出る人がいるのかと不思議に思う。一番よく訊かれる根本的な質問はたった一言、「なぜ？」だ。僕の場合を言うと、インターネットやブログ、雑誌の取材、そして友達や知り合いにはもっと鋭く突っ込まれた。「なぜ今？」「何を証明したいんだ？」「何かから逃げているの？」

答えはもっと複雑だった。確かにまた優勝したかった（でも、一年単位でメジャーなレースに勝ったかどうかを心配しているわけではなかった。特に僕のキャリアを考えれば）。二四時間レースならではの単調さからしか生まれない忘我の境地をまた自分の中に探したかった。でも走りたかった一番の理由は母さんだ。何十年にもわたって筋制御機能をほぼ失いながら、死ぬ間際までメンタルの強さを保てるなら、僕はその母さんのように強くなるためにベストを尽くしたかった。母さんは人生の大半を歩けずに過ごした。僕は彼女の代わりに走ることにした。

ジェニーと僕はレースの九日前に到着し、最初の六日間はレース開催地から二本の電車を乗り継いで約五時間離れたブティニ・シュル・エソンヌというパリ郊外の小さな村に泊まっていた。ウェスタンステーツ前の準備期間と同じように、人里から離れた場所で静かな時間を求めていた。

数百年前、工場として川の近くに建てられた、色鮮やかな野菜農園と卵黄のように黄色い菜の花畑に隣接している友人のガーデン・アパートメントに泊まった。村は狭い石畳の道で、夜は星空が素晴らしかった。ジェニーは近くのフォンテーヌブローでロッククライミングをして、僕は近辺の菜の花畑や野花や小麦とライ麦畑を走って時間を過ごした。フォンテーヌブローの中で「砂の海」と呼ばれているところで、二人でスラックラインもした。

旅行用の携帯ブレンダーとコンピュータ以外、とても静かでシンプルな生活だった。毎朝起きたらスムージーを作って、村の小さなパン屋で買った焼き立ての全粒粉パンを食べて、走ったり、クライミングをしたり、一緒に散歩に出かけた。夜ベッドに行く前にメールをチェックして外の世界とつながりながら、あとは食べ物や音楽や人生や死のことや愛の意味について話し、川の流れる音を聞きながら、窓から入る涼しい春のそよ風にあたって眠りについた。

ほとんど毎朝、自然食を売っている一番近い村まで森の中を一〇キロ走った。フランスのハーブや新鮮な地野菜を使って簡単な食事を作った。美味しい食とシンプルな生活を大事にしているフランス人のセンスが僕は大好きだった。この石畳の田舎の村では、人生が複雑になり過ぎる前の古きよき時代に戻った気持ちになった。

五月一三日のレース当日までに、余計なことはすべて忘れて気持ちを空っぽにして、唯一のゴール——二四時間、必死に走ること——に集中しようとした。体をギリギリまで追い込みたかった。今再び、あの捉えどころがない限界を探し求めていた。

町中のバスに大会の張り紙が貼られていた。各チームには鍼師や医師、トレーナーも帯同している。コースの長い直線部分にずらっと並ぶバーやカフェの客は、ランナーが通過する度に応援してくれた。僕が属するアメリカ男子チームは、経験豊富なベテランと新進ランナーの混成だった。対する競争相手として日本人、韓国人やイタリア人、それにヨーロッパ、アジア、北米、南米、豪州など二〇か国のランナーが集結していた。日本人選手が優勝候補として根強い人気だけれど、日本人トップランナーの多くは翌週末の四八時間レースを狙っていたので、まだ名前が知られていないランナーが飛び出す可能性もあった。

無名のスペイン人ランナーが先行し、僕と二二八人の他のランナーが彼を追いかけた。数マイルのところでそのスペイン人は脱落し、くねくねしたコースを一周する度、先頭が変わっていった。こんな短いコースでこんなにたくさんのランナーが走っていたら絶対に問題が起こるはずだ。でもこの国際的なグループは平和を保っていた。僕は英語以外の言葉を話せなかったので、誰かを追い越すときには、ノルディックスキーの国際合図である「ハップ、ハップ」と叫んだ。

出だしはちょっとオーバーペースだったけれど（時間を計測するタイミングチップによると、マイル六分ペース［キロ三分四五秒］だった）、数マイル走るとマイル七分ペース［キロ四分二二秒］という楽なペースに落ち着いた。

ちょうどマラソンの距離を走った辺りで韓国のリー・ドン・ムンに周回遅れにされ、数ラップ後には日本の井上真悟にも抜かされた。でも気にしなかった。僕は彼らと競争しているんじゃなくて、自分自身と、そして時計の針と闘っていた。

それから六時間、僕の人生は極限まで切り詰められた——食べる、飲む、走る。周囲に対してオープンでいたかったから、初めの八時間は音楽を聴かないようにした。単調さが耐えられなくなったときのために音楽をとっておきたかった。いつもは雪をかぶった山が僕の中で前に進んでいるというしるしだったように、今は音楽を聴くことを楽しみに走っていた。

研究者によれば、脳が他のこと（音楽）に集中することによって痛みが抑えられるという。ある実験では、音楽を聴くことによる痛みを抑える効果がタイレノール〔鎮痛剤〕のエクストラ・ストレングス一錠と同じだという結果が出た。

ウルトラランナーは、正気を保つためにゴールが必要だ。でもそのゴールに執着してしまったら破滅してしまう。残り時間を考えないようにした。真悟のことを気にしないようにした。母の思い出が頭をよぎったら、それを走り続ける力に変えた。自分を忘れて、それによって自分の新しい限界を知り、それを超えたかった。自分をこじ開けて、肉体の枠を超え、精神の枠を超えたかった。

先頭を走る真悟に二周抜かされた。影が長くなって、コース沿いに並ぶテーブルの上のエスプレッソがビールやワインに変わっても、自分のペースを守るようにした。沿道の人々は夜中じゅうワイワイ騒いで応援してくれていた。

自分の走るリズムはもうリズムじゃなかった。ただ存在するだけだった。すべてであり、無だった。二四時間で二九〇キロを走って世界記録を持つあの有名なイアニス・クーロスは、走っているときは自分を見下ろしていると言っていた。僕は自分の体から離れなかったけれど、父さんが森の中にいて、神のつもりで指のあいだから土をこぼすのが見えた。そして母さんが笑いながら、僕のお皿のマッシュポテトの上にバターをたっぷりのせてくれた。燃えるようなオレンジのニンジンと消防車より赤いトマトもあった。よだれが垂れそうなくらい美味しいワカモレもあった。デイヴ・テリーが台所のカウンターに寄りかかりながらビールの瓶を開けて、すべての痛みが大事なわけじゃない、と言っていた。そのまま続けろ、続けろと言っているダスティもいた。シルヴィーノがまとうエレクトリックブルーのチュニックや、アルヌルフォの偉大なストライドも見えた。彼らがどうやっているのかもう不思議に思わなくなって、その秘密を体得したんだと思った。誰だって理解できる。本来あるべき生き方を実現できる——シンプルで幸せで、地球に生き、地球とともに生きるやり方を。みんながそうやって生きようとすれば、本当の幸せとともに生きていけるはずだ。

八時間経って音楽を聴き始めた。さっきまで頭の中が明瞭だったのに、それも消え去ってしまった。あの感覚は戻って来るだろうか?　ｉＰｏｄで音楽をかけても、曲が分からなかった。走りながらヌードルスープを食べたけれど、大好物でいつもは幸せな気分になるのに、まったく味がしなかった。こんなに孤独なことは今までなかった。コースを挟んで観客たちの反対側からは、石の上を流れる川の音が聞こえ、木の葉をすり抜ける風の音、そして新しい日を迎える鳥のさえずりが聞こえた。

九時間。一〇時間。

過去があるから今がある。だから将来の計画をどうしても立ててしまう。自分の手の上に母さんの温かい、力強い手を感じるときもある。スピードを落とし、立ち止まって休もうかと想像するときもある。

一四時間。一五時間。一六時間。一七時間。

来月、僕は講演会でスピーチをし、会議に出席し、表彰を受けることになる。二〇一〇年の七月には、ジェニーと一緒に車でニューメキシコに向かい、カイル・スカッグスの有機農場で草むしりをし、それからコロラド州のボルダーへと向かう。すぐにダスティが合流し、一緒に食事をしたり、トレーニングしたりして、友情を取り戻すことになる。九月にはクウェートの米軍部隊を訪問し、そこで走ったり、兵士たちにランニングのことを話したり、戦争について彼らの話に耳を傾けたりする。でも、このくねくね蛇行するフランスのコースでは、将来は関係ない。過去も消えた。目の前のトレイルと動きだけがあった。今だけがあった。そして今だけで充分だった。充分過ぎるほどだった。これがすべてだ。僕は走った。走って、走って、さらに走った。

夜明けはまた来るはずだ。来なければならない。そしてレースも終わる。僕もゴールする。それは分かっていた。でもこういう自明の真理が、なぜかただの祈りに聞こえた。

一七時間。明瞭な思考はいったい戻ってくるだろうか。

優れた仏教指導者は巡礼者たちに、目がくらむほどの転換をもたらす悟りに出会うまで、木を切って水を運びなさいと助言する。そしてしびれるような至福を感じたら、さらに木を切って、水を汲むのだと言う。ランニングは僕に平穏と明瞭さを与えてくれた。だから僕は走り続けてきた。そして今、平穏さはどこかへ行ってしまった。ただ、悲しくため息をつくような風が吹くだけだ。僕は走り続けた。

足が動いているのは分かっていたけれど、もう何も感じなかった。昔勉強した道教について考えた。ランニングとは関係がないのに実は深く関係している数々の教えの一つが頭に浮かんだ。「無為」の状態——行動なき行動——を僕は実践していたのだろうか?

僕は走り続けた。ジェニーやダスティ、そして家族やヒッピー・ダンやイアンやディーン・ポッターと、ランニングを通して今まで出会ったすべての人たちを思い出した。コロラドの山々を登り、カリフォルニアの谷を苦労して進み、日本の市場やギリシャのブドウ畑を駆け抜けた。今までランニングのおかげで訪れた場所や出会った人々が頭をよぎった。痛みも思い出した。最近通っているヨガレッスンを思い出し、うまくいかない僕に先生のビッグ・ビルが言うセリフを思い出した。「これを探しに来たんだろ!」

一八時間。

「これを探しに来たんだろ!」マントラのように繰り返した。一九時間。またスープを飲んだ。そしてクリフショットのエナジージェルをもう一本。バナナをまた食べて、水をたっぷり飲んだ。

「これを探しに来たんだろ」。自分にそう繰り返していると、だんだんと「とにかくやるんだ」と同じように聞こえてきた。

一九時間が過ぎる頃に、アメリカ代表チームの監督、マイク・スピンドラーが、アメリカ記録を更新するためのタイムとラップの数を叫んだ。このペースを持続できたら、手が届きそうだった。

二〇時間。二一時間。

二二時間、二三時間。アナウンサーが僕の走った距離を読み上げた。僕が近づくと、他のランナーたちは肩越しにちらっと見て道を空けてくれた。フランス人のランナー数人が、「行け《アレ》、スコット！ 行け《アレ》、アメリカ！」と応援もしてくれた。

二六一キロ走ったところでまだ三〇分残っていた。アメリカ代表チームの監督が僕に星条旗を手渡した。僕は誇りを胸に旗を頭上で振りながら最後の五周、最後の三〇分を走った。

金曜日の午前一〇時にゴールした。イタリア新記録を出したイヴァン・クディンより三キロ先で、日本新記録を僅か三〇〇メートルの差で更新した井上真悟より七キロ後ろだった。

僕は二六六・六七七キロ走ってアメリカ新記録を達成した。二四時間以内にここまでの距離を走った北米ランナーはいない。目標としていたことを達成できた。今は休もう。それから食べて、それから、また走りだすだろう。

食べることも走ることも、ごくありふれたシンプルな活動だ。でも神聖な活動でもある。至福を求める巡礼者たちは、水を汲んで木を切る。どれもシンプルだ。でも気持ちを込めて気を配りながら行い、今このときを大事にして謙虚になって行えば、こうしたシンプルな活動が超越への道につながる。自分よりはるかに大きい何かへと続く道を照らしてくれる。

締め切りや借金、勝利や敗北に追われてしまうことも多い。友達同士だって口論する。愛する人も去る。苦しみもある。一〇〇マイルのレースで――あるいは近所を五キロ走ったって――痛みは消えない。

でも変わることはできる。一晩では無理だけれど、時間をかければできる。人生はレースじゃない。ウルトラマラソンだってレースじゃない。そう見えるかもしれないけれど、そうじゃない。ゴールラインはない。目標に向かって努力をして、それを達成するのは大切だけれど、一番大事なことではない。大事なのは、どう・・・やってそのゴールに向かうかだ。決定的に重要なのは今の一歩、今あなたが踏み出した一歩だ。

誰もが違った道を歩む。健康的に食べて、自由に走ることで、僕は自分の道を探すことができた。そうすることで、きっとあなたも道を探せるはずだ。その道がどこへ導いてくれるかは、やってみなければ分からないのだから。

謝辞

本を書くのはまるでウルトラマラソンのようだ。困難な登りもあれば、たった一歩を踏み出すのさえものすごく大変に感じることもある。あるいは、簡単に前へと進めて、永久にこの楽な状態が続くかと思うときさえある。ウルトラマラソン・ランナーには、困難なコースを進むための仲間が必要だ。レースの攻略法を探り当てるためにも、あるいはただ動き続けるためにでさえ、仲間が要る。僕が本書を書いているときも同じだった。勤勉で有能な仲間なしには『EAT & RUN』はゴールに辿り着かなかっただろう。

僕の良き親友で、厳しい経験を重ねる実社会での戦友でもあるダスティ・オルソンが、一九九四年に僕に五〇マイルを走るよう勧めなければ、本書は存在しなかっただろう。僕の人生に影響を与えた人々の中で、ダスティは一番最初に僕を変えた、最も親しい友人だ。その他にもアスリートや自由な考えの持ち主《フリー・シンカー》、健康に真剣に取り組む人たちといった、ささやかながら多彩な人々が僕の人生を変えてきた。本書では全員を紹介しきれなかったけれど、彼らには本当に感謝している。不可能なんてないことを僕に教えてくれた。

シャノン・ワイルは、一〇年前に初めて本を書くことを勧めてくれた。ウェスタンステーツ100の共同レースディレクターとして、彼女は潜在能力に点火するコツがよく分かっている。それからオードレー・ヤングは、良き友であり情熱的なライターとして、忙し過ぎて本の骨子をまとめる時間がないと僕が言い訳するスキを与えなかった。彼女が惜しみなく時間と労力をかけてくれなければ、本書が陽の目を見ることがあったか甚だ疑問だ。

僕のエージェントのラリー・ワイスマンと奥さんのサーシャは、僕の話に特別なものを見出してくれて、本の骨子に新しい展開を与えてくれた。スーザン・キャナバンとホートン・ミフリン・ハーコート社の素晴らしいチームは、いつ励ますか、いつ尻を叩くかをわきまえて、僕の一番の応援団として働いてくれた。

スティーヴ・フリードマンは僕のペーサーであり、謙虚な共同執筆者だ。長年彼の仕事ぶりは素晴らしいと思っていて、もし本を書くことがあれば、ぜひスティーヴと彼の文章力のスキルを借りたいと考えていた。僕のひどいこだわりと支離滅裂なアイデアにもかかわらず、スティーヴが僕の人生をうまく整理して描き出してくれた。僕一人では絶対にできなかっただろう——彼自身はウルトラマラソンを一歩たりとも走ったことがないのに。スティーヴは、ヴィーガンになって一〇〇マイル走ってやろうと、今密かに闘志を燃やしているんじゃないかと僕は感じている。もしそうならば、ぜひ僕が彼のペーサーを務めさせてもらいたい。

スティーヴの愛すべき有能なアシスタントのサラ・デミングは、ウルトラランニングや栄養について、僕が存在も知らないような詳細を根気よく調べてくれた。彼女の素晴らしいインタビューのおかげで、僕の友人や人生の師たちから、僕が忘れていたような大事なことまで引き出すことができた。元ボクサーのランナー（本書にかかわりだして彼女は初めてハーフマラソンを走った）であるサラとは、絶対に喧嘩はしたくない。彼女は不屈で容赦ないし、彼女のパンチはズシリと堪えると聞いている。

スティーヴとサラと僕は、無数のインタビューに貴重な時間を割いてくれた友人や家族や専門家たちにとても感謝している。あなた方のおかげで、何が僕を突き動かしたのかについて、本書にさらなる物語や筋書きを加えることができた。とりわけ、僕の初期のランニング成績に関して詳しいデータを提供してくれたダルース・ニュース・トリビューン紙のケヴィン・ペイツ、植物ベースの食事に関して科学的な知見を与えてくれた「責任ある医療のための医師委員会」のニール・バーナード先生とスーザン・レヴィン先生、ウルトラの持久力に関するたゆまぬ科学的探究心に僕が敬意を払うティム・ノックス先生、ザカリー・ランドマン先生、デイヴィッド・C・ニーマン先生に謝意を表明したい。文筆の賢人クリストファー・マクドゥーガルからは、僕の原稿に価値あるインプットとアドバイスをもらい、物事には常に終わりがあることを教えてくれた。

寛大で写真のセンスがある友人たちが写真を提供してくれて、僕の話に生命を吹き込んでくれた。写真はそれ自体が雄弁に語ってくれるので、僕の生き様を写真に撮ってくれた友人たちにはとても感謝している。

本当に大勢の人たちが僕の人生に影響を与えてくれた。名前を出していない人もいるけれど、僕が誰のことを言っているかあなたは分かってくれるはずだ。岩だらけであまり踏み固められていないトレイルへと僕を導いてくれたのだから。

信頼する人生のパートナーでベストフレンドのジェニーには、いくら感謝しても足りないくらいだ。彼女は僕とスティーヴが力を合わせて本を書くことに賛成してくれて、それがうまく行かなくなりそうになったときには力を貸してくれた。ジェニーがこうしたいと思うと、たいていそれは実現する。夜通し作業しているときにいつもそばにいてくれたことにとても感謝している。彼女は本書の編集に長い時間を費やし、創造的な視点を与えてくれた。なぜ僕は自分が追いかけている夢を追いかけているのか、それが意味をなさないように見えても、本書でそれが分かるように——僕自身にも——してくれた。ジェニーと一緒だと旅の一歩一歩がもっと楽しいし、充実したものになる。

僕らはしばしば原点に立ち戻らなければならない。僕は両親の存在なしには走ることをしなかっただろう。父さんとは必ずしも分かり合えなかったかもしれないけれど、シンプルでありながら奥の深い知恵を授けてくれた。そのおかげで今の僕がある。「とにかくやれ」と父さんは言った。たまにではなくいつでもだ。母さん、母さんは僕らの多くが当たり前にやれる基本的なことをする能力を失ってしまったけれど、決して笑うことをやめず、人生のささやかな楽しみを探すことを諦めなかった。僕もそんな生き方を続けられたら、きっと成功する。僕が尊敬するランナーたちは、もっと長く走り、もっと大きな山に登ったかもしれないけれど、誰よりも僕にインスピレーションを与えてくれたのは母さんだ。僕は母さんのために走り続けたい。

最後に、僕は世界中のファンにとても感謝している。多くのレースボランティアたち、手紙をくれる若いランナーたち、レース前に励ましの言葉をかけてくれて、終わったあとに一緒に喜んでくれる熱心なフォロワーたち。僕は絶えずあなたたちの物語からモチベーションとサポートを得ている。どうして僕が走るのか、どうして僕らがみんな走るのか、思い出させてくれるから。

EAT & RUN 料理レシピ

1カップ＝240cc（アメリカンサイズ）　大さじ＝15cc　小さじ＝5cc

ミネソタ風マッシュポテト
MINNESOTA MASHED POTATOES

材料(４～６食分)
ジャガイモ(赤いものでもいい)
……中サイズ５～６個
ライスミルク
……１カップ(作り方は下記参照)
オリーブオイル……大さじ２
塩……小さじ½
黒コショウ……小さじ½
パプリカパウダー　※好みで

作り方
1　水洗いしたジャガイモ（皮を剝くかどうかはお好みで)を鍋に並べ、２～３㎝上まで水が被るようにして、ふたをして強火にかける。沸騰したら火を弱め、20～25分そのままゆでる。フォークでジャガイモの硬さを確認し、簡単に突き刺さればOKだ。
2　お湯を捨て、マッシャーかミキサーを使ってジャガイモを潰す。ライスミルクとオリーブオイルを加え、なめらかでフワフワになるまで潰し続ける。塩コショウを振りかけ、お好みでパプリカも加える。

ライスミルク
RICE MILK

材料(５カップ分)
炊いた白米または玄米……１カップ
水……４カップ
塩……小さじ⅛
サンフラワーオイル
……大さじ１　※好みで

作り方
米と水と塩をブレンダーに入れる。クリーミーにしたければオイルを加える。なめらかになるまで「強」で１～２分かきまぜる。冷蔵庫で冷やせば４～５日もつ。

レンズ豆とマッシュルームのバーガー
LENTIL-MUSHROOM BURGERS

材料(直径10㎝のパテ12個分)
乾燥レンズ豆……1カップ
(調理後は2と¼カップになる)
水……2と¼カップ
乾燥パセリ……小さじ1
黒コショウ……小さじ¼
ニンニク(刻む)……3片
タマネギ(みじん切り)……1と¼カップ
クルミ(刻む)……¾カップ
パン粉(※参照)……2カップ
フラックスシード(挽いたもの)
……½カップ
マッシュルーム(切ったもの)……3カップ
ほうれん草、ケール、または緑葉の冬野菜
(茎を取り除いて刻んだもの)
……1と½カップ
ココナッツオイルまたはオリーブオイル
……大さじ2
ニュートリショナルイースト……大さじ2
塩……小さじ1
黒コショウ……小さじ½
パプリカパウダー……小さじ½
バルサミコ酢……大さじ3
ディジョンマスタード……大さじ2

※自家製のパン粉を作るには、1日経ったパン半斤くらいを使う(僕はエゼキエル4:9[有機栽培の全粒粉パン]を使う)。パンをスライスし、5~8㎝大に切るかちぎって、フードプロセッサーに1~2分かけてパン粉にする。パンと一緒にクルミを入れてもよい。

作り方

1　小さな鍋にレンズ豆、パセリ、ニンニク1片分、タマネギのみじん切り¼カップを入れて煮立たせる。火を弱め鍋ぶたをずらして35~40分、水がなくなりレンズ豆が柔らかくなるまで煮る。

2　そのあいだに、クルミとパン粉とフラックスシード(亜麻の種)をボウルで混ぜる。イーストと塩・コショウ、パプリカを加えてよくかき混ぜる。

3　残りのタマネギとニンニク、マッシュルームと緑葉野菜は8~10分ほど油で炒める。レンズ豆も火から下ろし、バルサミコ酢とマスタードを加え、ポテトマッシャーか木のしゃもじを使って硬めのペースト状に練り上げる。

4　レンズ豆、炒めた野菜、それにパン粉を混ぜたものを大きなボウルに入れよくかき混ぜ、冷蔵庫で15~30分以上冷やす。

5　手を使ってお好みのサイズのバーガーパテを作り、ワックスペーパーに載せる。油を馴染ませたフライパンで揚げるか、オーブンや直火で表面に軽く焦げ色がついてカリカリになるまで片面3~5分ずつ焼く。余ったパテは、ワックスペーパーに載せたままビニール袋に入れるか一つずつアルミホイルで包んで冷凍保存すれば、お手軽なディナーか次のバーベキューのバーガー用に取っておける。

アップルシナモン・グラノーラ
APPLE CINNAMON GRANOLA

このレシピの秘密は、オート麦のひき割りとヘンプミルクにある。全粒のオート麦のひき割りを水に浸すことによって、消化を助ける酵素の放出を促す。ヘンプシード（麻の種）にはオメガ3脂肪酸が多く含まれていて、ヘンプミルクはカリカリとした歯ごたえのグラノーラにクリーミーで軽い食感を生み出す。朝の運動やレースの前後に打ってつけだ。

材料(8～10食分)

ココナッツオイル……小さじ1～2

A
- オート麦のひき割り（生を水に6～8時間浸けたもの）……4カップ
- リンゴ(芯を抜きスライス)……1個
- 乾燥ココナッツフレーク……½カップ
- シナモン(すり潰す)……小さじ2
- メープルシロップ……大さじ2
  またはアガヴェシロップ……大さじ1
- バニラエクストラクト……小さじ1
- 塩……小さじ½

B
- 生アーモンド(砕く)……½カップ
- カボチャの種(砕く)……½カップ
- レーズン……⅔カップ

作り方

1　オーブンを120℃に予熱し、油を塗ったベーキングシート2枚を用意する。

2　**A**を30秒ほどフードプロセッサーにかける。側面をかき落としてさらに30秒ずつ2度繰り返す。中身を大きなボウルに移し、**B**を加え、しゃもじでしっかり混ぜる。

3　これをベーキングシートに薄く広げ、ときどきヘラでひっくり返しながら、乾いてカリカリになるまで2～4時間オーブンで焼く。設定温度を上げて焼き時間を短縮することもできるが、焦げないよう小まめにチェックすること。

4　焼きあがったら冷ましてレーズンを散らす。ヘンプミルク(作り方は下記参照)など乳成分を含まないミルクとバナナのスライス、ベリーと一緒に食べる。密封容器なら3～4週間もつ。

ヘンプミルク
HEMP MILK

材料(5カップ分)

ヘンプシード(殻付き)……¼カップ
水……4カップ
塩……小さじ¼
メープルシロップ……小さじ1～2
　またはアガヴェシロップ……大さじ1
　※好みで

作り方

ヘンプシード、水、塩をブレンダーに入れ、なめらかなミルク状になるまで高速で1～2分かき混ぜる。甘くするならアガヴェシロップかメープルシロップを加える。冷蔵庫で4～5日保存できる。

長距離ランのためのピザパン
LONG RUN PIZZA BREAD

材料（4～6食分）
ほうれん草……1と½カップ
ドライトマト……¾カップ
カラマタオリーブ……¾カップ
パン……1斤
豆腐のフェタチーズ（下記参照）
ソース（下記参照）

作り方

1　オーブンかトースターを220℃に予熱する。

2　1.5～2.5㎝ほどにスライスしたパンにソースを薄く塗り、ほうれん草、トマト、オリーブを少量載せる。最後に豆腐のフェタチーズをその上に散らす。

3　パンの下の部分とトッピングに軽く焦げ目がつくまで、10～12分ほど焼く。余ったら常温で冷まして小さなビニール袋に入れ、次回の長距離ランかランチのために冷蔵庫で保存できる。

豆腐の“フェタチーズ”
TOFU “FETA”

材料
木綿豆腐……220～230g
味噌……大さじ2
ニュートリショナルイースト……大さじ3
レモンジュースまたはりんご酢
……小さじ1

作り方
豆腐の水けを切り、軽く絞る。小さなボウルに材料をすべて入れ、ポテトマッシャーか木のしゃもじで完全に均一になるまでかき混ぜる。ソースを作っているあいだそのまま置いておく。

ソース
SAUCE

材料
トマトペースト……170g
オニオンパウダー……小さじ1
ガーリックパウダー……小さじ½
イタリアン・シーズニング……小さじ1
塩……小さじ1
水……¼カップ
赤唐辛子（刻む）……小さじ½　※好みで

作り方
小さなボウルに材料を入れてよく混ぜる。辛いのがお好みなら赤唐辛子を加えてしばらく置く。

グリーンパワーの運動前ドリンク
GREEN POWER PRE-WORKOUT DRINK

最初にスピルリナや小麦若葉といった青物の重要さを教えてくれたのはヒッピー・ダンだ。スピルリナは、アステカの戦士によって持ち込まれたと言われる緑藻類だ。減量サポートや免疫力向上のために何世紀も使われていて、最近の研究では長距離ランナーのパフォーマンスを高める効果があるとされている。ダイエットサプリとして販売されているので健康食品店で信頼できるブランドのものを買うといい。

このスムージーはたんぱく質を豊富に含み(スピルリナは完璧なたんぱく質だ)、ビタミンやミネラル分も豊富な素晴らしい栄養ドリンクだ。炭水化物をさらに摂取したければ、1カップの水をリンゴジュースかオレンジジュースに置き換えるといい。

材料(5カップ分)

バナナ……2本
マンゴーかパイナップル(冷凍)
……1カップ
水……4カップ
スピルリナ(粉末)……小さじ2
味噌……小さじ1

作り方

すべての材料をブレンダーに入れ、中身が完全になめらかになるまで1～2分攪拌する。走る15～45分前に2カップ半～4カップ飲むといい。

バター風味のオメガ・ポップコーン
"BUTTERY" OMEGA POPCORN

ヴィーガンは楽しみがないとか、ウルトラランナーは人生を楽めないなんていったい誰が言ったんだ？　少なくとも僕はそうじゃない。学生時代はジャンクフードを死ぬほど食べたけれど、このポップコーンのボウルを抱えていれば、その頃と同じような楽しいひとときを過ごすことができる――しかもジャンクフードを食べて罪悪感を感じることもない。ポップコーンはいつだって楽しくて美味しい。このレシピでは、必須の脂肪酸やビタミンB群を摂取できる。ウドズオイルがバター風味の秘密だ。

材料(4食分)

ポップコーン用のコーン豆……½カップ
ウドズオイル3-6-9ブレンド
……大さじ2～3
塩……小さじ1
ニュートリショナルイースト
……大さじ3～4

作り方

ポップコーン機を使ってコーンを大きめのボウルにポップさせる。油、塩とニュートリショナルイーストをポップコーンの上にふりかけてしっかり混ぜる。

ミネソタ風ウィンターチリ
MINNESOTA WINTER CHILI

材料(8～10食分)

A
- ココナツオイルまたはオリーブオイル……大さじ2
- ニンニク(みじん切り)……2片分
- タマネギ(みじん切り)……1カップ
- マッシュルーム(みじん切り)……中サイズ8～10個
- ピーマン(みじん切り)……½カップ
- 赤ピーマン(みじん切り)……½カップ
- ニンジン(みじん切り)……½カップ
- ハラペーニョまたは他の唐辛子(種を取ってみじん切り)……1本　※好みで
- スイートコーン(冷凍)……1カップ
- クミンパウダー……小さじ1
- コリアンダーパウダー……小さじ½
- チリパウダー……大さじ2
- 塩……小さじ2　※好みでさらに加える
- 黒コショウ……小さじ½

B
- トマト(缶詰。さいの目に切ったもの)……800g
- トマトピューレ……420g
- インゲン豆(缶詰。水を切る)……420g
- 黒豆(缶詰。水を切る)……420g
- 赤いんげん豆(缶詰。水を切る)……420g
- 水……2と½カップ
- ブルグア小麦……½カップ

タバスコまたは赤唐辛子……好みで
コリアンダーの葉(みじん切り)……¼カップ

作り方

1　大きな鍋にオイルを入れ、**A**を加えて弱火から中火で柔らかくなるまで10分ほど炒める。野菜が鍋にくっつくようだったら水を少し足す。

2　**B**を加え、ふたをして中火で30分ほど煮込む。さらに野菜が軟らかくなるまで混ぜながら20～30分ほど煮込む。

3　好みで塩・コショウを加え、もっと辛くしたければタバスコまたは赤唐辛子を追加する。お皿に盛るときに新鮮なコリアンダーを載せる。残ったチリは冷凍保存できる。

八穀のストロベリー・パンケーキ
8-GRAIN STRAWBERRY PANCAKES

材料(15㎝サイズ　10～12枚分)
スペルト粉……¼カップ
そば粉……¼カップ
全粒小麦粉……¼カップ
オート麦の粉……¼カップ
雑穀の粉……¼カップ
ライ麦の粉……¼カップ
大麦の粉……¼カップ
コーンミール……¼カップ
フラックスシードかチアシード
　(挽いたもの)……¼カップ
ベーキングパウダー……小さじ2
塩……小さじ½
ミルク(乳製品でないもの)……2カップ
オリーブオイル……大さじ3
アガヴェシロップかメープルシロップ
　……大さじ2
バニラエクストラクト……小さじ1
イチゴ(切ったもの)……1と½カップ
ココナッツオイル……1枚につき小さじ1
メープルシロップかフルーツソース
　※好みで

作り方

1　粉、挽いたシード、ベーキングパウダー、それに塩をボウルで混ぜる。ミルク、オリーブオイル、シロップ、バニラを加え、しっかりかき混ぜ、イチゴを加える。

2　フライパンにココナッツオイルをひき、中弱火で3～5分、または水滴を落とすと蒸発するくらいになるまで温める。

3　1枚当たり½から¾カップくらいの生地をフライパンに流し込む。裏側がきつね色になるまで焼き、パンケーキの表に泡が出てきたらひっくり返して反対側を焼く。焼き上がったパンケーキの上にメープルシロップかお好みのフルーツソースをかけて出来上がり。

チョコレート・あずきバー
CHOCOLATE ADZUKI BARS

材料(5㎝角のブラウニー16個分)
ココナッツオイル……小さじ½
あずき(水煮缶。水を切る)……420g
バナナ(熟れすぎたものがよい)……中1本
アーモンドミルク……½カップ
ココナッツミルク……½カップ
大麦の粉……½カップ
米粉……¼カップ
ココアパウダー……大さじ6
メープルシロップ……大さじ3
バニラエクストラクト……小さじ1
味噌……小さじ1
　または塩……小さじ½
クコの実、すぐり、またはレーズン
　……⅓カップ　※好みで
ヴィーガン向けチョコレートチップ
　……½カップ

作り方

1　オーブンを200℃で予熱する。20㎝四方のケーキ型にココナッツオイルを塗る。

2　あずきとバナナにアーモンドミルク(あるいはライスミルク)とココナッツミルク(薄めのもの)を加え、ブレンダーかフードプロセッサーを使ってなめらかなクリーム状になるまでかき混ぜる。粉とココアパウダー、メープルシロップとバニラと味噌を加え、完全に混ざるまで攪拌する。

3　クコの実などを加え、ケーキ型に流し込み、上からチョコレートチップをまぶす。固まるまで35～45分間焼く。

4　バーを冷ましてから四角くカットして、小さなビニール袋に入れ一晩冷蔵庫に寝かす。次の長距離トレイルやロードランのお供にどうぞ。

ウェスタンステーツ“チーズ”スプレッド
WESTERN STATES TRAIL “CHEESE” SPREAD

材料(3カップ　10～12食分)
木綿豆腐(水を切る)……1丁(450g)
　※参照
白味噌か赤味噌……大さじ3
レモンジュース……大さじ3
タヒニ(練りゴマ)……¼カップ
オリーブオイル……大さじ2
ニュートリショナルイースト……¼カップ
パプリカパウダー……小さじ3
水……大さじ1
ガーリックパウダー……小さじ½
オニオンパウダー……小さじ1
ディジョンマスタード……小さじ1

作り方

材料をすべてブレンダーかフードプロセッサーに入れて、均等になめらかになるまで2～3分攪拌する。全粒粉パンにそれを薄く伸ばし、“チーズ”サンドイッチのようにスライスしたトマトとレタスを載せるか、クラッカーや生野菜のディップとして使う。冷蔵で約1週間、冷凍で2か月間保存できる。

※パワーの弱いブレンダーを使うなら、絹ごし豆腐の方が良い。

タイ風キャベツサラダのレッドカレー・アーモンドソース
THAI CABBAGE SALAD WITH RED CURRY ALMOND SAUCE

材料（6～8食分）
キャベツ（ざっくり刻む）……½個
チンゲン菜（5㎜に刻む）……4本
にんじん（皮を剝いて薄めに輪切り）
……1本
赤ピーマン（種を取って長細く切る）
……1個
コリアンダーの葉（みじん切り）
……¼カップ
ひまわりの種（生）……¼カップ
レッドカレー・アーモンドソース
（下記参照）……½～¾カップ

作り方
食べる前に、材料を全部混ぜ合わせて10～20分置いておく。

レッドカレー・アーモンドソース
RED CURRY ALMOND SAUCE

材料（1と1/2カップ分）
アーモンドバター……½カップ
水……½カップ
ライムジュースまたは米酢……¼カップ
味噌……大さじ2
コリアンダーの葉（みじん切り）
……大さじ1
アガヴェシロップまたは
メープルシロップ……大さじ2
タイのレッドカレーペースト
……小さじ2　※好みで
オニオンパウダー……小さじ1
ガーリックパウダー……小さじ½
ジンジャーパウダー……小さじ½

作り方
ブレンダーもしくはボウルに入れてなめらかになるまですべての材料を混ぜ合わせる。冷蔵庫で2週間、冷凍すれば数か月もつ。

たまり醤油とライム風味のテンペの玄米丼
TAMARI-LIME TEMPEH AND BROWN RICE

材料(4食分)
玄米……4カップ
水……2と¾カップ
ココナッツオイルまたは
　オリーブオイル……小さじ1
テンペ(3～6㎜厚に切る)
　……230～340g
ライムかレモンの汁……1個分
たまり醤油または醤油……大さじ1
　(大さじ1の水と混ぜておく)
レッドカレー・アーモンドソース
　(前ページのレシピ参照)

作り方
1　大きなフライパンに油を入れて、中火で温める。テンペの両面を3～5分ほど焼いて火から下ろし、ライムの汁をかけて、たまり醤油もかける。
2　炊いておいた玄米をボウルに盛って上にテンペをいくつかのせ、その上にレッドカレー・アーモンドソースをかける。タイ風キャベツサラダ(作り方は前ページ参照)と組み合わせても美味しい。

ホーリーモーリー・ワカモレ
HOLY MOLY GUACAMOLE

材料(2と½カップで6～8食分)
アボカド(よく熟したもの)……2個
ライム果汁……小2個分
トマト(ざく切り)……中1個
ニンニク(すり潰す)……1片分
ハラペーニョ(種を残しすり潰す)……1個
コリアンダーの葉(みじん切り)
　……小枝10本分
塩……小さじ1

作り方
アボカドを半分に切り、果肉をボウルにすくい出す。ライム果汁を絞り、残りの材料を加える。辛みが苦手な人は、ハラペーニョの量を半分にするといい。ポテトマッシャーかスプーンでかたまりが少し残る程度に押し潰し、室温で15～20分ほど置いておく。

ココ・リッゾ・クーラー
COCO RIZO COOLER

このレシピはイタリアを旅しているときに学び(だからイタリア風の名前だ)、スパルタスロンのためのトレーニングやレース中にとても役立った。ライスミルクはとても美味しいし、しばしば見過ごされがちだけれど、体を冷やす効果があるのはレースフードとして重要なポイントだ。ココナッツも味をさらに良くするだけでなく体を冷やす効果があり、すぐに吸収できるエネルギー源でもある。チアシードがさらなる風味を加えて口あたりを良くし、消化しやすいたんぱく質も供給する。こってりとしたまるでゼリーのような液体は、乾いた喉をすっと通ってくれる。甘くして炭水化物を増やしたいなら、デーツ(ナツメヤシの実)を3~4個か、メープルシロップを大さじ2杯ほど加えるといい。

材料(230gを5食分)

炊いた玄米もしくは白米……1カップ
ココナッツミルク……½カップ
水……4カップ
アガヴェシロップ……大さじ2
塩……小さじ½
ココナッツエクストラクト……小さじ½
チアシード……大さじ2

作り方

米、ココナッツミルク(薄めのもの)、水、シロップ、塩とココナッツエクストラクトをブレンダーに入れ、なめらかになるまで高速で1~2分ほど混ぜる。ボトルに入れてチアシードを加えて振る。このドリンクは運動の前後や運動中に取ると良い。

インカのキノア
INCAN QUIN-WOW!

キノアは人類が栽培し料理に使った最初の穀類(厳密には種)だ。濃厚で土の風味があり、9つの必須アミノ酸すべてを含む数少ない穀類の一つでもある。だからオートミールのように栄養価が高く誰でも満足する定番メニューには打ってつけだ。キノアについて学んだことで、古代の食材や文化を見直して取り入れれば、生活がもっと豊かになることに気付くことができた。前の晩に作り置きしておけば、朝の長距離ラン前に温め直して食べられる。炭水化物とたんぱく質と脂肪のバランスが素晴らしく、フルーツとシナモンで甘みが付いている。ナッツの風味を加えたければ、バニラをアーモンドかヘーゼルナッツのエッセンスで置き換えてもいい。

材料(4食分)

乾燥キノア(洗って水気を切る)
……1カップ
水……2カップ
アーモンドミルク(または乳製品でない好みのミルク)……1カップ
洋ナシ(熟したもの。芯を取り四等分して薄くスライスする)……1個
またはバナナ(スライスする)……1本
乾燥ココナッツフレーク……¼カップ
ウドズオイル3-6-9ブレンド
……大さじ3
塩または味噌……小さじ½
バニラエクストラクト……小さじ½
シナモンパウダー……小さじ1と½

作り方

1　キノアと水を中ぐらいのソースパンに入れて沸騰させ、弱火で15～20分間、水分が飛んでキノアが半透明になるまで煮詰める。フォークでキノアをかき混ぜてふわっとさせ、5分間冷ます。

2　キノアと残りの材料をブレンダーに入れ、なめらかになるまで1～2分間かける。

3　このオートミールは、前の晩に作って冷蔵庫に入れておけば、朝の運動前には準備完了だ。温かいオートミールがよければ、小さなポットに入れて弱火で5分ほど温める(その場合は最初にウドズオイルを入れず、オートミールが温まった後で数滴垂らすといい)。レーズンやリンゴのスライス、またはチアシードかお好みのナッツをつけ合わせるといい。

スターバースト抗炎症スムージー

STARBURST ANTI-INFLAMMATORY SMOOTHIE

僕は痛みや腫れを治すためにイブプロフェンなどの調剤薬を使うことを常に避けてきたので、天然の抗炎症剤を試すようになったのは当然のことだった。特に、2007年のハードロック直前に足首を捻挫したときには、ことは緊急を要した。

このスムージーは、パイナップル（ブロメライン〔たんぱく質分解酵素〕が含まれる）と生姜、ウコン、ウドズオイル（オメガ3脂肪酸）の抗炎症成分を組み合わせたものだ。毎日の運動後の飲み物としても優れ、筋肉痛を和らげ、長時間トレーニングで走る前に普段の食事に加えるのにも持ってこいだ。フルーティーでスターバースト・キャンディのように甘く、炭水化物とたんぱく質とともにヘルシーな脂肪を含んでいる。

味噌は発汗で失われる塩分と電解質を補完する。日本では、味噌は耐久性を向上させるものと見なされている。枝豆は、まるごとたんぱく質を追加する。新鮮なウコンの根は、自然食品店の農産物売り場にある。生のウコンや生姜を使うには高馬力のブレンダーが必要だが、もしなければ乾燥したもので代用しても構わない。

材料（220㎖で３杯分）

水……２カップ

バナナ……１本

イチゴ（冷凍または新鮮なもの）
……１カップ

マンゴー（冷凍）……½カップ

パイナップル（冷凍）……½カップ

枝豆（冷凍、さや付き）……½カップ

ココナッツパウダー……¼カップ

ウドズオイル3-6-9ブレンド
……大さじ３

植物性たんぱく質パウダー（玄米や豆など）
……大さじ１

味噌……小さじ１と½

ウコンの根（刻む）……１片（2.5㎝）
またはターメリックパウダー
……小さじ１

生姜（皮を剝いて刻む）……１片（2.5㎝）
またはジンジャーパウダー……小さじ¼

作り方

材料をすべてブレンダーに入れ、滑らかになるまで高速で１〜２分間かける。

カラマタ・フムス・トレイルラップ
KALAMATA HUMMUS TRAIL WRAP

材料(8～10食分)
ひよこ豆(茹でたもの)……3カップ
タヒニ(練りゴマ)……大さじ3
たまり醤油または味噌……大さじ2
　または塩……小さじ2
レモンかライムの果汁……¼カップ
ニンニク(みじん切り)……½片　※好みで
クミンパウダー……小さじ1
黒コショウ……少々
赤唐辛子……小さじ⅛　※好みで
小麦粉のトルティーヤ……8枚
カラマタオリーブ(小さく切ったもの)

作り方
1　ひよこ豆、タヒニ、たまり醤油、レモン汁、ニンニクとクミンをブレンダーに入れてなめらかになるまで混ぜる。混ざりにくければ少し水を加える。黒コショウと赤唐辛子で味を調える。
2　ラップで巻くときには、トルティーヤにフムスを薄くまんべんなく塗ってから、円の真ん中にオリーブを一直線に並べる。トルティーヤをきつめに巻いて丸め、大きさによって2～3個に切り分ける。
3　翌朝の長距離ランに持って行くなら、ジップロックに入れて冷蔵庫に入れて保存する。ランチとしてもう少しボリュームが欲しければ、レタス、赤ピーマンやトマトを加えてもいい。フムスは冷蔵庫で5～6日、冷凍庫では数か月もつ。

キャロブとチアのプリン
CAROB CHIA PUDDING

材料(4～6食分)
絹ごし豆腐(水を切る)……一丁(450g)
メープルシロップ……大さじ3
キャロブかココアのパウダー……大さじ3
味噌……小さじ1
バニラエクストラクト……小さじ1
チアシード……大さじ2
ミントの葉(飾りつけ)……少々

作り方
豆腐、メープルシロップ、キャロブ、味噌、バニラをブレンダーに入れ、なめらかになるまで1～2分間混ぜる。ボウルに移し、チアシードを振り掛ける。冷蔵庫で10～20分冷やし、ミントの葉を添えて小さなカップかボウルに入れて出来上がり。

スモーキー・チポトレ・リフライドビーンズ
SMOKY CHIPOTLE REFRIED BEANS

材料(7カップ　8～10食分)
乾燥インゲン豆……3カップ
タマネギ(みじん切り)……中1個
ニンニク(みじん切り)……2～3片
昆布……4㎝ほど　※好みで
乾燥した白いチポトレペッパーまたは
　アドボで味つけされた缶詰のチポトレ
　(※1)……1～2個
チリパウダー……大さじ1
エパゾート(※2)……小さじ2
塩……小さじ1と½
オリーブオイル……大さじ1

※1　チポトレは熟したハラペーニョを乾燥させ、燻製にしたもの。メキシコで香辛料として使われる。
※2　エパゾートは豆を消化しやすくしてくれるハーブで、独特な味つけにもなる。メキシコ料理の材料が売っているお店で探せるが、見つからなければ、みじん切りにした新鮮なコリアンダー大さじ3を食べる前に混ぜ込んで代用できる。

作り方
1　豆を水に浸けて（水が豆より5㎝上に来るように)、8時間もしくは一晩浸しておく。
2　豆をすすいでから水を切って大きな鍋に移す。タマネギ、ニンニク、昆布、チポトレとスパイスを入れる。豆より5㎝上に来るまで水を加える。中火で1時間、あるいは豆が柔らかくなるまで煮る。
3　豆の水気を切る（煮汁を4カップほど取っておく)。昆布を取り出し、チポトレも取り出す（もし辛いのがよければ1つ残しておいてもいい)。豆を15分ほど冷ましてから、ブレンダーに入れて先ほど取っておいた煮汁を½カップ足し、なめらかになるまで混ぜる。もっと薄めたければ煮汁をもう少し加えてもいい。
4　ピューレした豆を鍋に戻して塩とオリーブオイルを加え、中火で20分ほど煮て温かいまま食べる。
5　リフライドビーンズは冷蔵庫では5～6日、冷凍庫に入れれば数か月もつ。ちょっとしたおやつとして食べるなら、冷たいままコーントルティーヤに塗ってオーブントースターで1～2分温め、そこにチーズスプレッド（レシピは311ページ参照）やワカモレ(レシピは313ページ参照)、サルサやホットソースをつけて食べてもいい。

サルサ・ヴェルデ
SALSA VERDE

材料(6カップ　10～12食分)
ココナッツオイルまたは菜種油
トマティーヨ(※1)……中12個
ニンニク(皮は剝かない)……3片
タマネギ(ざく切り)……小1個
ハラペーニョ……1～2本　※好みで
ポブラノペッパー(※2)……1本
コリアンダーの小枝……2本
塩……大さじ1

※1　トマティーヨはメキシコ料理に欠かせない食材で和名はオオブドウホオズキ。トマトの一種ではないが、同じナス科の果実。入手できなければ代わりにグリーントマトを使用してもいい。
※2　ポブラノペッパーはメキシコ料理で使われるあまり辛くない唐辛子。青唐辛子などで代用してもいい。

作り方
1　レンジを220℃に予熱して、ベーキングシートに油を塗っておく。トマティーヨ、ニンニク、タマネギとペッパー類をベーキングシートに置いてアルミホイルをかぶせる。野菜の角に少し焦げ目がつくまで20～30分ほど焼いた後、アルミホイルを外して冷ます。
2　ニンニクの皮を剝き、ペッパーを切って種を取る(もっと辛い方がよければ種は残してもいい)。焼いた野菜、コリアンダーと塩をブレンダーに入れて滑らかになるまで1分ほど混ぜる。
3　リフライドビーンズと一緒に玄米にのせたり、豆とコーントルティーヤにつけたり、またはトルティーヤチップスと一緒に食べたりするとよい。サルサは冷蔵庫で5～6日、冷凍庫なら数か月間保存できる。

ショコラート・エナジーボール
XOCOLATI (SHOCK-O-LAHT) ENERGY BALLS

材料(3㎝大のボール12個分)
生のカカオ……½カップ
カシューナッツ……½カップ
デーツ(ナツメヤシの実)……8個
メスキートパウダー……小さじ1
シナモンの粉……小さじ¼
バニラパウダーかバニラエクストラクト
……小さじ½
唐辛子のフレーク(潰す)……小さじ¼
塩……小さじ⅛
ココナッツオイル(液体になるまで温める)
……小さじ1と½

作り方
ココナッツオイル以外の材料をフードプロセッサーで3～5分ほど細かくなるまで混ぜる。ボウルに移して、溶かしたココナッツオイルを混ぜ入れる。2.5～3㎝くらいのボールに固めてクッキングペーパーにのせる。15～20分ほど冷蔵庫で冷やしてから密封できる容器に移す。冷蔵庫に入れておけば2週間ほどもつ。

ウルトラマラソン・レース　結果一覧

以下は参加レースの一部。※マークは当時の大会新記録

開催年	レース名	順位	時間／距離
1994年	Minnesota Voyageur	準優勝	7時間44分
1995年	Minnesota Voyageur	準優勝	7時間24分
1996年	Minnesota Voyageur	優勝	7時間10分
	Point Reyes 50K	7位	4時間24分
	Edmund Fitzgerald 100K (USATF 100K Road National Championships)	4位	7時間33分
1997年	Minnesota Voyageur	優勝	7時間18分
1998年	Crown King Scramble 50K	準優勝	4時間34分
	Zane Grey 50-Mile	優勝	8時間49分※
	Ice Age Trail 50-Mile	3位	6時間23分
	Minnesota Voyageur	優勝	6時間41分※
	McKenzie River Trail Run 50K	優勝	3時間49分※
	Angeles Crest 100-Mile Endurance Run	準優勝	19時間15分
	Mountain Masochist 50-Mile Trail Run	5位	7時間40分
1999年	San Juan Trail 50K	準優勝	4時間25分
	Way Too Cool 50K	4位	3時間48分
	Bull Run Run 50-Mile	優勝	6時間30分
	McDonald Forest 50K	優勝	4時間11分
	Ice Age Trail 50-Mile	3位	6時間21分
	Western States 100-Mile Endurance Run	優勝	17時間34分
	White River 50-Mile	3位	6時間55分
	Bend Distillery 50K	準優勝	3時間5分
	Angeles Crest 100-Mile Endurance Run	準優勝	19時間51分
2000年	Chuckanut 50K	準優勝	4時間22分

2000年	Diez Vista 50K	優勝	4時間26分※
	Leona Divide 50-Mile	優勝	7時間1分※
	Miwok 100K	11位	9時間54分
	Western States 100-Mile Endurance Run	優勝	17時間15分
	McDonald Forest 50K	4位	4時間36分
2001年	Jed Smith 50K	4位	3時間26分
	Way Too Cool 50K	16位	4時間
	GNC 50K	4位	3時間24分
	GNC 100K (USATF 100K Road National Championships)	4位	7時間28分
	Leona Divide 50-Mile	優勝	6時間59分※
	McDonald Forest 50K	準優勝	4時間17分
	Miwok 100K	準優勝	8時間42分
	Western States 100-Mile Endurance Run	優勝	16時間38分
	Baldy Peaks 50K	3位	6時間14分
	OXFAM Hong Kong Trailwalker	チーム優勝	12時間52分※
2002年	Leona Divide 50-Mile	優勝	6時間46分※
	Promise Land 50K	準優勝	4時間37分
	Miwok 100K	優勝	8時間44分
	Western States 100-Mile Endurance Run	優勝	16時間19分
	White River 50-Mile	5位	7時間16分
	Tamalpa Headlands 50K	12位	4時間15分
	Silvertip 50K	優勝	4時間18分※
	OXFAM Hong Kong Trailwalker 100K	チーム優勝	12時間47分※
	White River 50-Mile (USATF Trail National Championships)	5位	7時間16分
2003年	Way Too Cool 50K	5位	3時間41分
	Diez Vista 50K	優勝	4時間25分※

2003年	Zane Grey 50-Mile	5位	8時間50分
	Miwok 100K	優勝	8時間44分
	Western States 100-Mile Endurance Run	優勝	16時間1分
	White River 50-Mile (USATF Trail National Championships)	5位	7時間13分
	長谷川恒男Cup 日本山岳耐久レース 77K	チーム優勝	
2004年	Way Too Cool 50K	3位	3時間46分
	Leona Divide 50-Mile	優勝	6時間45分※
	Zane Grey 50-Mile	6位	8時間57分
	Miwok 100K	優勝	8時間47分
	Western States 100-Mile Endurance Run	優勝	15時間36分※
	Vermont 100-Mile	5位	16時間41分
	Leadville Trail 100	2位	18時間2分
	Wasatch Front 100-Mile	17位	27時間21分
2005年	Way Too Cool 50K	10位	4時間9分
	Chuckanut 50K	11位	4時間24分
	Diablo 50-Mile Endurance Run	優勝	9時間10分
	Promise Land 50K	準優勝	4時間59分
	Miwok 100K	準優勝	8時間43分
	McDonald Forest 50K	3位	4時間51分
	Western States 100-Mile Endurance Run	優勝	16時間40分
	Badwater Ultramarathon	優勝	24時間36分※
2006年	Copper Canyon Ultramarathon	準優勝	6時間47分
	Leona Divide 50-Mile	3位	6時間48分
	Miwok 100K	準優勝	8時間42分
	Badwater Ultramarathon	優勝	25時間41分
	McKenzie River Trail Run 50K	8位	4時間32分
	Spartathlon	優勝	22時間52分

2007年	Copper Canyon Ultramarathon	優勝	6時間32分
	Mad City 100K (USATF 100K Road National Championships)	準優勝	7時間32分
	Miwok 100K	5位	9時間4分
	McDonald Forest 50K	14位	4時間40分
	Hardrock 100	優勝	26時間8分※
	Spartathlon	優勝	23時間12分
2008年	Bridle Trails Winter Trail Running Festival 50K	5位	4時間45分
	Way Too Cool 50K	4位	3時間35分
	Chuckanut 50K	3位	4時間12分
	Miwok 100K	4位	8時間38分
	McDonald Forest 50K	3位	4時間13分
	Spartathlon	優勝	22時間20分
	World of Hurt 50K	3位	4時間53分
	UltraCentric 24 Hours	46位	48.7マイル／ 78.4キロ
2009年	Chuckanut 50K	11位	4時間25分
	White River 50-Mile (USATF Trail National Championships)	4位	7時間13分
	Ultra-Trail du Mont-Blanc	19位	26時間7分
	NorthCoast 24 Hours	75位	65.8マイル／ 105.9キロ
	JFK 50-Mile	11位	6時間31分
2010年	IAU-IAAF 24-Hour World Championships	銀メダル	165.7マイル／ 266.677キロ※ 米国新記録
	White River 50-Mile (USATF Trail National Championships)	4位	7時間2分

注記

Chapter 1　いっぱしの男

バッドウォーターの歴史とコース詳細は、レースの公式サイトとドキュメンタリー番組『真実の距離(*The Distance of Truth*)』(Pageturner Productions, 2008)より。

イブプロフェンのランナーへの悪影響については、アパラチアン州立大学ヒューマン・パフォーマンス研究所ディレクターのデイビッド・C・ニーマン教授へのインタビューから。

Chapter 4　「痛みは痛いだけ」

植物ベースの食事のメリットのリストは、2011年に"責任ある医療のための医師委員会"から発行された刊行物「ベジタリアンの食料：健康のための強力パワー(Vegetrian Foods: Powerful for Health)」および2009年7月に発表された米国栄養士会の「ベジタリアンの食事に関する方針説明書(Position Paper on Vegetarian Diets)」から引用。

Chapter 7　「痛みは耳から追い出せ」

たんぱく質の平均消費量については以下の研究から。「米国におけるたんぱく質の摂取：2003-2004年の全国健康と栄養調査の分析(Current protein intake in America: Analysis of the National Health and Nutrition Examination Survey, 2003-2004)」(Vicor Fugoni, *American Journal of Clinical Nutrition* vol.87, no.5, 1554S-1557S, May 2008)から。

現代米国で推奨される毎日のたんぱく質摂取量は、2010年の米国保健社会福祉省による「食事のガイドライン(Dietary Guidelines)」より。

たんぱく質の過剰消費による逆効果については以下から。『これからベジタリアンになる人へ：健康的な菜食ダイエットの基本ガイド(*The New Becoming Vegetarian: The Essential Guide to a Healthy Vegetarian Diet*)』(Vesanto Melina and Brenda Davis, Book Publishing Company, 2003)。

糖尿病に関する情報は、米国保健社会福祉省の全国糖尿病データサイトにある「全国糖尿病統計2011年版(Natonal Diabetes Statistics, 2011)」から。

米国の三大死因が標準的な西洋型の食事に関連する根拠は以下に掲載されている。『食料革命：食事があなたの命と世界を救う(*The Food Revolution: How Your Diet Can Help Save Your Life and Our World*)』(John Robbins, Conari Press, 2010)および『中国研究：ダイエットと減量、長期的な健康のための最も包括的な栄養学研究とその驚くべき意味(*The China Study: The Most Comprehensive Study of Nutrition Ever Conducted and the Startling Implications for Diet, Weight Loss, and Long-term Health*)』(T. Colin Campbell, BenBella Books, 2006)。

すべてのライフステージに立つ人々にとってベジタリアンの食事が適切であることに関しては2009年7月に米国栄養士会が発行した「ベジタリアンの食事に関する方針説明書(Position Paper on Vegetarian Diets)」から引用。

Chapter 9　静かな雪、秘密の雪

工業的な酪農場で牛がどのように扱われているかについては以下の情報から。*Mad Cowboy: Plain Truth from the Cattle Rancher Who Won't Eat Meat*（Howard Lyman, Scribner, 2001）〔『まだ、肉を食べているのですか』船瀬俊介・訳、三交社〕。

ウェスタンステーツ・エンデュランスランのコース詳細と歴史については、レースの公式ウェブサイトと、テヴィス・カップのウェブサイト、およびレースの共同創立者シャノン・ワイルへのインタビューおよびメールのやりとりから。

先住民であるパイユート、ショショーニとワシューに関する歴史は、ネバダ・カリフォルニア両州のワシュー族についての刊行物「ワ シー シュー：ワシュー族の過去と現在（WA SHE SHU: The Washoe People Past and Present）」および、パイユートについてのユタ州のウェブサイトから。

ゴードン・アインスレーに関する話は以下から。「100マイルのトレイルレースに賭ける（Inventing 100-Mile Trail Racing）」（42K(+) Press, 1998, 以下のサイトで閲覧可能 www.marathonandbeyond.com）および「ウェスタンステーツ100のゴードン・アインズレー（Western States 100's Gordon Ainsleigh）」（Mark Vanderhoff, *Reno Gazette-Journal*, June 2003）から。

Chapter 10　危険な調べ

アーサー・F・H・ニュートンの記述は以下から。『バニオン・ダービー：1928年の全米フットレース（*Bunion Derby: The 1928 Footrace Across America*）』（Charles B. Kastner, University of New Mexico Press, 2007）および『C・C・パイルの驚くべきフットレース：1928年に行われたアメリカ大陸横断レースの実話（*C. C. Pyle's Amazing Foot Race: The True Story of the 1928 Coast-to-Coast Run Across America*）』（Geoff Williams, Rodale, 2007）。

パーシー・セラティの記述は「セラティ、パーシー・ウェルズ（1895-1975）（Cerutty, Percy Wells (1895-1975)）」（*Contemporary Authors*, Thomson Gale, 2007）および、2001年1月5日に収録されたラジオ・ナショナルでのハーブ・エリオットによるインタビュー（www.coolrunning.comで閲覧可能）から。

チャック・ジョーンズの記述は、本人へのインタビューから。

武士の「空の心」の価値については、さまざまな武士道の教本にあるが、特に宮本武蔵の『五輪書』（tr. Thomas Cleary, Shambhala, 2010）。

ヘンリー・デイヴッド・ソローの簡潔さに関する有名な引用は、『森の生活　ウォールデン』より。

Chapter 11　「小便してるか？」

肉体が熱に適応する能力は以下に詳しい。『極限に生き延びる：人間の耐久性の限界への医師の旅（*Surviving the Extremes: A Doctor's Journey to the Limits of Human Endurance*）』（Kenneth Kamler, St. Martin's, 2004）。

人体が運動中に失う水分と塩分の比率については2007年の米国スポーツ医学会の方針説明書「運動と水分の補充（Exercise and Fluid Replacement）」にある。

ウルトラにおける低体温症と適度な水分の維持についての議論は以下の人々へのインタビューから。Timothy Noakes, M.D., D.Sc., Ph.D. (hon causa), Discovery Health Professor of exercise and sports science, University of Capetown; Robert Lind, M.D., medical adviser to Western States 100, 1974–2006; David C. Nieman, Ph.D, FACSM, director, Human Performance Laboratory, Appalachian State University; and Zachary Landman, M.D., researcher and ultramarathoner.

Chapter 12　バグ・ボーイとの戦い

ジェームズ・シャピロの記述と「一万マイル走る」の引用は本人へのインタビューから。

僧侶たちの驚くべき巡礼については以下より。『比叡山の走る僧侶（*The Marathon Monks of Mount Hiei*）』（John Stevens, Shambhala, 1988）。

Chapter 13　熊やガゼルのように

ベジタリアンが肉食習慣者と比べてテレビ視聴時間も喫煙も少なく、毎晩の睡眠時間が長いという研究は、ロマ・リンダ大学のアドベンティスト健康研究にある。
O型の人が「抜け目なく攻撃的な捕食者」だという説は以下のウェブサイトにある。Eat Right for Your Type: Official Website, “The Type O Profile.”
フレドリック・ステア教授が血液型によるダイエットを否定している記述は以下から。『食料革命：食事があなたの命の地球を救う（*The Food Revolution: How Your Diet Can Help Save Your Life and Our World*）』（John Robbins, Conari Press, 2010）。

Chapter 14　熱い修羅場

アル・アーノルドの挑戦については以下から。「道は永遠に続く（The Road Goes On Forever）」（Bob Wischnia, *Marathoner*, Spring 1978）。

シュリー・チンモイの記述は彼の公式ウェブサイトおよび以下の記事より。「シュリー・チンモイが勝利を狙う：最高のスタントマン（Sri Chinmoy Seeks to Claim a Title: Stunt Man Supreme）」（James T. Areddy, *Wall Street Journa*, January 13, 1989; reprinted on www.rickross.com）。

セルフ・トランセンデンス・レースの詳細は、シュリー・チンモイのマラソンチームのウェブサイトより。“The 2011 Self-Transcendence 3100 Mile Race.”

ディバイン・マッドネスについての説明は以下の記事より。「主流から外れて100マイルを走るランニング・クラブ（A Running Club Is 100 Miles Outside of the Mainstream）」（Jere Longman, *New York Times*, July 28, 1997）、「地獄のように走る（Running Like Hell）」（Michael Finkel, *Women's Sports and Fitness*, November 1999）、「ウルトラランニング：ランナーの死に場所、監視下のスポーツ（Ultrarunning: Runner's Death Places Sport Under Scrutiny）」（Jere Longman, *New York Times*, March 7, 2004）。

肉体の高度順化については以下に書かれている。『極限に生き延びる：人間の耐久性の限界への医師の旅（*Surviving the Extremes: A Doctor's Journey to the Limits of Human*

Endurance)』(Kenneth Kamler, St. Martin's, 2004)。

骨や筋肉に対する負荷や、ストレスに関連するホルモンの連鎖反応などウルトラのストレスに関する詳しい記述は以下の人々へのインタビューから。Timothy Noakes, M.D., D.Sc., Ph.D. (hon causa), Discovery Health Professor of exercise and sports science, University of Capetown; Robert Lind, M.D., medical adviser to Western States 100, 1974–2006; David C. Nieman, Ph.D., FACSM, director, Human Performance Laboratory, Appalachian State University; and Zachary Landman, M.D., researcher and ultramarathoner.

Chapter 15　また奴らか？

カバーヨ・ブランコとコッパーキャニオンに関する情報のいくつかは以下より。*BORN TO RUN: A Hidden Tribe, Superathlete, and the Greatest Race the World Has Never Seen* (Christopher McDougall, Vintage, 2011)〔『BORN TO RUN 走るために生まれた』近藤隆文・訳、NHK出版〕
座り続けることのリスクを実証する研究は以下。「米国成人が、余暇を座って過ごすことにより将来その多くが深刻な病気になる関係性 (Leisure Time Spent Sitting in Relation to Total Mortality in a Prospective Cohort of U.S. Adults)」(Alpa V. Patel, Leslie Bernstein, et al., *American Journal of Epidemiology*, 2010. doi: 10.1093/aje/kwq155)。

Chapter 16　セントラル・ガバナー

最大酸素摂取量やLT値、人間と動物の効率性についての面白い議論は以下にある。*Why We Run: A Natural History* (Bernd Heinrich, Harper Perennial, 2002)〔『人はなぜ走るのか』鈴木豊雄・訳、清流出版〕
神経の動員の関するセントラル・ガバナー・モデルは、ケープタウン大学運動スポーツ科学学部のティモシー・ノークス教授の以下の著書より。*Lore of Running*(Timothy Noakes, M.D., D.Sc., Human Kinetics, 2002)〔『ランニング事典』日本ランニング学会・訳、大修館書店〕

Chapter 17　ワサッチの高速ヤギに追いかけられる

スカッグス兄弟の生い立ちの詳細は以下より。「はぐれ者ランナーたち (Rogue Runners)」(Adam W. Chase, *Running Times*, June 2009)。

ハードロックの怖い話は、過去の参加者へのインタビューと参加者向けの公式マニュアル、および以下の記事より「次はあなたかも知れない (It's Gonna Suck to Be You)」(Steve Friedman, *Outside*, July 2001)。

リック・トルヒーヨとローラ・ヴォーンの記述は、それぞれ本人へのインタビューから。

Chapter 18　フェイディピデスの足跡を辿って

スパルタスロンのコース詳細とその歴史はレースの公式サイトから。

プルタルコスは以下のエッセイでマラトンでのランについて言及している。「輝かしいアテネ (De gloria Atheniensium)」(tr. Frank Cole Babbitt, via Perseus Digital Library, Tuft s

University)。全文は以下のとおり。「マラトンの戦いのニュースは、ヘラクレイデス・ポンティカス[プルタタルコス以前の歴史家で、その実績は残っていない]が言うとおり持ち帰られたが、多くの歴史家が主張しているとおり、暑い戦場から完全装備のまま走って来て、町の入口の最初の家の戸をドンドンと叩き、『我々は勝利した！』とだけ叫んでそのまま息絶えたのは、エウクレスという男だった」

ヘロドトスの『歴史』の中でのフェイディピデスへの言及は第6巻105-6章にある。タフツ大学ペルセウス・デジタル図書館のオンラインを通じて利用できるA・D・ゴードレイ訳を利用した。

ジョン・フォーデンの記述は、「アイルランド人がスパルタスロンの共同創立者(Irishman Is Co-founder of Spartathlon)」(www.ultrarunningireland.com) および「ジョン・フォーデン：ウルトラマラソンに捧げた人生 (John Foden — A Life Devoted to Ultrarunning)」(www.ultralegends.com)から。

イアニス・クーロスの伝記と記録は、彼自身の公式サイトから。

クーロスによるウルトラマラソンの定義は、「ウルトラランニングとは (What Is Ultra-running?)」(Yiannis Kouros, March 2008) から。以下でダウンロード可能。www.yianniskouros.com

アテネ設立の神話は以下に詳しい。*Mythology*(Edith Hamilton, Bay Back Books, 1998)〔『ギリシア神話』山室静／田代彩子・訳、偕成社〕

食べ物と飲み物に関するヒポクラテスの引用は以下から。*On Ancient Medicine* (tr. Francis Adams, via the Internet Classics Archive)〔『古い医術について』小川政恭・訳、岩波文庫〕

エール大学医学部のアンディ・モーガン博士による兵士に関する研究は以下から。「サバイバルにおけるレッスン(Lessons in Survival)」(Ben Sherwood, *Newsweek*, February 13, 2009)。

世界で最も過酷な環境で勝者と敗者を分ける要因についてのケネス・カムラー博士の著書は以下。『極限に生き延びる：人間の耐久性の限界への医師の旅 (*Surviving the Extremes: A Doctor's Journey to the Limits of Human Endurance*)』(St. Martin's, 2004)

Chapter 19 ロスト

24時間レースの歴史的背景は以下から。「24時間レースの歴史 (History of the 24hr Race)」(Andy Milroy, www.ultralegends.com, November 4, 2008)。

アメリカ先住民の儀式的ランニングにおける太陽の重要性については以下で書かれている。『インディアン・ランニング：アメリカ先住民の歴史と伝統 (*Indian Running: Native American History and Tradition*)』(Peter Nabokov, Ancient City Press, 1987)。

Chapter 20 ダーク・ウィザードの秘密

ディーン・ポッターの伝記は以下から。「空中曲芸師：ディーン・ポッター (The Aerialist: Dean Potter)」(Matt Samet, *Outside*, July 2011)

ランナーズ・ハイとエンドロフィンやエンドキャナビノイドとの関連性についての研究は以下を参照すると良い。「実際にランナーズ・ハイを引き起こすもの (Phys Ed: What Really Causes Runner's High)」(Gretchen Reynolds, *New York Times*, February 16, 2011)。

ビル・キーに関する記述は本人へのインタビューから。

走り続けて死に至るラットの研究は以下より。『活動拒食症：理論、研究と治療（*Activity Anorexia:Theory, Research and Treatment*）』（W. Frank Epling and W. David Pierce, Psychology Press, 1996）

チャック・ジョーンズとバッドウォーターでの彼の幻覚体験については本人へのインタビューから。

アン・トレイソンの崖っぷちの話は以下より。「アン・トレイソンを追い掛けて（Catching Up with Ann Trason）」（*TrailRunner Magazine*, January 2009）。

日本語版解説

石川弘樹

スコットと私はかつて、あるアウトドアブランドからサポートを受けたランニングチームのチームメイトだった。私がときおり渡米してレースに参加する際は生活をともにした。彼がベジタリアンであることは聞いていたが、初めて一緒に朝食を食べたとき、レストランのバッフェからバナナをひと房持ってきてその場で平らげてしまったのに驚かされたことがある。

一緒にレースやトレーニングを走っていて、特に辛い局面のときに、彼は私に頑張れという意味もあるのであろう、「ブシドウ（武士道）」と声をかけてくる。初めて彼と話し込んだときも、私もそれほど知らなかった日本の修験道の話をしてきたほど、日本食をはじめ、日本の文化は彼の走る、生きるという部分に通じている。

前人未到の偉業を成し遂げ、周囲から憧れの存在、ヒーローとして眼差しを向けられる中で、スコットは誰に対しても真剣に優しく接する。背が高く、顔もハンサムでスタイルが良く人々の目を引くカッコ良さなのに、どこにいても彼は素朴な雰囲気の佇まいでいるのだ。ライフスタイルや思考も同様で、「シンプル」という言葉がとても似合う。

そんな彼の人間形成の礎となった生い立ちは、こうして本書で語られるまでまったく知ることがなかった。決して順風満帆といった人生ではなく、あらゆることを努力して学び、将来の夢を描いてそのためにそれぞれの時期を学んできた。母親の病気をきっかけに理学療法士となる道を選び、そこから菜食主義の食生活へも進む。理学療法士になったことで走ることを理論的に考え、トレーニングし、レース中も走りと体のことを理論的に計ることができたに違いない。このことが、特別強靭ともいえる彼のメンタルを一層強くする重要な役割を果たしているのだろう。

私から見れば、彼は幼少の頃から人格者であり、周囲のあらゆる環境、出来事に対して常に冷静に物事を判断して生きてきたように思う。この「冷静」という資質は、ウルトラランニングにとって最も重要なものだ。特に一〇〇マイルレースは興奮した感情や勢いだけでは絶対に勝利することはできない。一六〇キロという距離やそこを走る時間はとても長く、心身にとってとてつもなくハードだ。

私が海外レースを走り始めた当初、人によっては充分長い距離とされる五〇キロのとあるレースで一〇〇マイル、あるいはそれを超える距離というのは、特別なものなのだ。

スコットに数分差で勝ったことがある。しかし、その数か月後のウェスタンステーツの一〇〇マイルレースでは、私に七時間もの差をつけて彼は四連覇を達成した。七時間といえば大人と子供ほどのパフォーマンスの差だ。そこで私は改めて彼の強さ、一六〇キロというレースの難しさを知ることになる。

彼がクロスカントリースキーを経てウルトラランナーへの道を歩み、世界中のビッグレースで勝利し、ウェスタンステーツ七連覇という偉業を成し遂げるそのストーリーは、ウルトラランナーにとって眼からうろこの話ばかりだ。我々にも大いに参考となるし、本書の各コラムで紹介された彼の理論だけでウルトラランニングの参考書ができそうなものだ。努力すれば同じように鍛えられ、パフォーマンスが上がるランナーも増えるに違いない。

しかし、レースに勝てるかといえばそうではない。長距離レースではメンタルの部分が走りに大きく作用する。いかに己を知り、冷静にコントロールできるかで勝敗が決まるのだ。彼は切磋琢磨して鍛えた体に、己をコントロールできるメンタルをもったウルトラランナーなのだ。数時間で終わるレースとは違い、怪我をした脚で一〇〇マイルを走ることは無謀であり、捻挫した足の痛みを抱えたまま優勝を勝ち取るその姿は圧巻としか言いようがない。勝つために痛みにも耐えるその根性からも見て取れるように、彼はメンタルも恐ろしく強靭なのだ。

一方で理学療法士としての観点から、走るうえでより優れたレベルへ身を置くべくヴィーガンとなったのはスコットにとって必然だったはずだ。彼はただ菜食というだけではなく、食材にもとことんこだわった。当時、シアトルの彼の家のテラスは菜園となっていた。朝一緒に走った後、彼がそこから採ってきた葉物をミキサーにかけて食べていたのが印象的だ。ハセツネカップで来日したときは、私の家で当時の奥さんであるリアと自炊をし、テンペや湯葉を好んで食べていた。

実は私も以前、菜食とたまの卵・乳製品のみで一切の肉・魚介類を取らない生活を三年ほどテストした時期があった。アスリートとして競い合う中で、動物性たんぱく質を効果的に摂り、他のアスリートと同じようなトレーニングを行い、同じようなサプリメント、ウェアやギアを使用してきた中で、次に踏むべきステップは「食」だと判断したからだ。そこで体感したことはスコットと同じで、風邪をひくことはほんとんどなく、走ったダメージの回復の速さが違った。私の場合さらに付け加えるなら、たくさん食べてもオーバーカロリーにならないせいか、体重が減って体が以前より軽くなり走るスピードが増した。

しかし日本でその食生活を続けるのは少々難があった。外食の選択肢は極度に限られ、コンビニでも食べるものがない。ヴィーガンともなればなおさらだ。外食のお店にこだわり、自炊が前提となる生活が自然と行え、環境がどのように変化しても継続できるのであれば、菜食はウルトラランナーに限らず、体とそのパフォーマンスに効果的な食生活だと私の観点からもいえる。

スコットはウルトラランナーとしての人生の多くの時間を友人と過ごし、大事な時期には必ず側に友人の存在があった。彼の人生を左右させたダスティのストーリーも私にはとても興味深く、彼らがいつも兄弟かと思うほどに一緒にいたわけがやっと理解できた。他にもペーサーやライバルのような立場で登場するイアン、ハル、デイヴィッド、カール、デイヴは当時のチーム仲間で、こうしたアメリカのトップ選手たちはチームなど関係なくとにかく仲間としてトレーニングに遊びにと自然のフィールドに出かけ、本当にたくさんの時間をともに過ごす。同じレベルの選手たちが一緒に走り、刺激しあうのは仲がいいというだけでなく、確実なパフォーマンスアップへつながることだろう。学生の部活や実業団、クラブでない限り一人で走り、戦う日本の選手たちとは大きく違うアメリカのアスリート事情だ。

スコットが友人らと戦い続けたウルトラディスタンス・レースのストーリーには、レースを走る彼の想いとともに、そのレースを走った先人やそこに携わってきた人々に対する敬意も感じるのは私だけだろうか。レースをトップでゴールしながら、何時間も会場に留まって後続の選手たちを応援するのは彼ぐらいであろう。彼はトップアスリートであり、勝つことへのストイックな執着は誰よりも強いのにそれを人に感じさせない。その理由は、物事や人々に対して心からにじみ出る彼の優しさにある。その優しさは彼の生まれもった性格であり、幼い頃に家族から受けた思いやりと、身近に慣れ親しんだ自然から心の在り方を学んでいたからなのではないかと私は思う。

スコット・ジュレクはレースで勝利することやそこに辿り着くまでのプロセス、仲間と走る喜びや楽しみを求め、走ることのあらゆる魅力を追求している。そして走ることをより充実させ、快適にするために大切な食生活の理想を追求し、その結果、より多くの笑顔や喜びといった幸せを手にしようとしている。彼の志を伝えた言葉が印象に残っている。「より賢く走り、より賢く食べ、より賢く生きる」。この言葉がスコット・ジュレクそのものなのだと、私は思う。

石川弘樹（いしかわ・ひろき）
トレイルランナー。一九七五年生まれ。日本初のプロトレイルランナーとして世界中のレースに参戦しながら、国内にいち早くトレイルランニングの魅力やカルチャーを伝え普及させてきた日本のトレイルランニングのパイオニア。二〇〇二年、〇三年にハセツネカップ日本山岳耐久レース連覇、〇四年ロッキーマウンテン・スラム達成（ハードロック、レッドヴィル、ワサッチ・フロント、ザ・ベアーの各ウルトラを完走）、〇七年にはアメリカの四つの伝統的一〇〇マイルレースを同一年に完走した者だけに与えられるグランドスラム・オブ・ウルトラランニングで総合一位に輝くなど国内外のトップで活躍する一方、近年は信越五岳トレイルランニングレースなどウルトラレースのプロデュースにも力を入れている。

◎著者紹介

スコット・ジュレク Scott Jurek

世界的に著名なウルトラマラソンのチャンピオンであり、ヴィーガン（完全菜食主義者）であることでも知られている。伝統あるウエスタンステーツ・エンデュランスラン7連覇、灼熱のデスヴァレーを走るバッドウォーター・ウルトラマラソンの2度の優勝、24時間走のアメリカ記録樹立（266.677km ―― 1日でフルマラソンを6回半走る）などこれまでに数々の伝説を作り続けてきた。ニューヨークタイムズ・ベストセラー『BORN TO RUN 走るために生まれた』（NHK出版）の主要登場人物としても有名な他、CNN、ニューヨーク・タイムズ、USAトゥデイ、ウォールストリート・ジャーナルなど数多くのメディアで紹介されている。地球とともに生きるという彼のライフスタイルは広く知られる一方で、人々のモチベーションを掻き立てるスピーカーとして、また理学療法士、コーチ、シェフとしても引っ張りだこで、マイクロソフトやスターバックスなど数々の企業やカンファレンスでも講演をしている。コロラド州ボールダー在住。著者サイト：www.scottjurek.com

スティーヴ・フリードマン Steve Friedman

ニューヨークを拠点に活動するジャーナリスト。ランナーズ・ワールド誌、バイシクリング誌などに寄稿し、5冊の著書がある。

◎訳者紹介

小原久典（おはら・ひさのり）

1961年宮崎県生まれ。ウィリアム＆メアリ大大学院卒（MBA）。大手製紙メーカー勤務を経て2010年からAdventure Divas社勤務。妻の北村ポーリンとともに、トレイルランニングやトレッキングなどのアウトドアイベントを主催。訳書にディーン・カーナゼス『ウルトラマラソン マン』（共訳、Discover21）がある。

北村ポーリン（きたむら・ぽーりん）

1970年カナダ・トロント生まれの日系3世。トロント大大学院卒（MBA・CA）。カナダで公認会計士として12年間働いたのち夫の帰国に伴い来日し、2008年アウトドア・イベント企画運営会社Adventure Divasを創業。スポーツ系雑誌のライターとしても活躍する。訳書にディーン・カーナゼス『ウルトラマラソン マン』（共訳、Discover21）がある。

◎料理レシピ

料理作成：関岡弘美（料理研究家）
撮影：鈴木泰介
デザイン：畑中 亨
協力：奥村育美

編集協力：岩佐幸一（スポーツ・ジャーナリスト）

校正：株式会社円水社
組版：畑中 亨

EAT&RUN

100マイルを走る僕の旅

2013(平成25)年2月25日　第1刷発行
2014(平成26)年7月30日　第2刷発行

著者　スコット・ジュレク
　　　スティーヴ・フリードマン
訳者　小原久典／北村ポーリン
発行者　溝口明秀
発行所　NHK出版
〒150-8081 東京都渋谷区宇田川町41-1
電話　0570-002-245(編集)
　　　0570-000-321(販売)
ホームページ　http://www.nhk-book.co.jp
振替　00110-1-49701
印刷・製本　図書印刷

Printed in Japan
ISBN978-4-14-081586-1 C0098